Mystische Pfade Südtirol

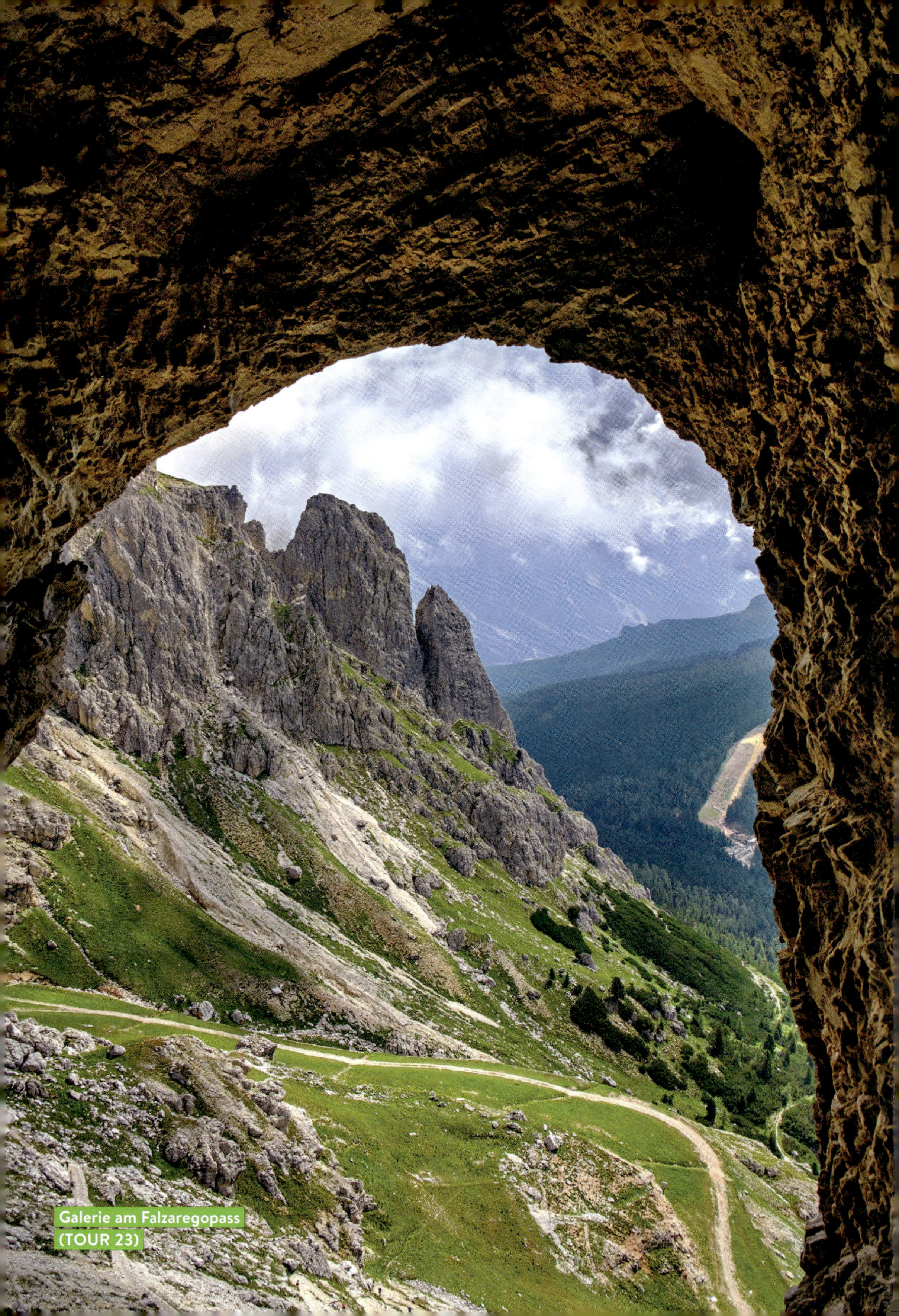

Galerie am Falzaregopass
(TOUR 23)

Lisa und Wilfried Bahnmüller, Markus Meier

Mystische Pfade SÜDTIROL

30 Wanderungen auf den Spuren von Mythen und Sagen

BRUCKMANN

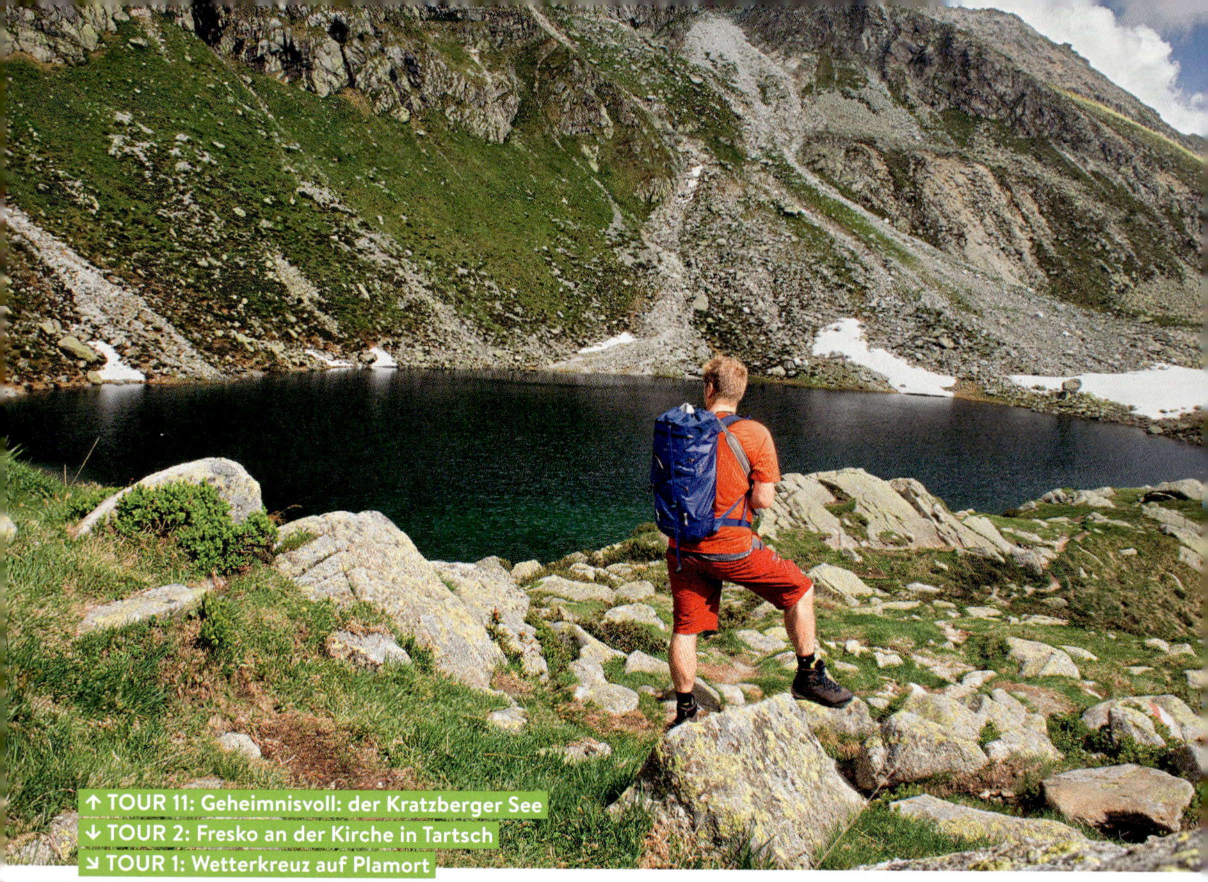

↑ TOUR 11: Geheimnisvoll: der Kratzberger See
↓ TOUR 2: Fresko an der Kirche in Tartsch
↘ TOUR 1: Wetterkreuz auf Plamort

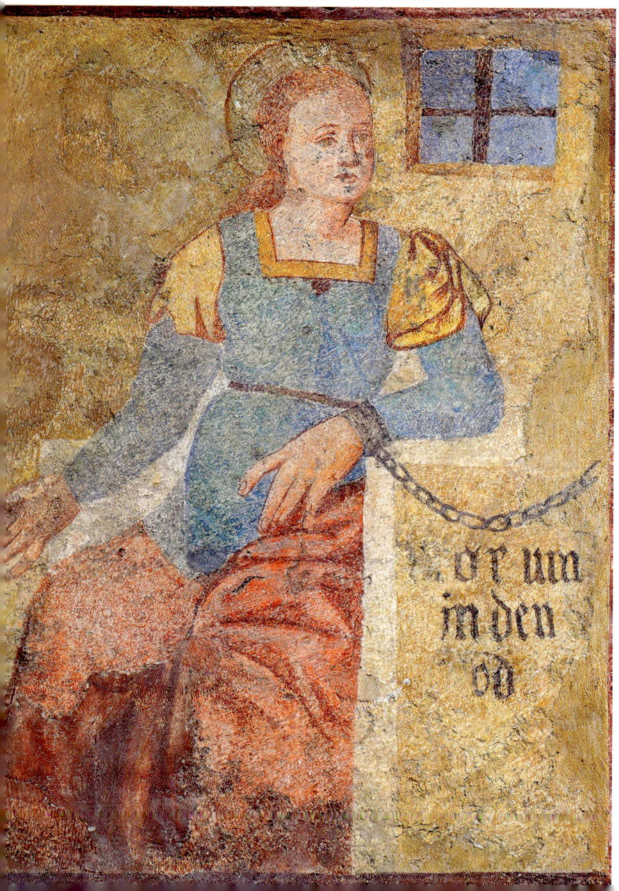

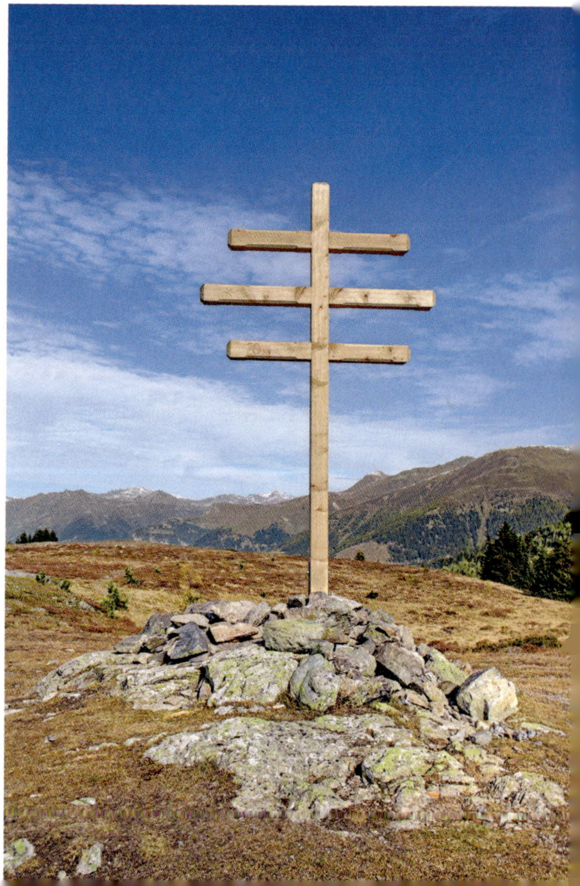

INHALT

DIE TOUREN

Vinschgau und Meraner Land

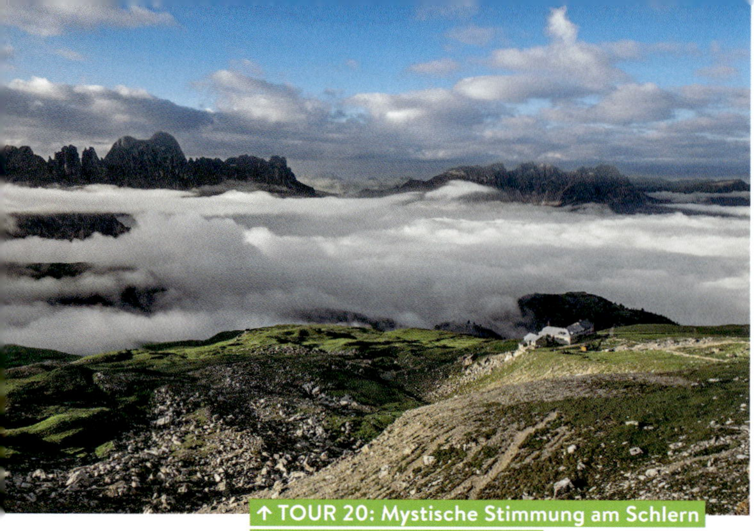

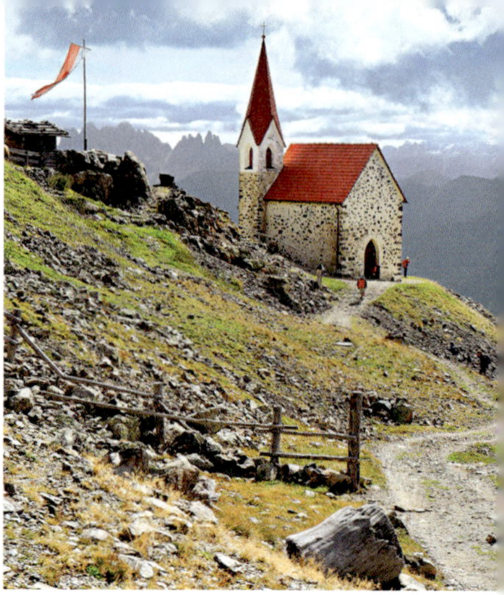

↑ TOUR 20: Mystische Stimmung am Schlern
↗ TOUR 16: Latzfonser Kreuz

Eisacktal und Dolomiten

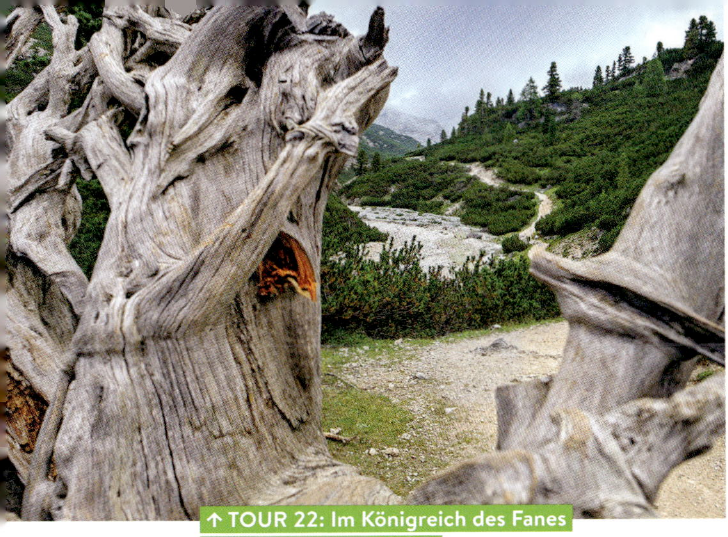
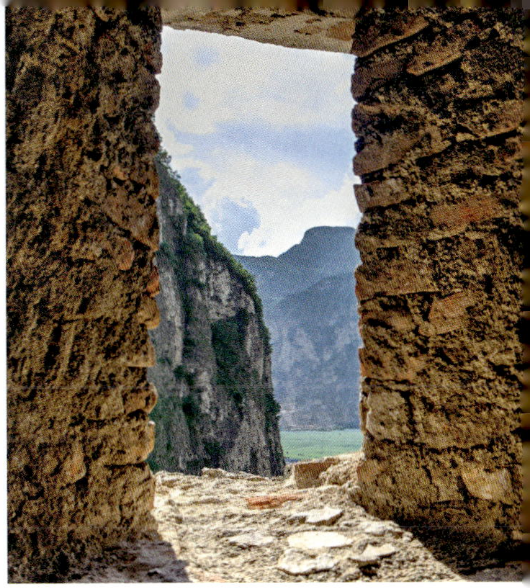

↑ TOUR 22: Im Königreich des Fanes
↗ TOUR 29: Haderburg

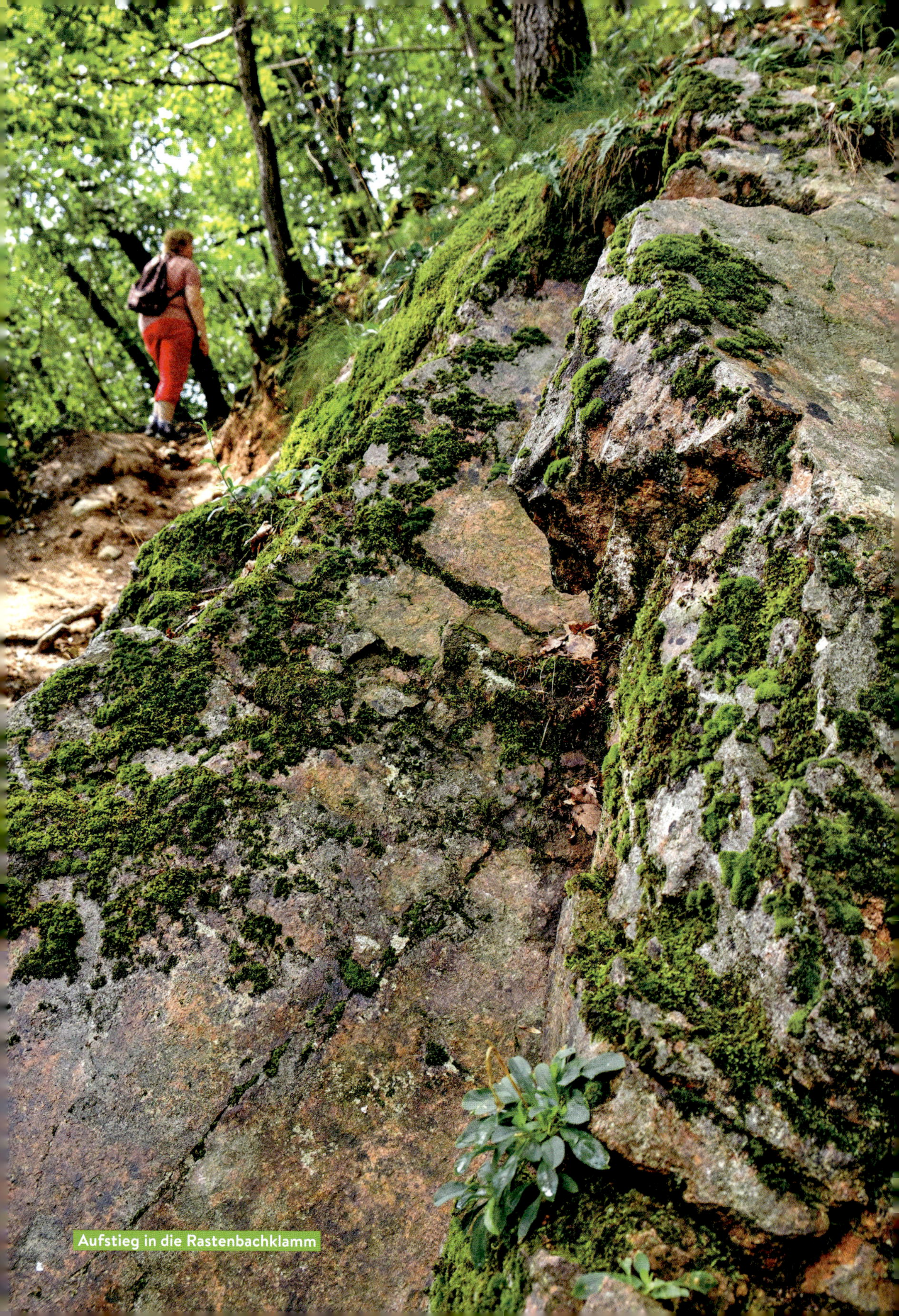

Aufstieg in die Rastenbachklamm

Vorwort

MYSTISCHE WEGE IN SÜDTIROL Südtirol bietet zahlreiche mystische Pfade, verwunschene Winkel, magische Plätze und märchenhafte Aussichten für einmalige Wandererlebnisse.
Diese verbergen sich in uralten Kraftorten, in Klammen, Burgen, Ruinen, Seen und einer energiegeladenen Natur inmitten der Berge. Aber auch religiöse Stätten, deren Ursprung oft weit vor der Christianisierung des Alpenraums liegt, faszinieren durch ihre Geschichte.
Und dann gibt es noch zahlreiche Sagen und Legenden aus dem Leben von Heiligen wie dem Hl. Romedius oder der Hl. Notburga, aber auch von Figuren aus der Mythologie wie König Laurin im Rosengarten oder den Saligen, um nur einige zu nennen. Auf ihren Spuren können wir wandern und intensiver in den alten Südtiroler Volksglauben eintauchen.
Nicht zu vergessen ist auch die jüngere Geschichte des 19. Jahrhunderts. Vor allem der Erste Weltkrieg hat tiefe Spuren in Südtirol hinterlassen. So schicksalsreich und gleichzeitig traurig diese Plätze sind, so geht doch eine morbide Faszination von ihnen aus. Wobei gerade dort der Aspekt des Erinnerns und des Nicht-Vergessens viel wichtiger sein sollte als die Sensationslust.
Mit diesem Buch möchten wir Sie einladen, bei Wanderungen unseren magischen Lieblingsplätzen in Südtirol nachzuspüren. Dabei gibt es natürlich noch unendlich viel mehr Wege und Orte, die einen Einzug in dieses Buch verdient hätten. Aber mit Sicherheit kennen Sie selbst den einen oder anderen mystischen Ort, der für Sie der besondere Fleck in Südtirol ist. Wir wünschen Ihnen viele zauberhafte und unvergessliche Wanderstunden in einer der schönsten Regionen Italiens.

»Man wird wieder aus Himmel und Sternen Bilder machen
und Spinnweben alter Märchen auf offene Wunden legen.«

Christian Morgenstern

Willkommen in Südtirol

Südtirol, die nördlichste Region Italiens, ist ein Sehnsuchtsort, voller Magie und Zauber, versehen mit der Leichtigkeit des Südens, die jeden Besucher in ihren Bann zieht und dafür sorgt, dass man immer wieder dorthin reisen möchte.

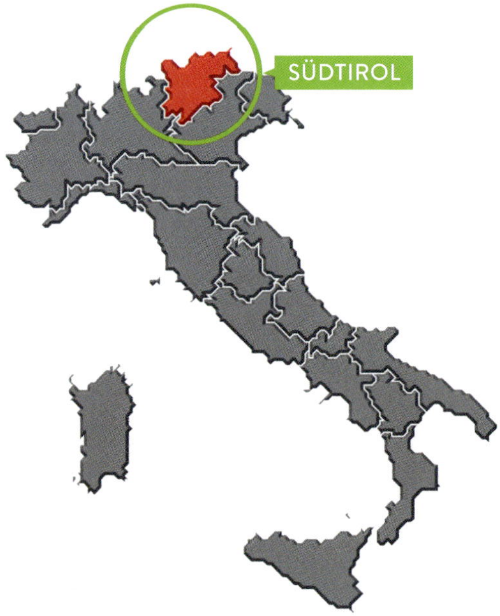

Südtirol – das Land der Berge

Wilde Dolomitengipfel, gemütliche Waalwege, friedvolle Almen, karge Felsen, hügelige Weinberge, weite Täler, blaue Seen, tosende Wasserfälle, trutzige Burgen, freundliche Bergbauern, leckere Kaminwurzen, edle Weine, uralte Kirchen, weißblühende Apfelhaine, modernes Bozen, dörfliches Brixen, mondänes Meran, traditionelle Trachten, mumifizierter Ötzi, freiheitsliebender Andreas Hofer, abenteuerlustiger Reinhold Messner und natürlich: Berge, Berge und nochmals Berge ... so lässt sich mit wenigen Worten ein klitzekleiner Teil Südtirols beschreiben.

Drei Sprachen und viele Dialekte

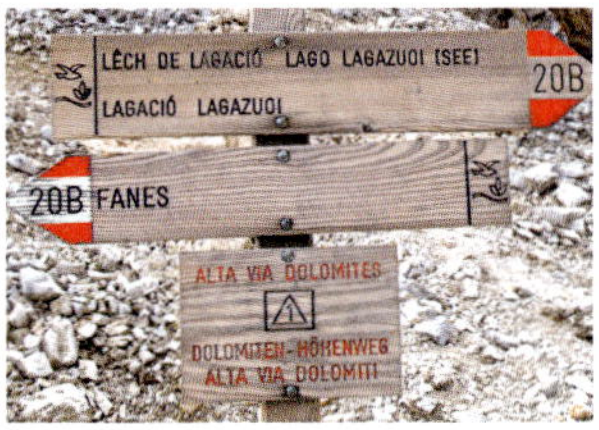

Deutsch, Italienisch und Ladinisch sind die offiziellen Landessprachen Südtirols, die je nach Region gesprochen werden.

45%

Um die 45 Prozent aller Gästeübernachtungen in Südtirol entfallen auf deutsche Urlauber, mit dem unangefochtenen Fokus auf die Themen Wandern und Landschaft.

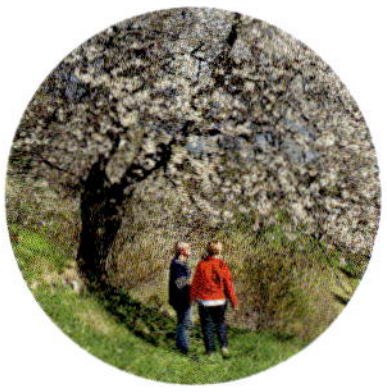

Ohne Pause

Fast das ganze Jahr über kann man in Südtirol zu Wanderungen aufbrechen. Nur die höheren Ziele sind den Sommermonaten vorbehalten.

800

Südtirol besitzt mit 800 Burgen, Schlössern und Ruinen eine enorme Dichte an historischen Bauten. Sie zeugen von der bewegten Geschichte. Von einigen sind schaurige Geschichten überliefert, Basis für mystische Touren mit kulturellem Charakter.

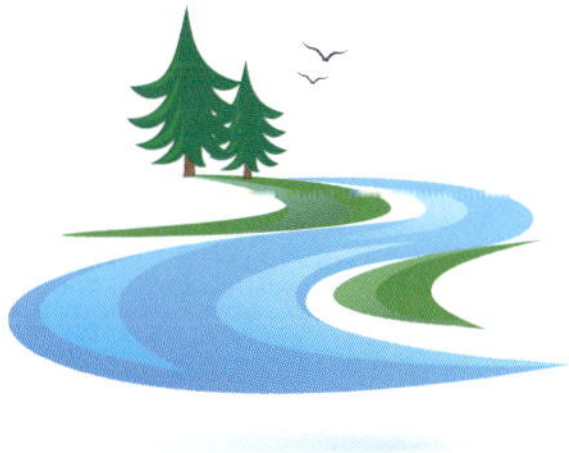

Eldorado der Natur

Auf einer Gesamtfläche von über 310 000 Hektar gibt es in Südtirol 1169 Naturdenkmäler, 238 Biotope, 7 Naturparks und einen riesigen Nationalpark: das Stilfser Joch.

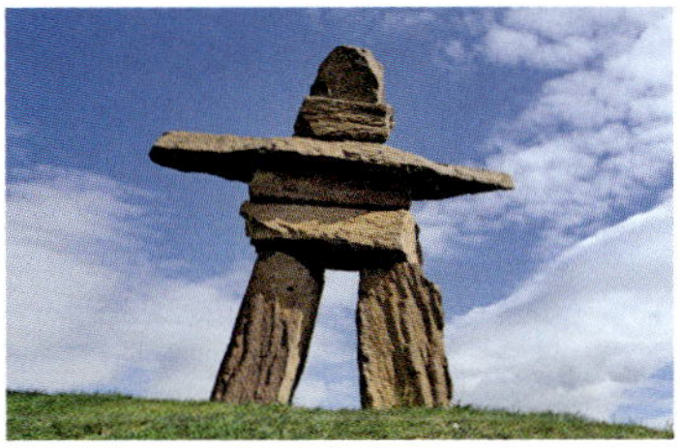

Unzählige Südtiroler Sagen

Die ersten Sagen stammen aus dem 17. Jahrhundert, aber erst im 19. Jahrhundert begann man sie systematisch zu sammeln und aufzuschreiben. Viele der Geschichten haben ihre Wurzeln ungewöhnlichen Naturphänomenen oder historischen Ereignissen zu verdanken. Einige sind ortsbezogen und lassen sich deshalb gut erwandern.

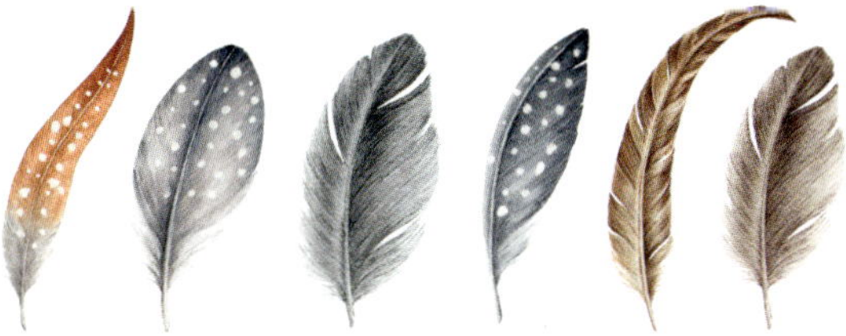

7000

Jahre Geschichte haben in Südtirol ihre Spuren hinterlassen. Von der Jungsteinzeit über die Bronzezeit zu den Römern, den Völkerwanderungen, dem Mittelalter, der Neuzeit, den Diktaturen bis zum heutigen Südtirol Italiens. An verschiedenen Orten im Land kann man dieser Vergangenheit nachspüren und das natürlich auch mit entsprechenden Wanderungen.

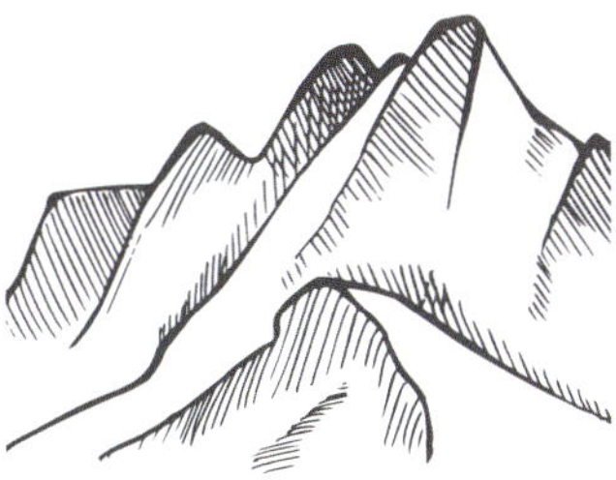

Brauchtum und Traditionen

In allen Regionen Südtirols hat sich eine unglaubliche Vielzahl an Brauchtumsfesten im Jahresreigen erhalten. Einhergehend mit den großen kirchlichen Feiertagen, gehen viele von ihnen auf vorchristliche Rituale und Bräuche zurück, was ihnen einen ganz eigenen Reiz verleiht. Von der Faschingszeit bis zum Advent über Herz Jesu Feuer und den Raunächten sorgen sie für besondere Momente.

Bruckmann-Tourenfinder

Für jeden Tag die richtige Tour

1	Plamort zwischen Reschen und Nauders	🔴	4.00 Std.	10,5 km	550 hm			✓		✓				✓
2	Tartscher Bühl	🔵	1.45 Std.	5,5 km	150 hm	✓	✓	✓	✓	✓				✓
3	Heilige Drei Brunnen	🔵	2.00 Std.	6 km	145 hm		✓	✓						✓
4	Klumperrunde	🔴	5.00 Std.	8,8 km	1150/ 40 hm	✓		✓		✓		✓		✓
5	Hochgalsaun	🔵	1.30 Std.	3,3 km	200 hm	✓	✓		✓	✓				✓
6	Tisenjoch	🔴	9.00 Std.	15 km	1610 hm	✓				✓				✓
7	Partschinser Sagenweg	🔴	4.30 Std.	9 km	580 hm	✓	✓	✓		✓				✓
8	Passerschluchtenweg	🔵	2.30 Std.	8 km	75/ 400 hm		✓	✓			✓			✓
9	Gletschermühle Platt	🔵	3.00 Std.	6,6 km	340 hm	✓	✓	✓			✓			✓
10	Maiser Waalweg	🔵	3.00 Std.	9 km	100/ 250 hm	✓	✓	✓						✓
11	Kratzberger See	🔵	4.00 Std.	10,9 km	350 hm		✓			✓		✓		✓
12	Ultental	🔵	1.30 Std.	5,1 km	60/ 250 hm	✓	✓	✓						✓
13	Stoanerne Mandl	🔴	7.00 Std.	20,2 km	840 hm	✓								✓

14	Erdpyramiden Oberbozen	🔵	3.00 Std.	7,1 km	340 hm	✓	✓	✓						✓
15	Villanderer Alm	🔴	3.30 Std.	12 km	450 hm	✓	✓	✓		✓				
16	Latzfonser Kreuz	⚫	4.00 Std.	10,5 km	750 hm	✓	✓	✓		✓				
17	Archeopfad von Brixen nach Elvas	🔵	2.30 Std.	7 km	280 hm	✓	✓	✓	✓	✓				✓
18	Platterwand, Ahrntal	🔵	2.15 Std.	6 km	200 hm	✓	✓	✓		✓				✓
19	Puflatsch	🔵	5.00 Std.	8,2 km	330 hm	✓	✓			✓		✓		✓
20	Schlern	🔴	7.00 Std.	14,9 km	960 hm	✓				✓		✓		✓
21	Umrundung Plattkofel	🔴	6.30 Std.	12,6 km	1060/ 560 hm	✓				✓		✓		✓
22	Col de Locia, Lago di Lagazuoi	⚫	4.45 Std.	13 km	800 hm	✓	✓			✓				✓
23	Am Lagazuoi Tunnelweg	⚫	3.30 Std.	5 km	80/ 700 hm	✓		✓			✓	✓		✓
24	Rosengarten	🔴	4.00 Std.	7 km	530 hm	✓						✓		✓
25	Latemar, Ruine Leuchtenburg	🔴	5.00 Std.	8 km	780 hm	✓				✓		✓		✓
26	Leuchtenburg Rosszähne	🔴	4.00 Std.	12 km	500 hm	✓	✓	✓	✓		✓		✓	✓
27	Rastenbachklamm	🔴	2.30 Std.	5 km	300 hm		✓	✓			✓		✓	✓
28	Castelfeder	🔵	1.30 Std.	3,5 km	180 hm		✓	✓	✓	✓				✓
29	Haderburg bei Salurn	🔵	1.15 Std.	3,5 km	150 hm	✓	✓	✓						✓
30	Wallfahrtskirche zum hl. Romedius	🔴	2.30 Std.	6 km	300 hm		✓	✓						

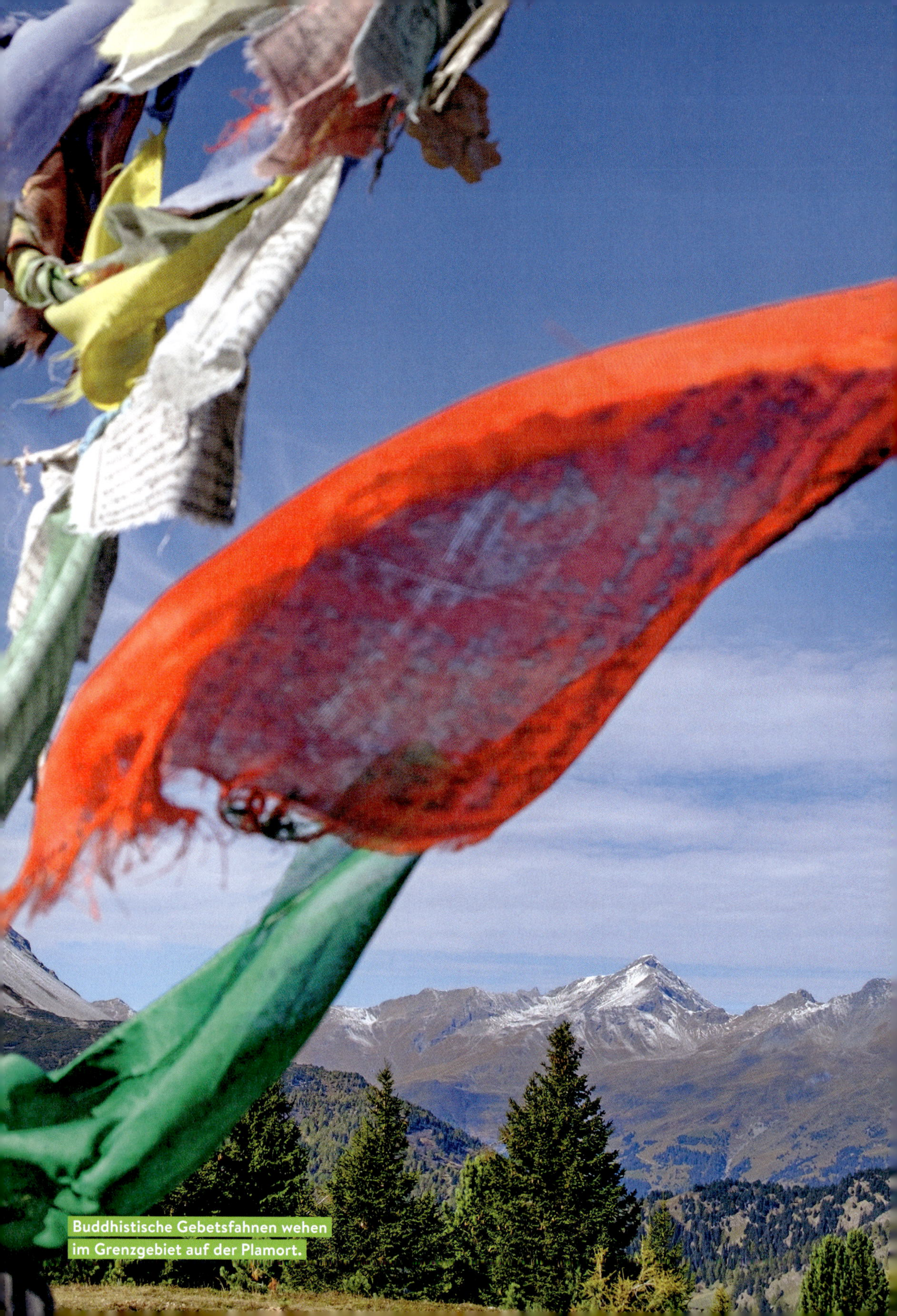

Buddhistische Gebetsfahnen wehen im Grenzgebiet auf der Plamort.

INFO

PIKTOGRAMME ERLEICHTERN DEN ÜBERBLICK

Gehzeit | Länge | Höhenunterschied

Einkehr | wintergeeignet | Seilbahn

kindergeeignet | viel Sonne | Baden

Sehenswürdigkeit | schattiger Weg | ÖPNV

ANFORDERUNGEN

Die schwierigste Passage ist maßgebend für die Einstufung der jeweiligen Tour, auch wenn nur einzelne Komponenten aus den Angaben der Einstufungen zutreffen.

● LEICHT

Technisch einfache Wanderung auf guten Wegen und Pfaden ohne starke Steigungen. Ausgesetzte oder schwierige Stellen sind hier kaum vorzufinden.

● MITTEL

Mittelschwere Wanderung auf Pfaden und Wegen, die aufgrund von Länge und Höhenunterschieden eine gewisse Kondition und Ausdauer erfordern.

● SCHWER

Wanderung auf teilweise steilen Wegen mit spürbaren Anforderungen an die Kondition. Orientierungsvermögen ist geboten.

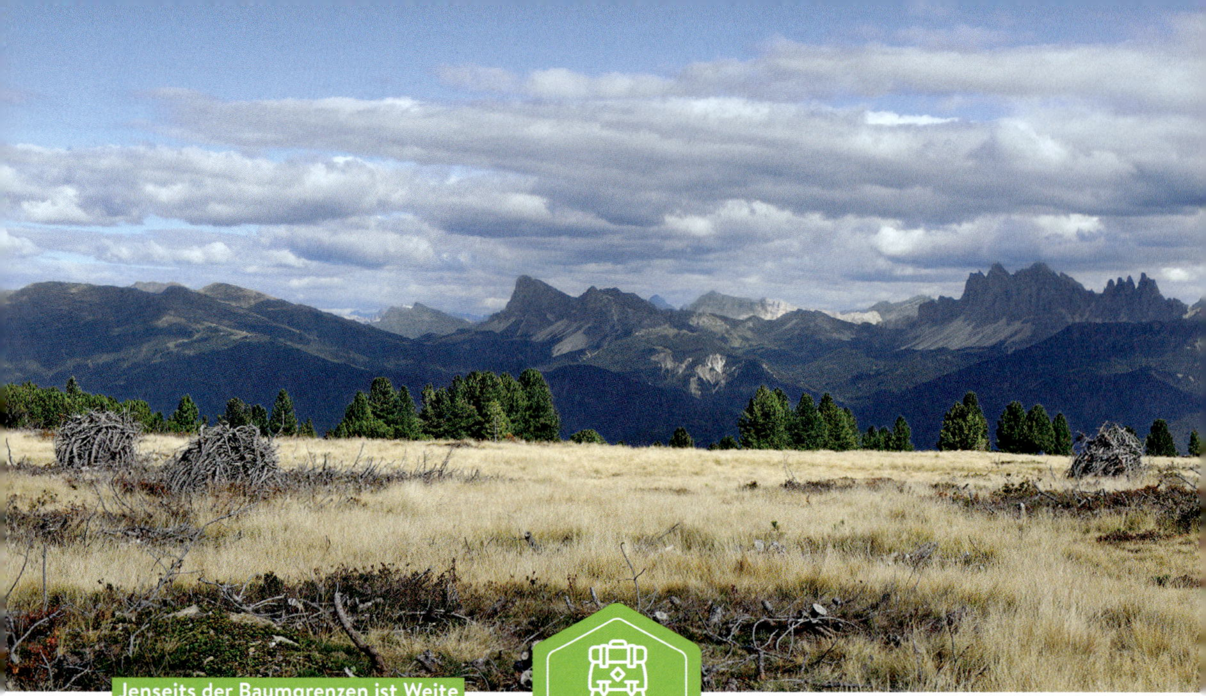

Jenseits der Baumgrenzen ist Weite und damit Platz für Fantasie: am Latzfonser Kreuz.

Allgemeine Infos zum Wandern

In diesem Buch finden Sie 30 Wanderungen: von Talwanderungen, Panoramawegen, kleineren Bergtouren bis hin zu schmalen Gipfelsteigen.

Es gibt kurze Touren, die gut für Einsteiger oder am Tag der Anreise gedacht sind sowie tagesfüllende Wanderungen mit sportlichem Charakter. Mit etwas Grundkondition sind sie sicherlich alle gut zu schaffen und somit ist für Jeden etwas dabei. Wichtig sind ein paar allgemeine Informationen rund ums Wandern und Bergsteigen – von der Planung bis zur gelungenen Durchführung.

BEI HUNGER UND DURST Fast alle Touren führen zu einer Einkehr, Wirtshäuser oder Almen liegen auf dem Weg. Zur Sicherheit sollte man die Öffnungszeiten im Vorfeld noch einmal überprüfen. Almen haben meist nur im Sommer geöffnet. Aber auch in Gasthäusern wechseln Pächter und Ruhetage und gerade in der Übergangszeit sind einige geschlossen. Zudem öffnen manche Hütten bei schlechtem Wetter nicht. Es schadet sicherlich nicht, ausreichend Getränke und etwas Notproviant, der aus Obst, Keksen oder einem Müsliriegel bestehen kann, mitzunehmen. In Südtirol kann man unterwegs an vielen Brunnen seine Getränkeflaschen auffüllen.

KONDITION UND FITNESS Selbstverständlich empfindet jeder die Anstrengung bei einer Wanderung unterschiedlich stark. Unsere Touren würden laut Alpenvereinsbezeichnung wohl alle die Einstufung »Leicht/Mittel« erhalten. Konditionstechnisch hilft uns bei einigen Wanderungen ein Lift. Dennoch haben wir in diesem Buch eine Einteilung in die drei Kategorien »leicht – mittel – schwer« vorgenommen. Dabei orientiert sich die Einstufung eher an Wanderungen in der Ebene. Wobei in diesem Buch natürlich Flachwanderungen und Bergtouren gemischt sind. Das bedeutet, dass Touren, die in die Höhe führen, automatisch mehr Kondition erfordern und somit als schwieriger eingestuft wurden. Der trainierte Wanderer mag dann bei einer für ihn »mittleren« Bergtour vielleicht über diese Einstufung schmunzeln, aber grundsätzlich gilt: Lieber mit den einfachen Touren beginnen! Steigern kann man sich immer. Unter der Information »Tourencharakter« haben wir uns bemüht, eine genaue Beschreibung der Wegbeschaffenheit und der gegebenenfalls zu erwartenden Schwierigkeiten anzugeben. Vor allem, wenn Trittsicherheit und Schwindelfreiheit verlangt werden.

GEHZEITEN Alle aufgeführten Zeiten sind Richtlinien und verstehen sich als reine Gehzeit. Für Pausen auf dem Gipfel oder auf der Alm sowie für Besichtigungen muss man extra Zeit einplanen.

AUSRÜSTUNG Feste Wanderstiefel (oder Trekkingschuhe) sind Grundvoraussetzung für sicheres Wandern. Falsches Schuhwerk (Halbschuhe, Turnschuhe etc.) bieten niemals genügend Halt und sind Auslöser für viele Unfälle. Wasserabweisende Schuhe sind auch im Sommer ideal. Teleskopstöcke sind vor allem beim Abstieg von Bergen bequem und entlasten die Gelenke. Gut, wenn sie klein und leicht sind und so bei Nichtgebrauch an den Rucksack gebunden werden können. Bei der Auswahl des Rucksacks raten wir, nicht zu sparen und sich ein wirklich gut sitzendes Modell von einem Fachhändler empfehlen zu lassen. Bequeme Wanderkleidung aus Funktionsmaterial ist praktisch und trocknet schneller. Grundsätzlich gilt das »Zwiebelprinzip«: Unterhemd, T-Shirt, Bluse oder Hemd, Pullover, Jacke. Vor allem eine wärmende Jacke, z. B. ein Windstopper oder eine Wetterschutzjacke, darf am Berg nie fehlen. Für einige der Touren kann man im Sommer seine Badesachen mitbringen. Sonnenschutz in Form von Creme sowie Kopfbedeckung sollte man immer dabeihaben. Praktisch ist auch ein Insektenabwehrmittel, am besten mit Zeckenschutz (Beine einsprühen nicht vergessen!). Vernünftig ist ein Erste-Hilfe-Täschchen mit Rettungsfolie (Fachhandel), das gut im Rucksack liegt und nicht viel Platz einnimmt. Das gilt auch für ein Handy, mit dem wir sowohl in einem Notfall helfen können als auch selbst um Hilfe bitten können.

Am Brixner Archeopfad

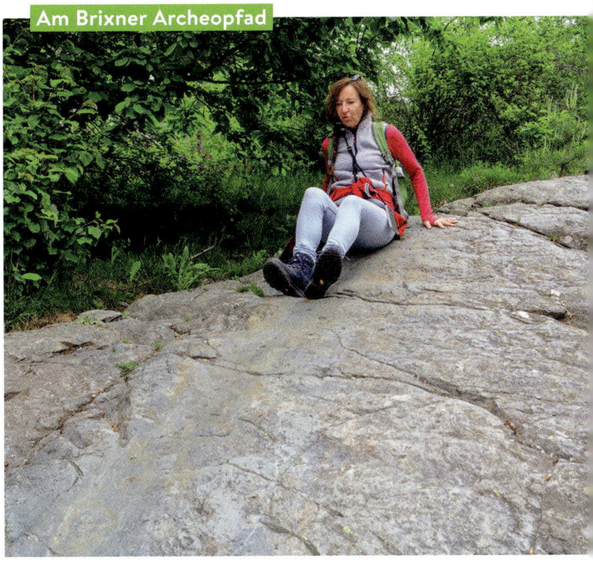

WANDERKARTEN Die Wanderungen sind vor Ort gut ausgeschildert und markiert und werden zudem im Buch detailliert beschrieben, jede Weggabelung sowie andere wichtige Wegpunkte wurden entsprechend eingetragen, sodass Sie sich problemlos ohne zusätzliches Kartenmaterial zurechtfinden sollten. Dennoch empfehlen wir, immer eine Wanderkarte des Gebiets mitzunehmen. Hilfreich sind u. a. die Kompasskarten (vor allem die Karte Nr. 699 deckt fast das ganze Gebiet ab), die fast überall erhältlich sind.

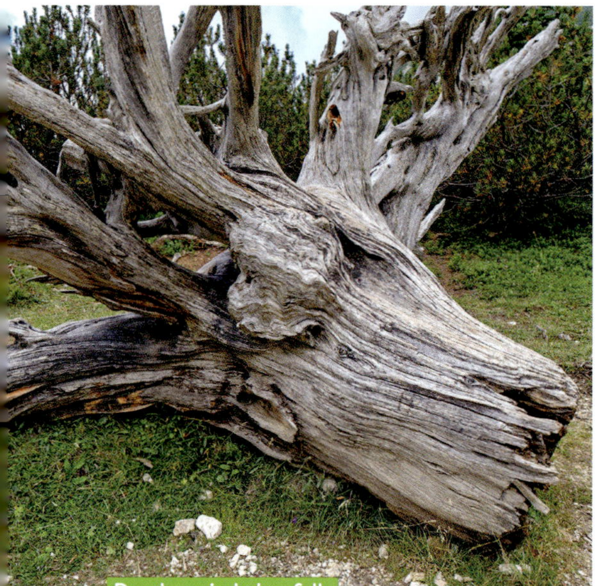

Drachen sind ebenfalls anzutreffen.

SICHERHEIT Bereits bei der Auswahl der Touren sollte man seine eigene Leistungsfähigkeit – und auch die der Begleiter – kritisch in die Planung einbeziehen. Überanstrengen sollte sich niemand! Wichtig ist auch, während der Tour ausreichend Pausen einzulegen und genügend zu trinken. Notfalls brechen Sie die Tour lieber ab. Und grundsätzlich wandert man besser nicht allein. Nicht nur, weil es zu zweit lustiger ist, sondern weil im Notfall jemand Hilfe leisten oder holen könnte. Wer wirklich allein losziehen möchte, teilt jemand anderem sein Ziel und seine voraussichtliche Rückkehrzeit mit. So lächerlich es klingt, sich ins Gipfel- oder Hüttenbuch einzutragen, liefert der Bergwacht zumindest einen Anhaltspunkt, wo sie suchen müsste. Zur konkreten Planung sollten vor Tourenbeginn unbedingt Erkundigungen über die aktuellen Wegverhältnisse eingeholt werden. Dies ist inzwischen im Internet auf diversen Tourenforen möglich. Gezielte Informationen geben auch die Internetseiten der Seilbahnen oder die Tourist Informationen.

Die Mitnahme eines Handys ist immer sinnvoll (internationaler Notruf 112). Wo Netz ist, kann man schnell Hilfe anfordern (W-Fragen nicht vergessen: Wo? Was? Wie viele Personen sind betroffen? etc.). Nach dem Notruf sollte man das Handy angeschaltet lassen und nicht mehr weiter telefonieren – so hat die Rettungsleitstelle die Möglichkeit, bei Fragen zurückzurufen.

Wenn die moderne Technik einmal nichts nutzt, gibt es das alte aber bewährte alpine Notsignal. Es besteht aus sechs optischen oder akustischen Signalen (Rufen, Pfeifen, Winken) in der Minute (alle 10 Sekunden), dann folgen vor einer Wiederholung 3 Minuten Pause. Antwort: dreimal pro Minute ein Signal.

WETTER Das Wetter spielt beim Wandern eine entscheidende Rolle, vor allem am Berg. Denn hier kann es sich unglaublich schnell ändern. Deshalb sollte man unbedingt am Wandertag selbst noch einmal die Wetterprognosen abrufen. Wenn für den Nachmittag Gewitter angekündigt sind, sollte man früh aufbrechen, um die Tour rechtzeitig beendet zu haben, auch wenn sich am Morgen noch keine Wolke am Himmel zeigt. Wer von einem Gewitter überrascht wird, sollte besser umkehren und vor allem exponierte Wegstellen meiden. Im freien Gelände, unter einem Gipfelkreuz oder an einem Grat, der vielleicht noch dazu mit Stahlseilen gesichert ist, hat man nichts verloren! Lieber sucht man Schutz in Senken oder in einer Hütte. Vorsicht ist auch bei starkem Wind in den Wäldern geboten. Es besteht immer die Gefahr von Windbruch und durch herabfallende Äste. Es gibt aber auch unvorhersehbare Wetterumschwünge. Plötzlich aufziehender dichter Nebel ist ein bitteres Bergerlebnis, genauso wie Temperaturabfall. Deshalb packt man auch im Sommer immer eine Jacke in den Rucksack, um im Notfall Unterkühlungen zu vermeiden.

NATURSCHUTZ Wir sind nur Gast in der Natur und sollten – außer Fußspuren – nichts hinterlassen. So schön Bergblumen sind, und abgesehen davon, dass ein Großteil davon geschützt ist, erfreut sich der nachfolgende Wanderer auch gern an ihnen. Das gleiche gilt für Moose und Flechten. Pilze sammeln unterliegt in Südtirol einer sehr strengen Reglementierung. Unter vielen anderen Gesetzen dazu, darf man nur an geraden Tagen zwischen 7.00 und 19.00 Uhr sammeln und muss dafür im jeweiligen Gemeindegebiet eine Tagesgebühr bezahlen. Des Weiteren nimmt man seinen Abfall wieder mit ins Tal, und zwar jeglichen, auch den, der normalerweise verrottet. Ein besonderes und leidiges Thema sind die mittlerweile zahlreichen Tempotücher, die man hinter allen Holzstößen und Büschen findet. Dabei richtet sich dieser Appell vor allem an die weibliche Wanderschaft; ein Taschentuch ist für das »kleine Geschäft« in der Natur nicht nötig. Definitiv: Männer benutzen auch nie eines!
Die Wege, die wir auf unseren Touren gehen, sind offizielle Wanderwege (Alm- und Forststraßen, schmale Pfade und Steige), die extra angelegt wurden. Der Unsitte, Wege abzukürzen, folgen wir nicht. Ansonsten entstehen Erosionsschäden. Ebenso laufen wir nicht querfeldein über eine Wiese, die als Nahrungsgrundlage für Almtiere dient. Nur wenn der offiziell markierte Wanderweg über die Wiese führt, dann dürfen wir ihn nehmen, ansonsten gehen wir an ihrem Rand entlang. Alle Gatter und Weidevorrichtungen, die wir öffnen, müssen immer wieder verschlossen werden.
Dass wir nicht querfeldein über eine Wiese laufen, die voll im Saft steht und als Nahrungsgrundlage für Almtiere gilt, ist hoffentlich auch selbstverständlich. Wenn der Weg um eine Weide herumführt, nehmen wir ihn auf alle Fälle. Wenn ein offiziell markierter Wanderweg über die Wiese führt, dann dürfen wir ihn nehmen. Aber Gatter und Weidevorrichtungen müssen immer wieder verschlossen werden.
Durch die Anreise mit öffentlichen Verkehrsmitteln zum Ausgangspunkt einer Tour können wir einen kleinen Beitrag zur Entlastung der Umwelt leisten. Deshalb haben wir, wo es möglich und sinnvoll ist, die Anreise mit den öffentlichen Verkehrsmitteln angegeben.

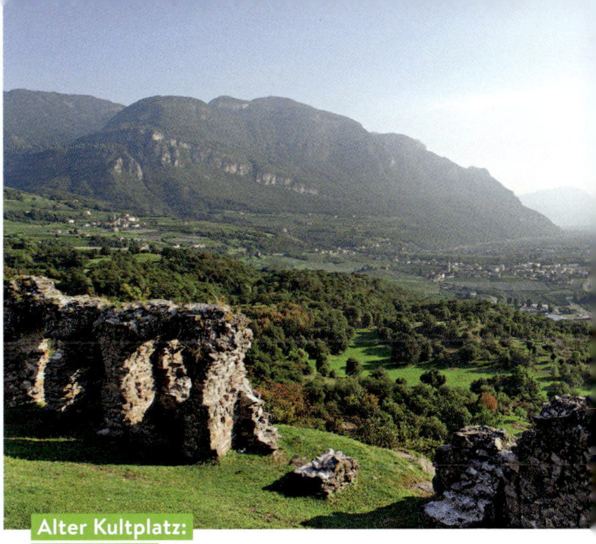
Alter Kultplatz: Castelfeder

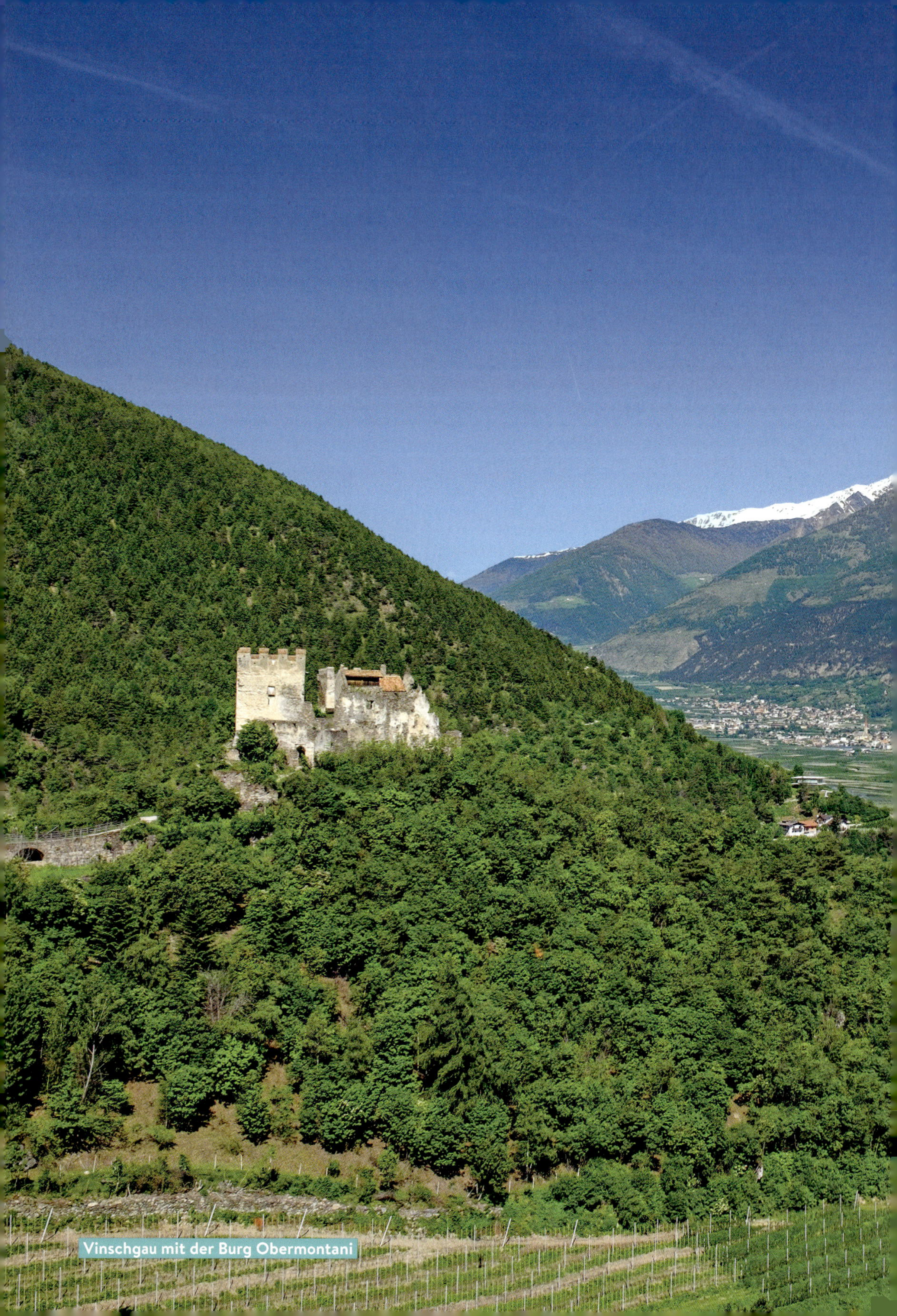

Vinschgau mit der Burg Obermontani

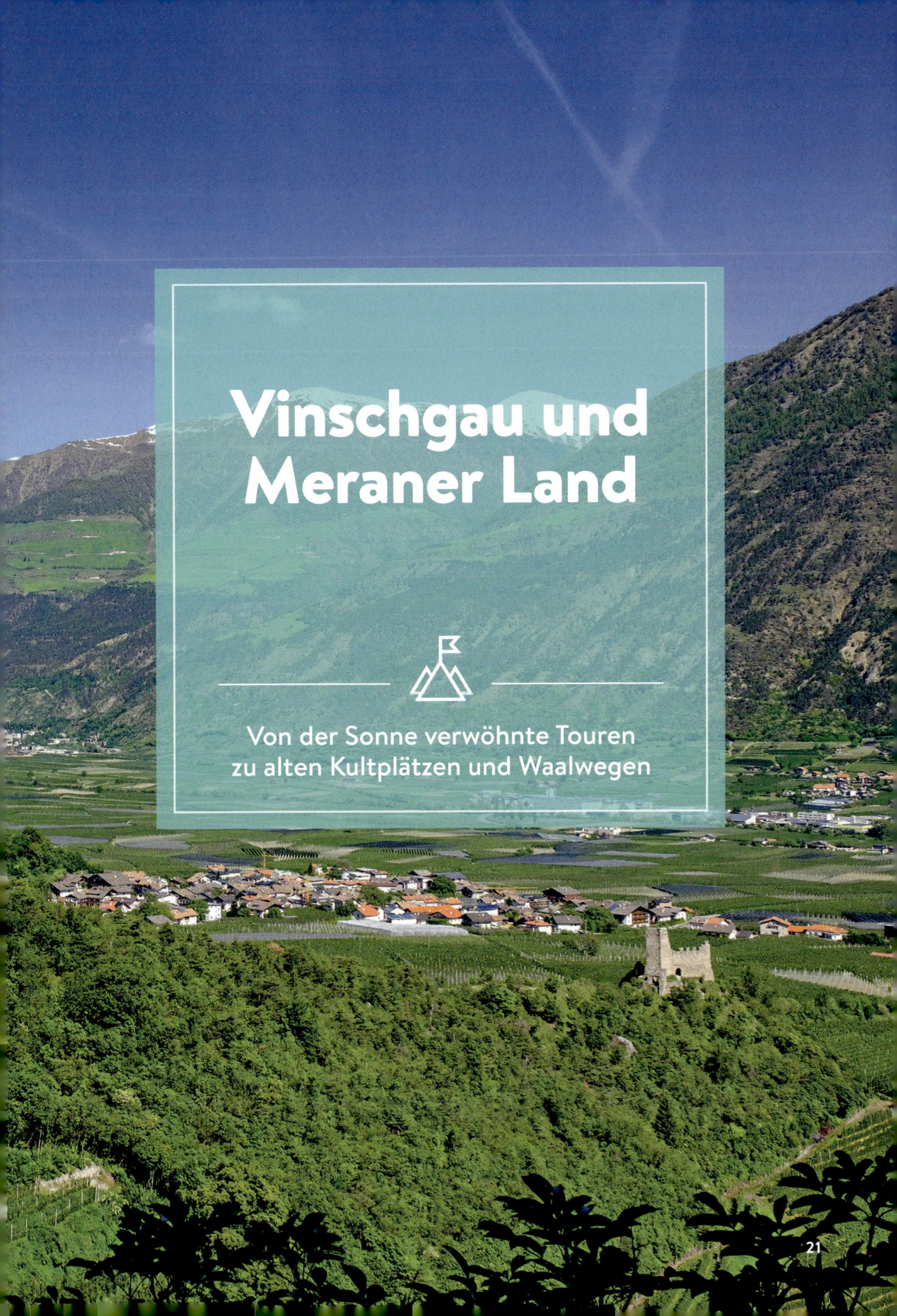

Vinschgau und Meraner Land

Von der Sonne verwöhnte Touren
zu alten Kultplätzen und Waalwegen

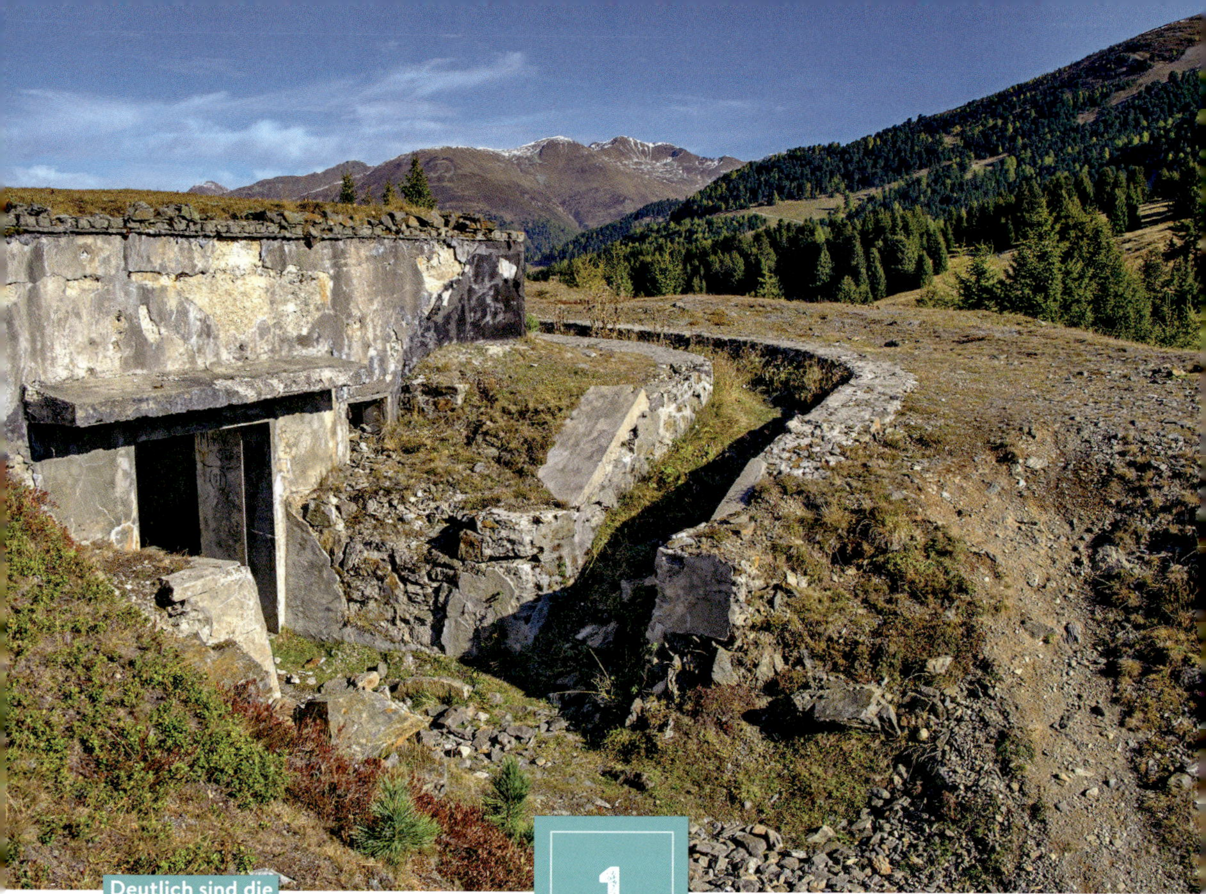

Deutlich sind die Umlaufgräben zu sehen.

1

Plamort zwischen Reschen und Nauders

Dunkle Vergangenheit im Grenzgebiet

Ein dunkles Geheimnis liegt mitten in einem lieblichen Hochmoor in den Bergen zwischen Nauders und Reschen. Mit Eisen bestückte Drachenzähne sichern die Grenze, lange Betonrinnen gleichen Fallgruben und dunkle Gänge locken unter die Erde. All das gehört zur großen Befestigungsanlage, die im Dritten Reich erbaut wurde: die Panzersperre und die Bunkeranlagen von Plamort.

GEGENSÄTZE Der mystische und einsame Turm im Reschensee ist weitaus bekannter als die gewaltige Wehranlage Plamort im Grenzgebiet zu Österreich. Sie liegt auf einer Hochebene jenseits der Baumgrenze und ist heute für alle Grenzgänger frei zugänglich. Viele der Bunker stehen offen, die tiefen Verbindungswege sind deutlich zu sehen. Besonders gewaltig sind die Drachenzähne, die Panzersperren, die außergewöhnlich gut erhalten sind. Sie bilden einen extremen Kontrast zur ansonsten rundum idyllischen Bergwelt: mit dem lieblichen Hochmoor, den sensationellen Aussichten und den friedlich grasenden Bergschafen. Ein wirklich mystischer Ort mit einer dunklen Vergangenheit.

WANDERSTART MIT STEILEM AUFSTIEG Wir starten die Wanderung an der Touristinfo in A **Reschen** und folgen dem Gehweg parallel zur Hauptstraße in Richtung Reschensee. Fast am Ortsende biegen wir vor dem Hotel Eden links ein, von rechts stößt die Straße durch die Unterführung zu uns. Unmittelbar nach dem Hotel halten wir uns dann ebenfalls rechts und folgen der kleinen Straße noch ein Stück (Wanderweg Nr. 1). Am 1 **letzten Haus** geht die Straße in einen Feldweg über, der leicht ansteigend in Richtung Bergwald führt. Die Abzweigung nach links zu den Etschquellen lassen wir noch unberücksichtigt. Wir steigen weiter aufwärts und folgen dann links dem 2 **Weg Nr. 1 A**, der nun stets zur Plamort beschildert ist. Stellenweise ist dieser Aufstiegsweg ein Mountainbike-Trail, den die wagemutigen Zweiradfahrer bergab nehmen. An den

Tipp

FÜHRUNG IM BUNKER

Der Bunker Nummer 20, unweit der Etschquelle, lässt sich im Rahmen einer Führung besichtigen. Dabei erfährt man noch viel mehr Wissenswertes über den Alpenwall. Termine und Auskunft über das Tourismusbüro in Reschen.

Der Ortler ragt hinter dem Reschensee in den Himmel.

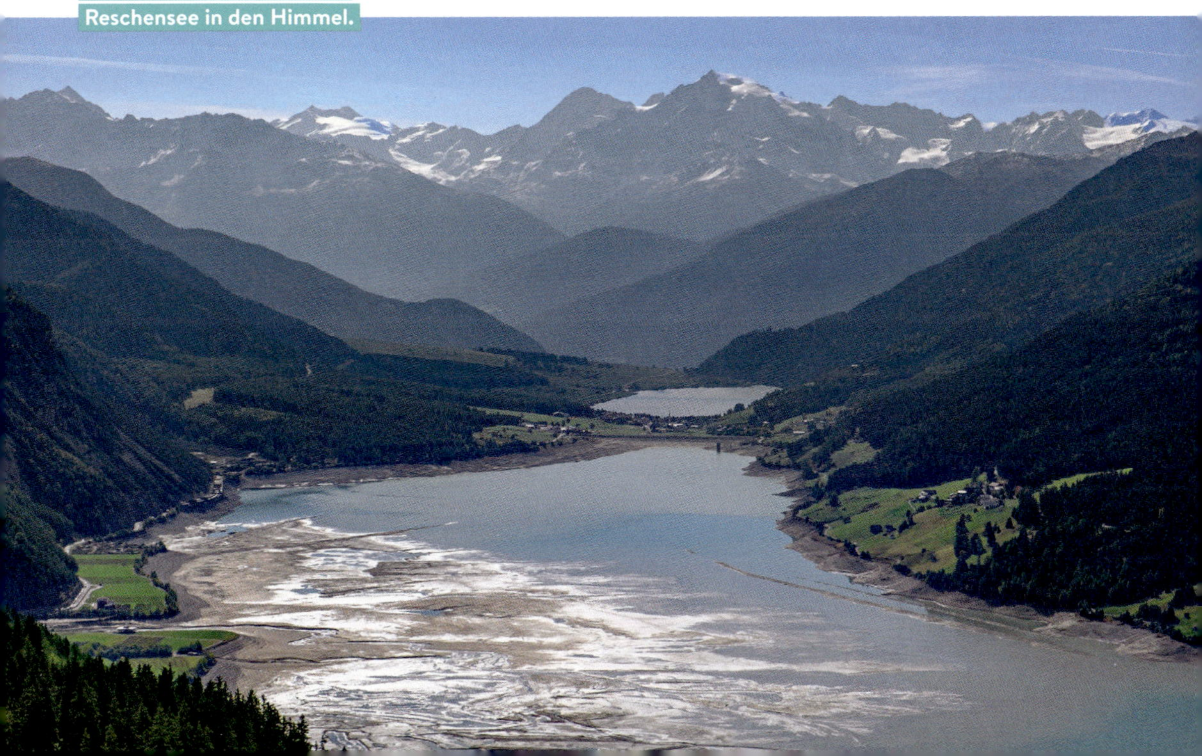

meisten Stellen gehen wir und die Biker jedoch getrennte Wege. Aber wir müssen unbedingt auf die Beschilderung achten, denn an einigen Stellen ist es nicht erlaubt, den Trail zu betreten. Ein kurzes Stück wird der Weg noch einmal breiter, dann halten wir uns wieder leicht rechts und steigen weiter ziemlich steil aufwärts. Der Bergwald erlaubt nicht viele Aussichten, aber wenn, dann sind sie wunderschön. Im oberen Bereich trennt sich dann der MTB-Trail endgültig von unserem Wanderweg und wir halten uns rechts.

DES SCHWEISSES PREIS Und dann haben wir es ganz plötzlich geschafft. Endlich gibt es eine Entschädigung für den mühsamen Bergsteiger-Schweiß. Der Wald lichtet sich und mit einem letzten kleinen Aufschwung stehen wir auf einer kleinen **3 Almstraße**. Die Aussicht ist sagenhaft schön. Wir sind von hohen Bergen umgeben, nur im Süden öffnet sich das Tal und lässt den Reschensee in der Sonne gleißen. An seinem Horizont erhebt sich ein gewaltiger schneebedeckter Riese mit vielen Gipfeln und Scharten: der Ortler, seine Majestät höchstpersönlich! Aber wegen der Aussicht allein sind wir natürlich nicht gekommen und deshalb setzten wir den Weg nach rechts fort.

FOTOSPOT UND RASTPLATZ Für wenige Minuten folgen wir dem Almsträßchen, dann weist uns das Schild zur Plamort nach links. An der Stelle liegt etwas unterhalb der Almstraße ein beliebter Fotospot: ein Aussichtsfelsen für dramatische Fotos über dem Tal. Hier fotografieren sich viele Mountainbiker, bevor sie sich auf den Downhill Trail stürzen. Wenn wir links gehen, treffen wir gleich auf einen tollen **4 Rastplatz**. Zwei Bänke und ein Tisch sind nicht nur bequem, wer seine Brotzeit dabeihat, sollte sie hier auspacken. Es ist – zumindest in unseren Augen – der schönste Platz für ein Picknick.

PLAMORT Danach wandern wir minimal weiter aufwärts über die Almwiesen und folgen dem breitesten Weg nach Norden. Wer unbedingt ein Gipfelkreuz mitnehmen

Tipp

DER ALPENWALL

Plamort ist nur ein kleiner Teil einer weitläufigen Grenzanlage, die man Vallo Alpino Littorio, Alpenwall nennt. Sie wurde bereits nach dem ersten Weltkrieg errichtet und sollte die italienischen Außengrenzen sichern. Vor allem nach der endgültigen Machtübernahme Mussolinis 1926 wurden mit einem ungeheuren Aufwand viele neue Wehranlagen geschaffen. Sie führten entlang der französischen Grenze der Seealpen bis nach Istrien. Auch wenn Mussolini und Hitler enge Verbündete waren, vertraute keiner der beiden Diktatoren dem anderen wirklich. Deshalb wurde ab 1938 mit Unterbrechungen der Alpenwall in Richtung Deutsches Reich ausgebaut und verstärkt. An vielen Stellen im Land waren die Anlagen noch nicht fertig, als 1943 die deutsche Wehrmacht Italiens Norden besetzte. Anders war es auf der strategisch wichtigen Hochebene Plamort zwischen Italien und Österreich: Die gesamte Befestigungsanlage mit ihren Bunkern, den langen Panzersperren und ihren Gräben war fertig und einsatzbereit. Trotzdem oder zum Glück wurde sie kampflos übergeben. Bis 1962 wurde die Anlage gewartet und geriet danach in Vergessenheit, bis sie 1999 von der italienischen Regierung an die Provinz Südtirol übergeben wurde, die Renovierungs- und Sicherungsarbeit leistete.

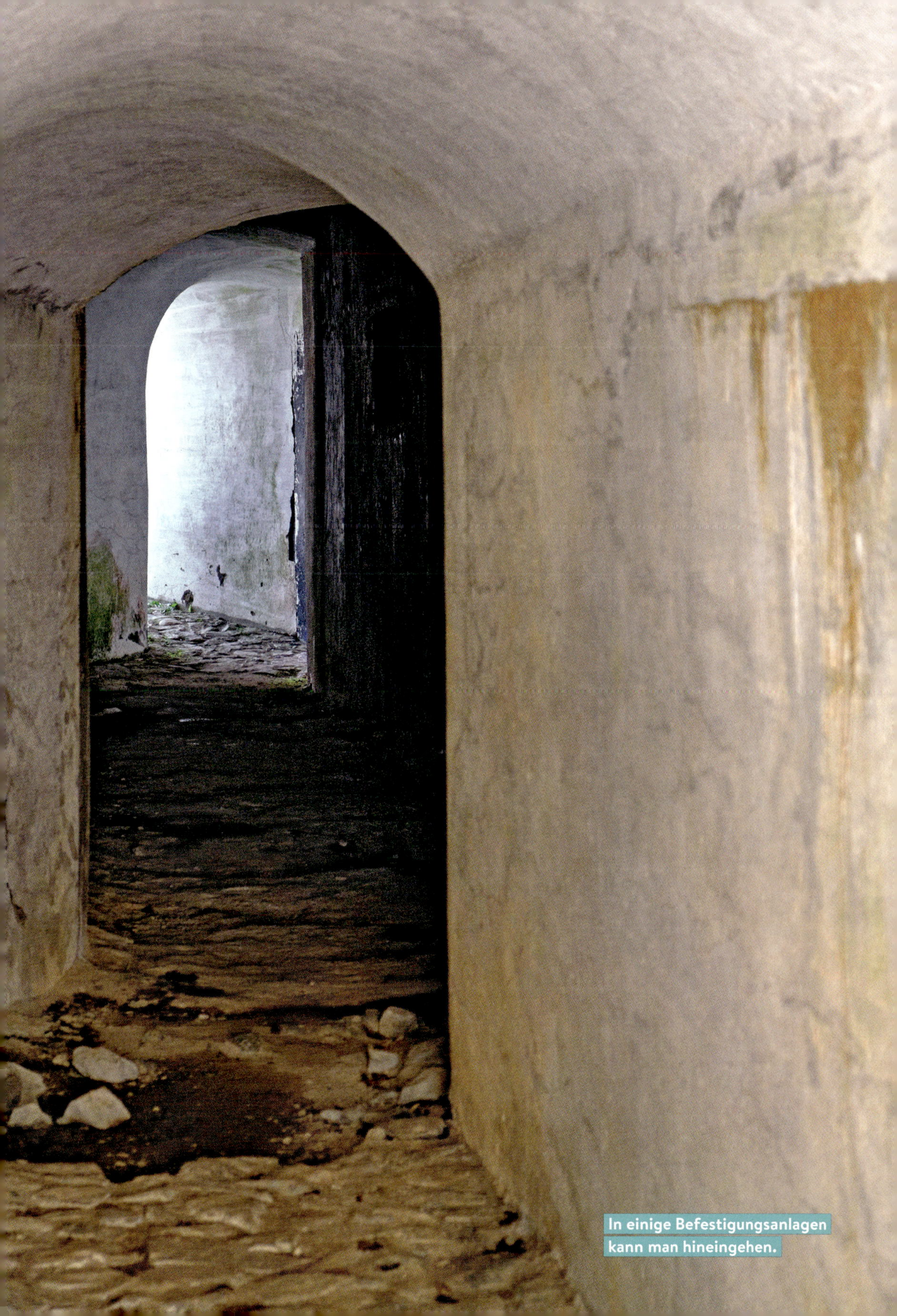

In einige Befestigungsanlagen kann man hineingehen.

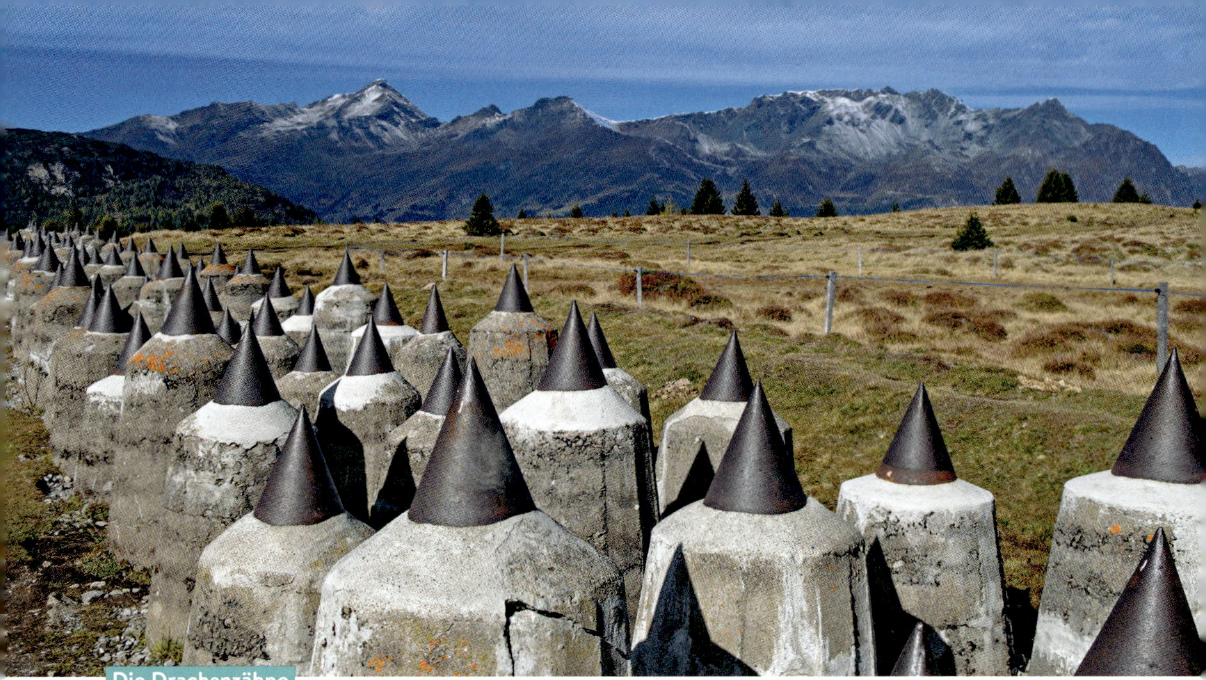

Die Drachenzähne am Plamort

möchte, kann nach links noch den **5 höchsten Punkt der Ebene** ansteuern. Aber wir haben auch ohne den Gipfel die Hochebene Plamort erreicht und der Blick öffnet sich zu den Bergen rund um Nauders. Jetzt stoßen wir überall auf die Bunkeranlagen und Wehrgänge, eine Infotafeln zeigt alle Standpunkte. Die **6 Panzersperre** ist nicht zu übersehen, sie liegt mitten am Hochmoor kurz vor der eigentlichen Grenze. Die gewaltigen Drachenzähne produzieren Gänsehaut. Gut, dass die Sonne scheint und wir mitten in einem schönen Hochmoor stehen. Ein Abstecher auf dem Bohlenweg und über Trampelpfade zur Grenze lohnt sich allemal.

ABSTIEG Für den Abstieg folgen wir dem Weg entlang der Panzersperre nach Westen. An ihrem Ende biegen wir links ab und nun geht es wieder über die Almwiesen in südlicher Richtung. Ein größerer Bunker liegt noch rechts unseres Weges, ein Blick lohnt sich. Wer Orientierungssinn besitzt, kann den Abstiegsweg etwas abkürzen. Noch vor dem Bunker führt rechts ein **7 Wiesenweg** abwärts, die Stelle war jedoch 2021 nicht ausgeschildert. Der Pfad führt in den Wald und biegt dann bei einer kleinen Almhütte links ab, um in einer Serpentine auf die **8 Almstraße** zu treffen. Wer diesen Weg nicht findet, bleibt am Bunker geradeaus über die Wiesen und trifft leicht bergab ebenfalls auf die Almstraße, nur weiter oben. Dieser folgen wir nach rechts und wandern über einige Kurven und Serpentinen sehr gemütlich, aber auch sehr lange zurück ins Tal.

ETSCHQUELLE Fast schon unten bietet sich dann nach rechts noch ein Abstecher zur **9 Etschquelle** an, immerhin der zweitgrößte Fluss Italiens nach dem Po. Auf dem Weg dorthin liegen einige weitere Bunkeranlagen versteckt im Wald, die allein schon eine Wanderung wert sind. Immer dem Hauptweg folgend, treffen wir schließlich unterhalb des Sportplatzes auf die ersten Häuser von Reschen. Rechts durch den Waldbodenweg geht es nun steil bergab, den Kurven folgend, zurück zur **E Hauptstraße**.

INFO

AUSGANGS-/ ENDPUNKT

Reschen, Hauptstraße 22, Tourist Info

GPS

46.828545, 10.519041

TOURENCHARAKTER

Etwas längere, aber technisch sehr einfache Bergtour auf Bergwegen und Almsträßchen. Der Aufstieg ist ziemlich steil, dafür gibt es einen flachen Abstieg.

ANFAHRT

ÖPNV: Reschen liegt am nördlichsten Zipfel des Vinschgau. Erreichbar entweder per Bus über die Tiroler Seite bei Nauders oder in Südtirol mit dem Zug bis Mals und weiter mit dem Bus über den Reschensee nach Reschen, Haltestelle Hauptstraße. Pkw: Nördlich des Reschensees liegt der Grenzort Reschen, es gibt einen größeren kostenpflichtigen Parkplatz in der Altdorfstraße auf dem Weg zur Schönebenbahn. Von dort wandert man nach Süden auf dem Seeuferweg bis zum Café »Mein Dörfl«. Dort links hinauf und durch die Unterführung zum Hotel Eden

mittel | 4 Std. | 10,5 km | 550 hm

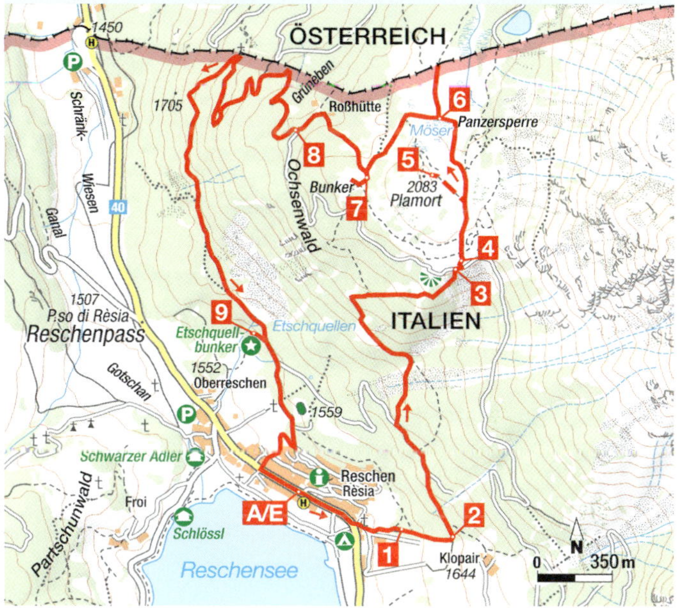

EINKEHR

Unterwegs keine, erst am Ende der Wanderung einige Möglichkeiten in Reschen

INFO

www.vinschgau.net

Im Herbst zeigt sich das Hochmoor ohne Farben.

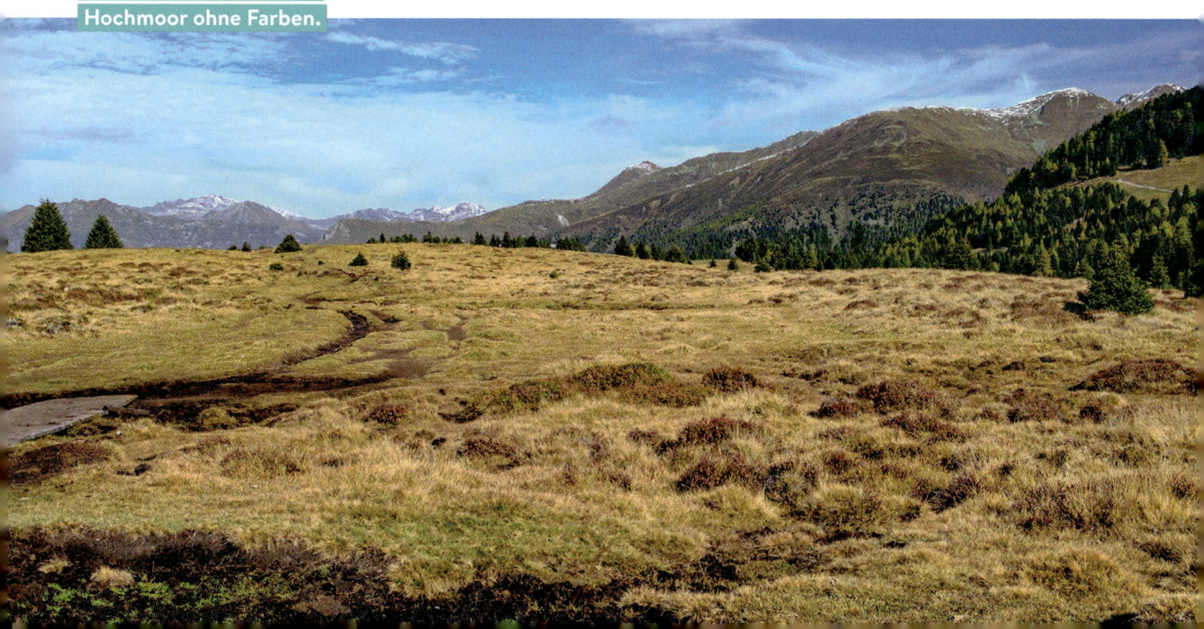

Über den geheimnisvollen Tartscher Bühl

Die versunkene Stadt

»Der Tartscherbühl ist wohlbekannt, im Vinschgau im Tirolerland. Ein Städtchen war in alter Zeit allda voll Glanz und Sauberkeit.« So beginnen die Reimverse einer der bekanntesten Südtiroler Sagen und erzählen von längst vergangenen Zeiten, untergegangenen Städten und dem Hochmut der Bevölkerung.

2

St. Veit ist noch ganz im Stil der Romanik erbaut.

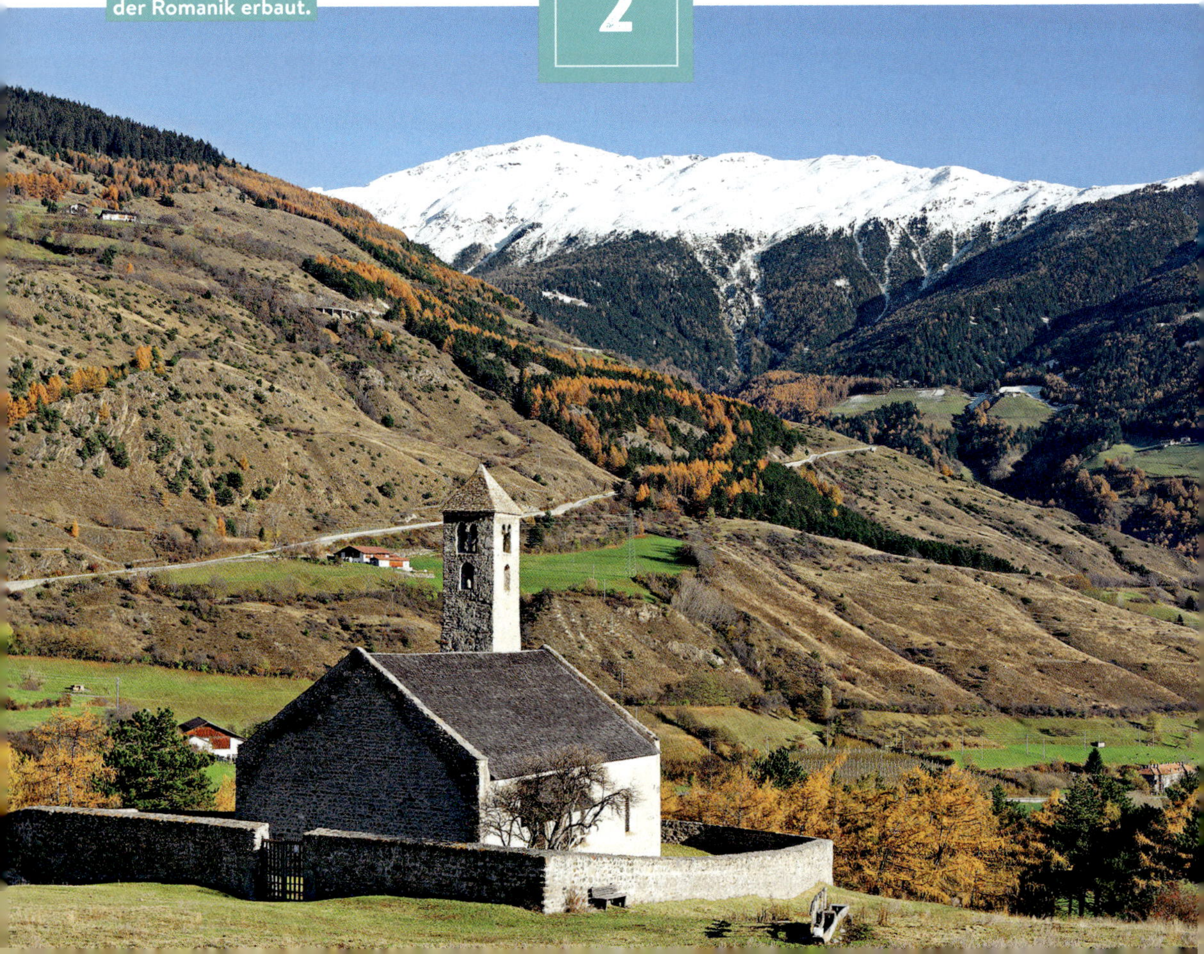

WO IST DIE STADT? Der Tartscher Bühl, auch Bichl genannt, ist ein markanter Hügel im oberen Etschtal, der zu den bedeutendsten Ausgrabungsorten in Südtirol zählt. Archäologische Funde zeigen, dass der Hügel bereits weit vor den Römern besiedelt war. Neben Pfeilspitzen, Münzen und Schalensteinen sind die wertvollsten Stücke eine in rätischer Schrift gravierte Hirschhornspitze und ein spätlatènezeitliches keltisches Schwert. Außerdem legten Grabungen von 1999 Reste rätischer Häuser frei. Man geht von bis zu 80 Häusern aus, eine richtige Siedlung aus uralten Zeiten, was die Sage über die verschwundene Stadt bewahrheiten würde. Die endet übrigens damit, dass sich die Bewohner am Tartscher Bühl als hochmütig, eitel und gottlos erwiesen haben und einem fremden Pilger kein Obdach gewähren wollten. Nach seinem Fluch versank die Stadt, die selbst so kalt wie Stein im Boden war und ward nie mehr gesehen. »Wo stolz die Stadt in alter Zeit Geglänzt, ist's öde weit und breit. Kein Denkmal gibt den Platz dir kund, Wo Haus an Haus einst fröhlich stund. Der Tartscher Hügel steht allein Und mahnt: dein Herz sei niemals Stein!«

STARTPLATZ GLURNS Am **A Stadttor in der Malserstraße** von Glurns liegt der Ausgangspunkt unserer Wanderung. Die Besichtigung des malerischen Ortes heben wir uns für später auf. Mit der Stadtmauer im Rücken wandern wir auf dem Gehweg neben der Straße und biegen dann rechts in den St. Lorenzweg ein. Tartsch und sein Bühl sind bereits ausgeschildert. An der Kreuzung bleiben wir geradeaus, hinter den letzten Häusern wird die Straße zu einem Wiesenweg. Direkt vor unserer Nase liegt der markante Bichl, der sein Aussehen der letzten Eiszeit zu verdanken hat. Die Eismassen des Gletschers haben den gewaltigen Felsbrocken rund geschliffen und zu einer Landmarke gemacht.

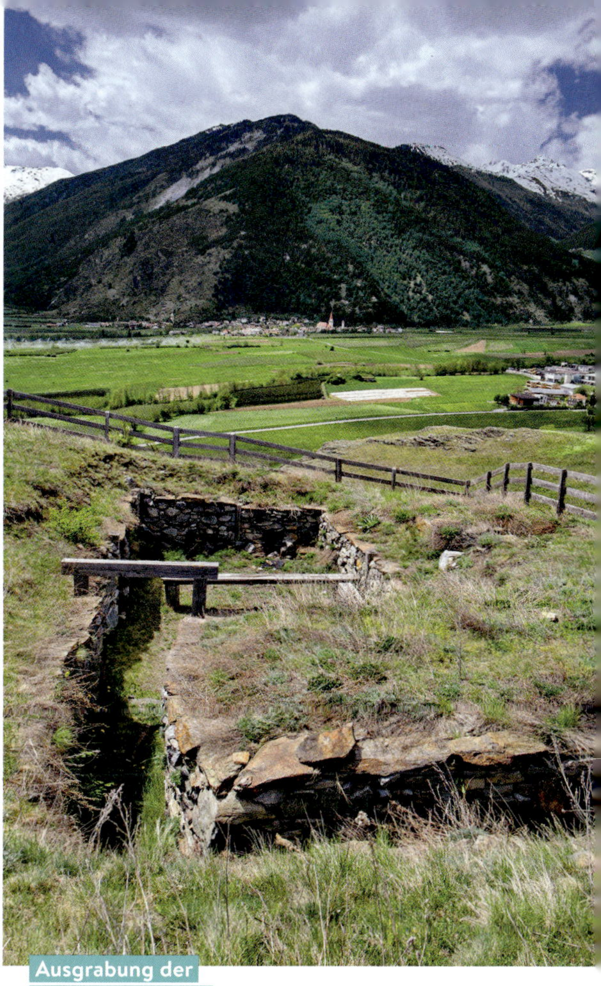

Ausgrabung der Rätischen Häuser

Tipp

GLURNS

Der Besuch der kleinsten Stadt Südtirols, die fast gänzlich unter Denkmalschutz steht, ist ein großes Vergnügen. Beeindruckend ist das harmonische Stadtbild, das zwar eher einem Dorf gleicht, aber durch die völlig erhaltene Stadtmauer mit ihren Stadttoren eben einmalig ist. Es macht Spaß, durch die Gassen zu bummeln und malerische Winkel zu erkunden. Dabei stößt man unweigerlich auf die hübsche Laubengasse, ein zauberhaftes Fotomotiv.

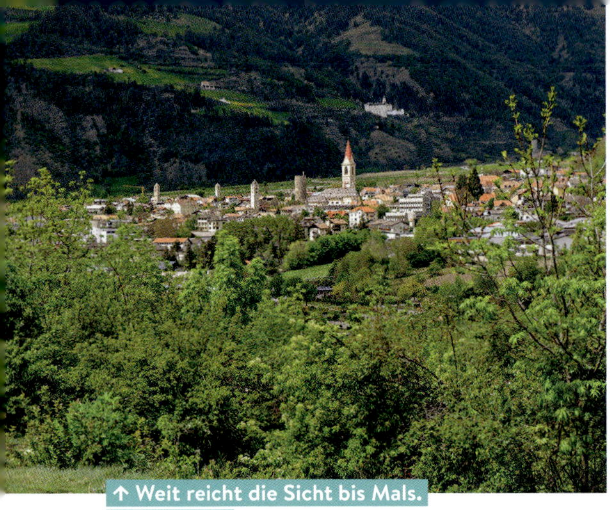

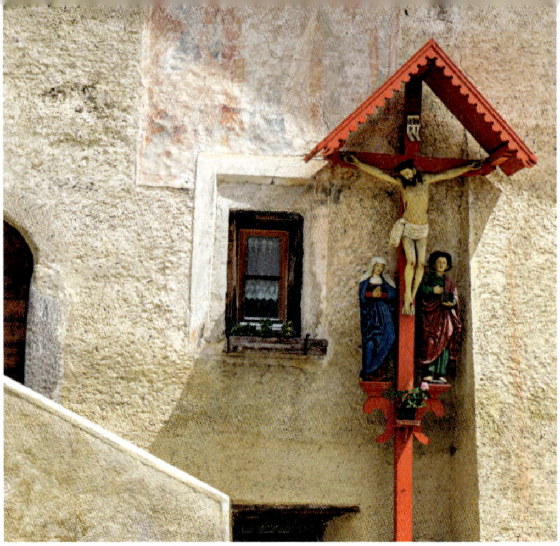

↑ Weit reicht die Sicht bis Mals.
↗ In Tartsch

AUF DEN TARTSCHER BICHL Über die Felder wandern wir auf den Hügel zu, an seinem Fuß wendet sich der Weg nach links und führt parallel zu den Schienen der Vinschger Bahn weiter. Bald stoßen wir an einer **1 Unterführung** auf eine kleine Straße und wechseln auf die andere Seite der Bahn. Leicht ansteigend wandern wir mit herrlicher Aussicht über das Tal nach **2 Tartsch** hinauf. Vor dem Michlwirt weisen uns die Schilder nach rechts auf den Bichlsteig. An der T-Kreuzung halten wir uns noch einmal rechts und dann geht es in einem Linksbogen auf den Tartscher Bichl. Die Sicht ist einmalig schön und unser Blick schweift über das ganze Obervinschgau mit den Dörfern Mals und seinen vielen Türmen, der von einer Stadtmauer vollständig umgebenen Stadt Glurns und dem leuchtend weißen Benediktinerkloster Marienberg. Über allem wachen der Ortler und viele weitere markante Berge. Der Tartscher Bühl selbst ist genau wie in der Sage heute ein karges Felsplateau. Die oberste Schicht ist nur hauchdünn mit Humus bedeckt, ein richtiger Magerrasen. Was auf den ersten Blick »öd« erscheint, bietet jedoch besonderen Pflanzen einen idealen Lebensraum. So wachsen hier Opuntien, Hauswurz und Küchenschellen. Wir folgen dem Bichlsteig, eigentlich dem einzigen Weg, der in einem Bogen um den Bühl führt. Bald treffen wir auf die Ausgrabung des **3 Rätischen Hauses**. Seine Größe lässt sich gut an den freigelegten Umrissen erahnen. Eine Bank lädt zur Rast ein und aus dem Tal leuchtet der Schludernser Speichersee.

ST. VEIT AM BICHL Wir umrunden den Bichl bis zu seiner Ostseite und treffen dort auf einen Picknickplatz. Durch einen Weidezaun geht es links hinauf zur kleinen **4 Kirche St. Veit**. Sie ist leider fast immer geschlossen, aber schon ihr Äußeres lässt das Alter erahnen. Umgeben von einer fast geschlossenen Mauer, wirkt das Kirchlein mit seinem romanischen Turm wie eine kleine Burg. Der Sage nach wurde sie auf einem heidnischen Kultplatz errichtet, was durchaus der Wahrheit entsprechen könnte. Die herausstechende Lage des Bühls und die jahrtausendealte Besiedlungsgeschichte zeigen, dass bereits vor den Christen Siedler um die Besonderheit dieses Ortes wussten.

RÜCKWEG Von der Kirche folgen wir dem Weg, der durch einen lichten Kiefernwald zurück nach Tartsch führt. Schön sind die alten Bauernhöfe im Dorf, allen voran das

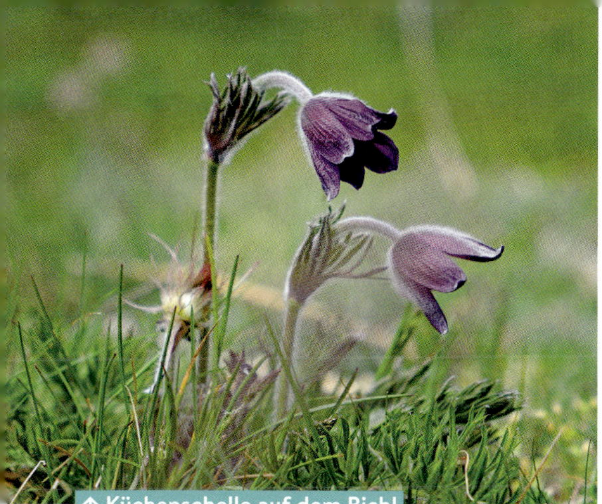

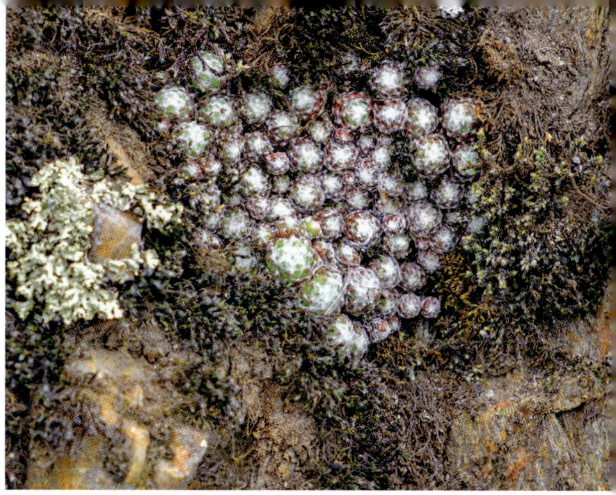

↑ Küchenschelle auf dem Bichl
↗ Sukkulenten, wie die Hauswurz, fühlen sich dort wohl.

Mesnerhaus neben der St. Andreaskirche. Das Gotteshaus steht bestimmt offen, es ist von außen mit Fresken verziert. Dann wandern wir wieder zum Michlwirt und folgen von dort dem bekannten Hinweg zurück nach **E Glurns**.

INFO

TOURENCHARAKTER

Kurze Rundtour mit minimaler Steigung auf angenehmen Wanderwegen, Pfaden und einer wenig befahrenen Straße. Kaum Schatten. Am schönsten im Frühjahr zur Blumenblüte

AUSGANGS-/ENDPUNKT

Malsertor Glurns

GPS

46.671962, 10.552936

ANFAHRT

ÖPNV: Mit dem Zug nach Mals im Vinschgau und von dort zur Wanderung starten. Dafür wandert man entlang der Gleise Richtung Campingplatz und weiter in Wanderrichtung bis zur beschriebenen Unterführung. Pkw: Im Vinschgau bei Mals oder bei Schludern nach Glurns abbiegen. Es gibt einen großen Parkplatz am nördlichen Ortseingang, außerhalb der Stadtmauer in der Malserstraße.

EINKEHR

In Tartsch gibt es das historische Landgasthaus Michlwirt. Ambiente und Küche sind etwas gehobener, aber wirklich top! In Glurns hat man am Ende der Wanderung noch viel Auswahl; wer etwas Besonderes sucht, geht ins Flurin in der Laubengasse. Einzigartige gehobene Südtiroler Küche, geradezu mystisch gut – für echte Gourmets

leicht	1.45 Std.	5,5 km	150 hm

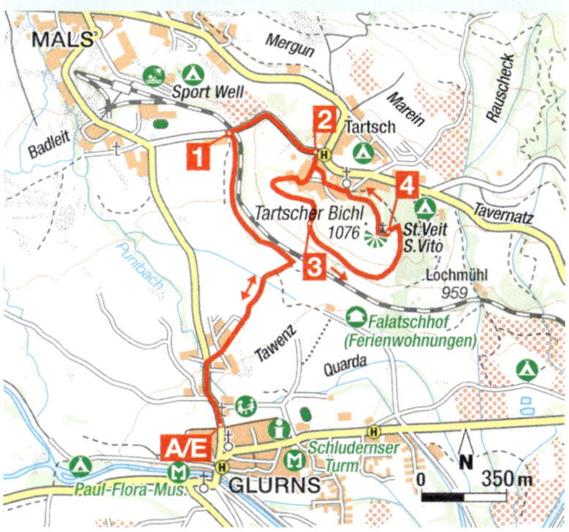

INFORMATION

www.vinschgau.net

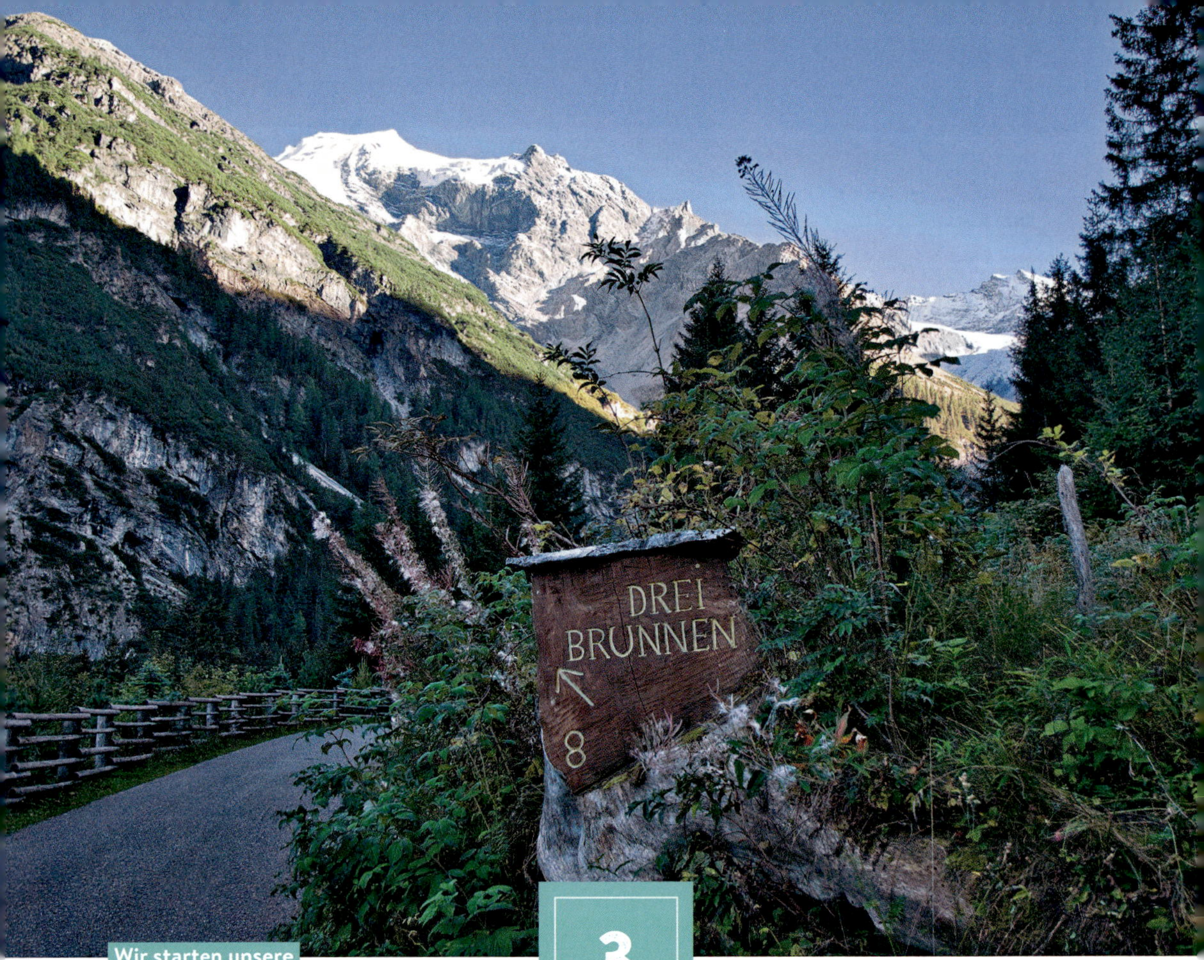

Wir starten unsere Wanderung.

3

Bekannter Wallfahrtsort im Ortlergebiet

Die Heiligen Drei Brunnen bei Trafoi

Der Hirte Moritz sah an der Stelle der Heiligen Drei Brunnen drei Rinnsale aus dem Felsen brechen, die alle ein Kreuz mit sich trugen. Zwei der Kreuze erwischte er. Noch heute ist dieser geheimnisvolle Ort ein beliebtes Wander- und Wallfahrtsziel.

START AM NATIONALPARKHAUS Diese gemütliche Wanderung startet am **A Nationalparkhaus von Trafoi**. Das Haus naturatrafoi des Nationalparks Stilfser Joch informiert über die Geologie der Ortlergruppe und über das Anpassen von Pflanzen- und Tierwelt an die extremen Bedingungen des Hochgebirges. Die Besichtigung des Informationszentrums halten wir uns allerdings für die Rückkehr nach Trafoi auf. Wir folgen der Breiten Straße in Richtung Süden und passieren den **1 Campingplatz**. Es ist einfach eine beeindruckende Szenerie. Wir wandern auf einen grandiosen Talschluss zu. Die Trafoier Eiswand mit der Thurwieserspitze und den beiden Eiskogeln bilden einen grandiosen Abschluss.

Tipp

GOLDSEE AUF DER ANDEREN TALSEITE

Auf der anderen Talseite führt der aussichtsreiche Goldseeweg von der Sessellift-Bergstation an der Trafoier Hütte zum Stilfser Joch. Auf dem ganzen Höhenweg genießen wir eine grandiose Aussicht zum majestätischen Ortler. Unterwegs können wir mit der Rötlspitze noch einen echten Dreitausender und den mystischen Goldsee »mitnehmen«. Dieser liegt mitten in einer »Steinwüste« und besitzt keinen Zufluss. Trotzdem füllt er sich alljährlich mit Wasser.

DREI BRUNNEN Idyllisch führt die Straße weiter in Richtung Süden. Von rechts mündet ein Weg von der Passstraße ein. Wir gehen nach links über den Bach und steuern das **2 Heiligtum** an. Es gibt eine kleine Kirche, in der man zahlreiche Holzprothesen sieht, denn das Wasser soll heilende Kräfte haben. Im Brunnenhaus, in dem Statuen der Heiligen Maria, des Heiligen Johannes und von Jesus stehen, kann man die Legende des Hirten Moritz nachlesen. Die Marienstatue steht den Winter über in der Trafoier Kirche

Düstere Stimmung im Talboden

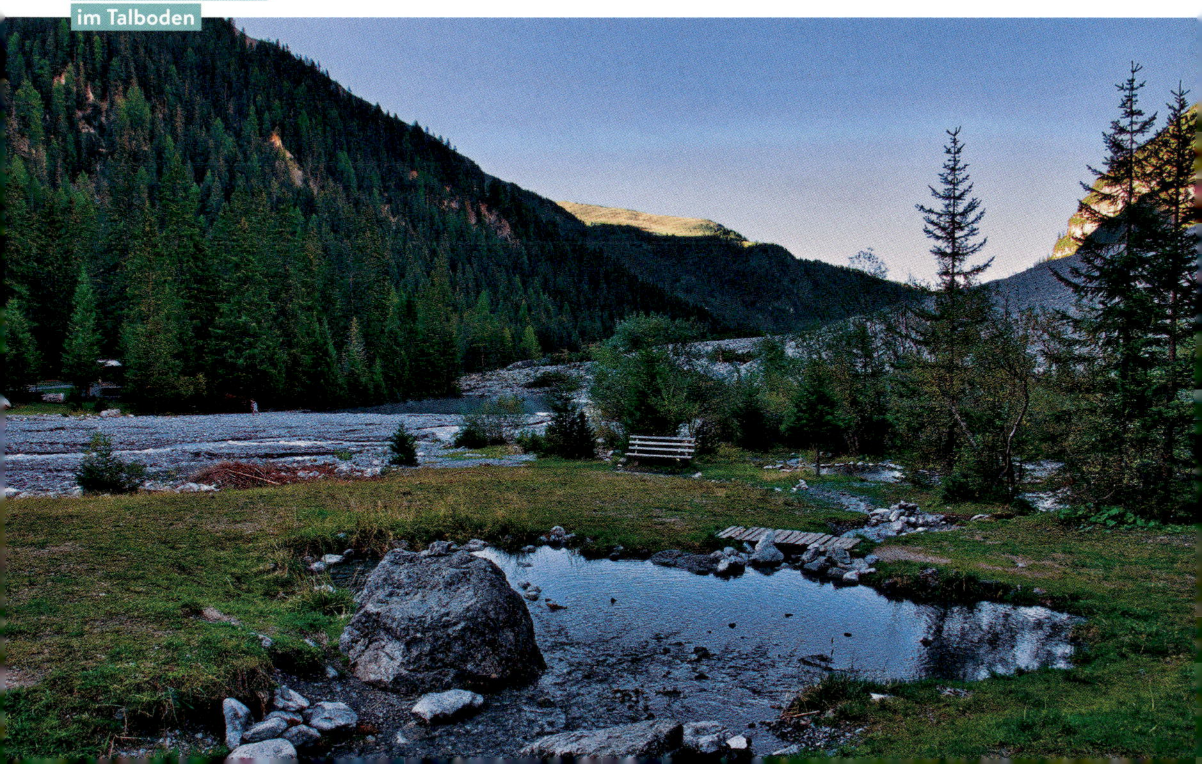

und wird am Pfingstmontag in einer Prozession an diesen schönen Ort gebracht. Ende September wird die Statue wieder in die Kirche gebracht. In unmittelbarer Nähe der Drei Brunnen befindet sich ein schöner Grillplatz, der zu einer ausgedehnten Pause einlädt. Hier können wir auch noch eine kleine Schleife drehen, bevor wir auf dem Hinweg zurück nach E **Trafoi** gehen.

BERGLHÜTTE Oberhalb der Drei Brunnen steht die Berglhütte. Der Hüttenplatz inmitten Lärchen auf der wilden Seite des Ortlers ist nicht nur wunderschön, sondern auch historisch. Immerhin führte die Erstbesteigung des Ortlers am heutigen Standort der Hütte vorbei. Da der Meraner Weg, wie diese Route genannt wird, zu Beginn sehr populär war, erbaute man bereits 1884 eine erste kleine Selbstversorgerhütte. Verantwortlich dafür war der Vorstand der Hamburger Alpenvereinssektion. Bald schon wurde die kleine Hütte durch einen größeren Neubau ersetzt. Im Ersten Weltkrieg wurde die Hütte im Gegensatz zu vielen anderen Hütten nicht zerstört und später dem Club Alpino Italiano übergeben, der sie mehrmals renovierte. Heute gehört sie dem Land Südtirol. Romantik gibt es hier oben aber immer noch. Der Weg von den Drei Brunnen zur Hütte verläuft durch einen idyllischen Wald. Oben genießen wir die leckere Südtiroler Küche und eine grandiose Aussicht. In der Hütte selbst gibt es immer noch das Abendessen und das Frühstück bei Kerzenschein. Der Meraner Weg wurde vor ein paar Jahren wiederentdeckt, als man die Schlüsselstelle mit einer Leiter entschärfte. Im Gegensatz zum überlaufenen Normalweg von der Payerhütte wird man hier oben am Grat öfter allein sein. Aufgrund der Anforderungen und der gewaltigen Höhenmeter ist das aber keine Tour für uns. Wir belassen es bei der Hütte und gehen gemütlich zurück zum Brunnenheiligtum.

Das Brunnenheiligtum

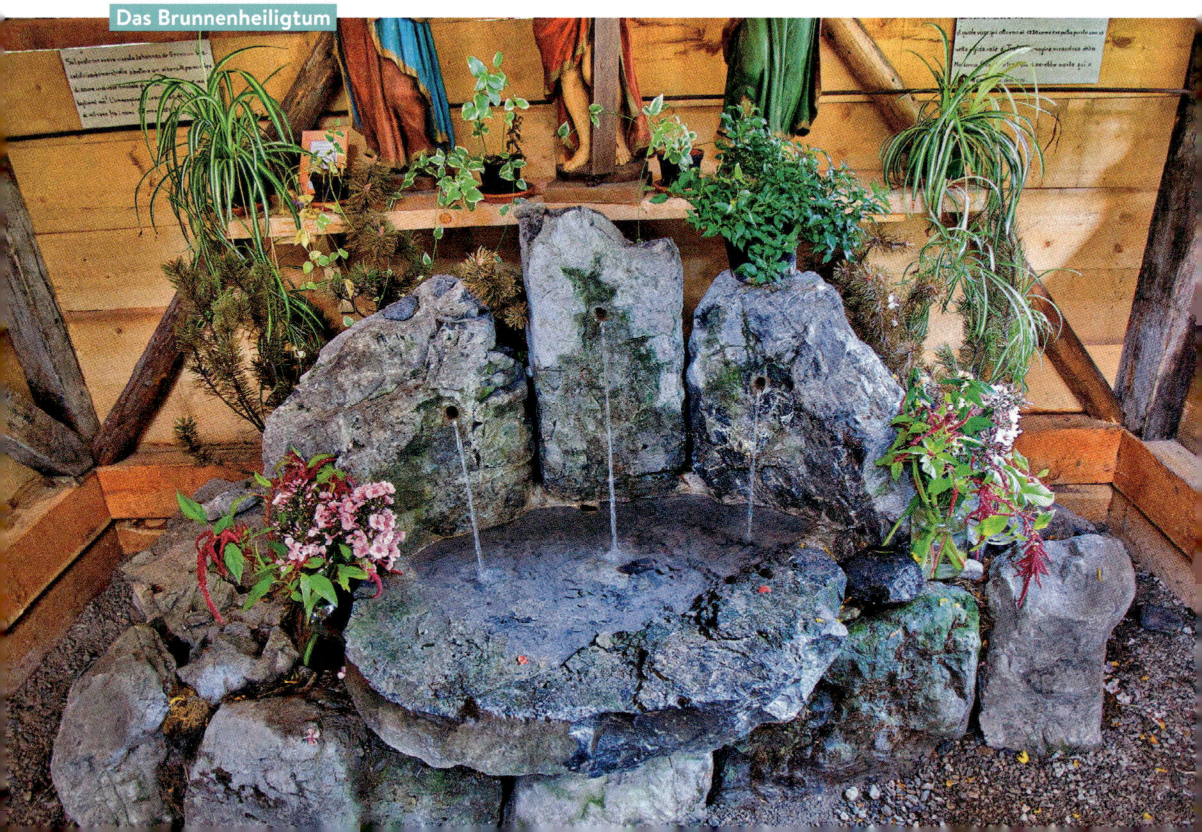

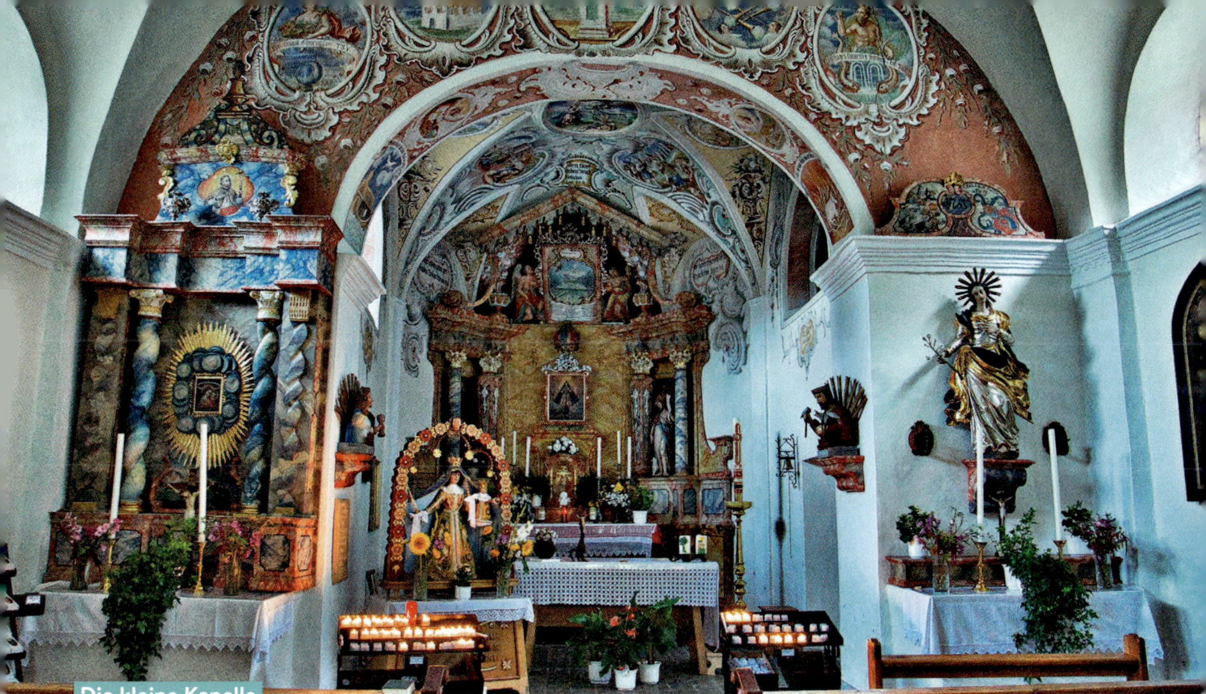

Die kleine Kapelle

INFO

AUSGANGS-/ ENDPUNKT
Nationalparkhaus in Trafoi

GPS
46.55151, 10.509661

TOURENCHARAKTER
Leichter Wanderweg, auch für Kinder gut geeignet

ANFAHRT
ÖPNV: Mit dem Zug nach Mals und weiter mit dem Bus nach Trafoi. Pkw: Über den Reschenpass nach Mals und weiter Richtung Stilfser Joch nach Trafoi

EINKEHR
Einkehrmöglichkeiten nur in Trafoi

INFO
www.vinschgau.net/ortlergebiet

leicht	2 Std.	6 km	145 hm

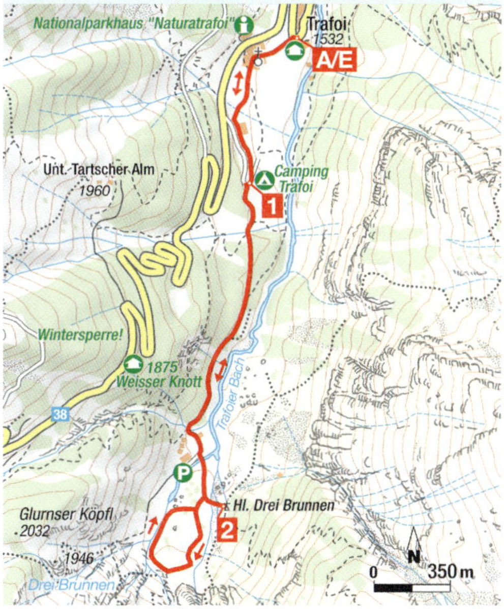

Zu Schalensteinen im Vinschgau

Die Klumperrunde bei Latsch

Im Vinschgau befinden sich an mehreren Stellen alte Schalensteine. Diese Steine waren schon vor Jahrhunderten Kultstätten. Die Klumperrunde bei Latsch führt vorbei an solchen Schalensteinen nach St. Martin in Kofel.

4

Das Kirchlein am Trumsberg

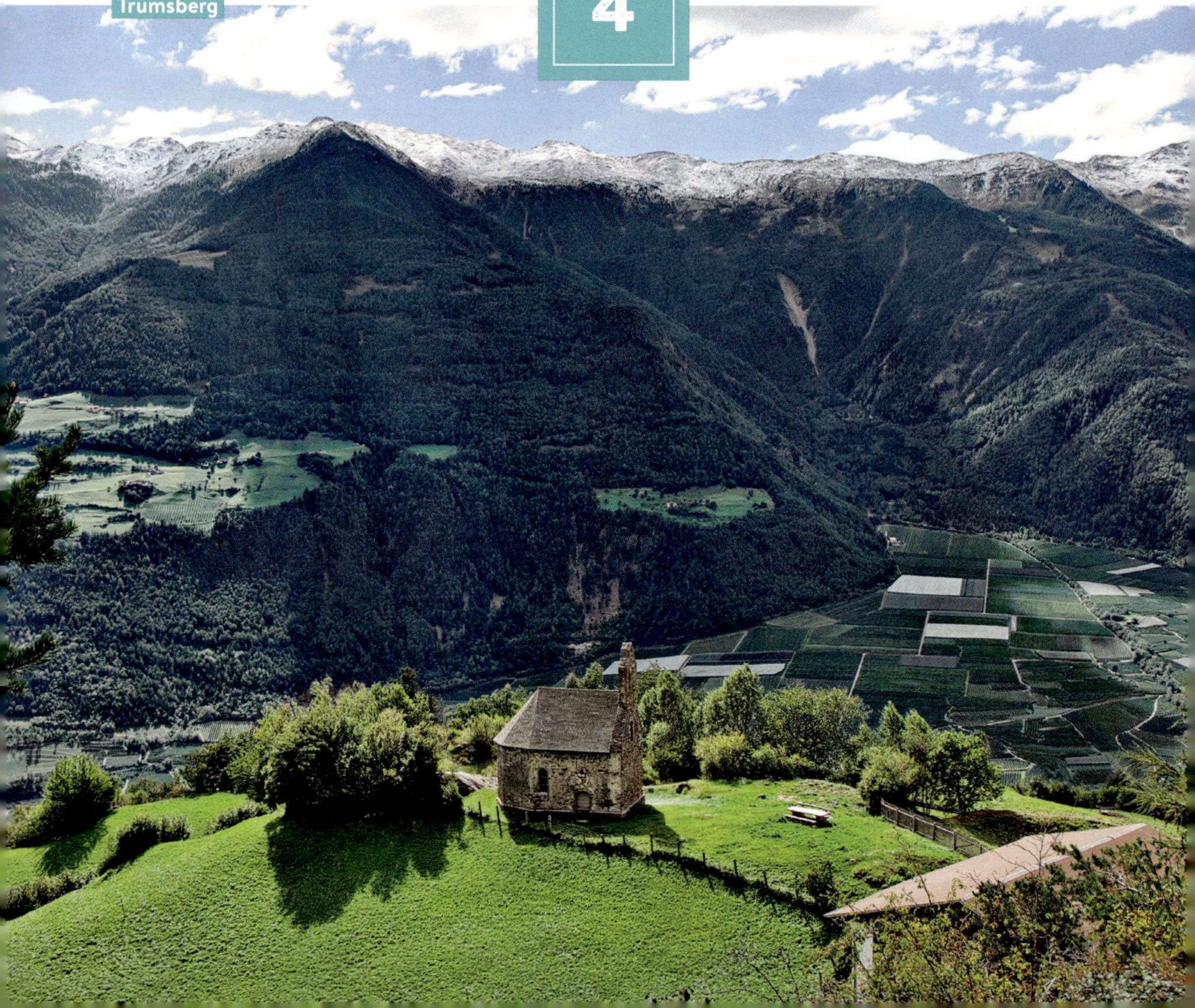

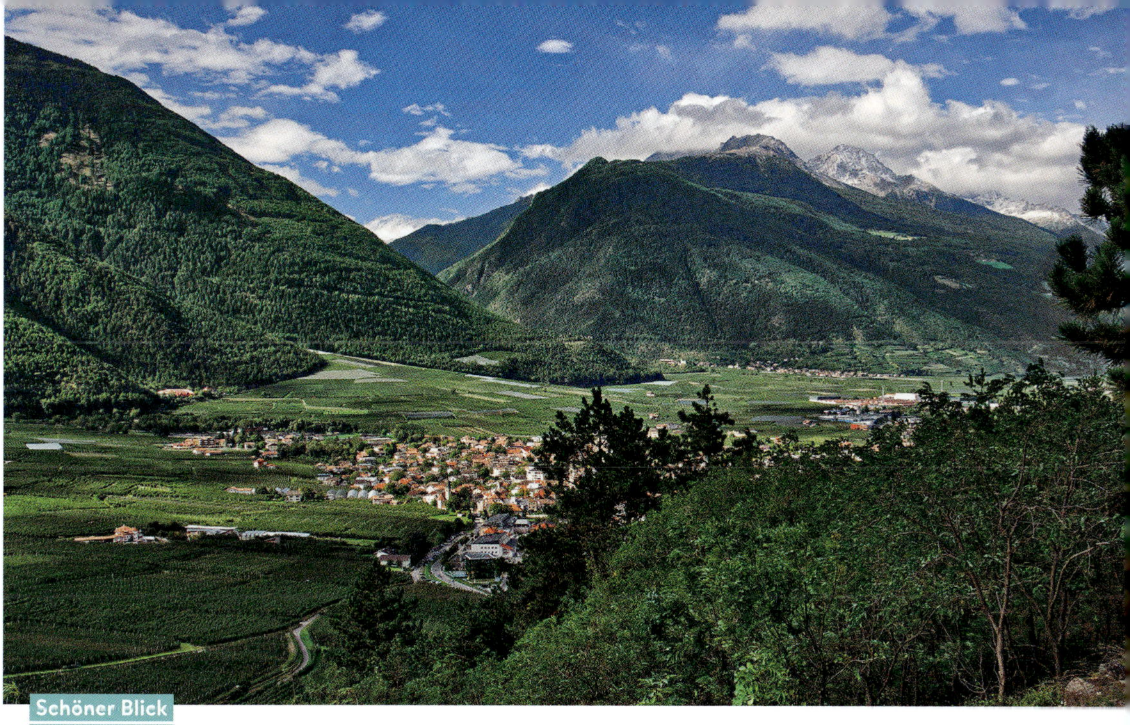

Schöner Blick ins Vinschgau

ZU DEN SCHALENSTEINEN Vom **A Parkplatz** neben der Seilbahn, die von Latsch nach St. Martin hinaufschwebt, gehen wir über die Etsch und hinüber zum Kreisverkehr. Diesen überqueren wir und gehen hinauf zur Vinschgerstraße. Auf der anderen Straßenseite führt ein Steig steil bergauf. Über diesen Weg gelangen wir in wenigen Minuten zum Latschander Waal. Wir folgen dem Waal ein Stück in Richtung Osten, bis der Steig in Richtung Trumsberg nach links abzweigt. Der schöne Steig zieht gleichmäßig steil bergauf und gewährt immer wieder nette Blicke hinunter ins Tal. Unterwegs kommen wir an einem **1 Schalenstein** vorbei und zur Klumperplatte. Im Vinschgau gibt es viele dieser Steine, deren Herkunft und Bedeutung bis heute nicht eindeutig geklärt ist. Vermutlich sind sie seit Jahrhunderten historische Kultstätten. Der Stein bietet aber auch eine schöne Aussicht aufs Tal und den Talschluss des Martelltals.

ZUM TRUMSBERG Der Wanderweg führt weiter steil in die Höhe bis zu einer Fahrstraße. Wir überqueren die Straße und gelangen bald auf freieres Gelände. Über die steilen Almwiesen wandern wir weiter bis zur **2 Jausenstation Mairhof** (1228 m). Oberhalb des Hofes folgen wir der Straße

Tipp

WEITERWEG

Wer möchte, kann das Wandererlebnis noch ausdehnen. Der Schladrauner Höhenweg führt aussichtsreich über den Vinschger Sonnenberg bis nach Schlanders. Kurz nach St. Martin gelangen wir zum Egghof, einer schönen Einkehrmöglichkeit. Der Höhenweg führt dann immer durch die sonnigen Hänge bis zur Schlandersburg, von der wir in den Ort hinuntersteigen. Von hier fahren wir gemütlich mit der Vinschgerbahn zurück nach Latsch.

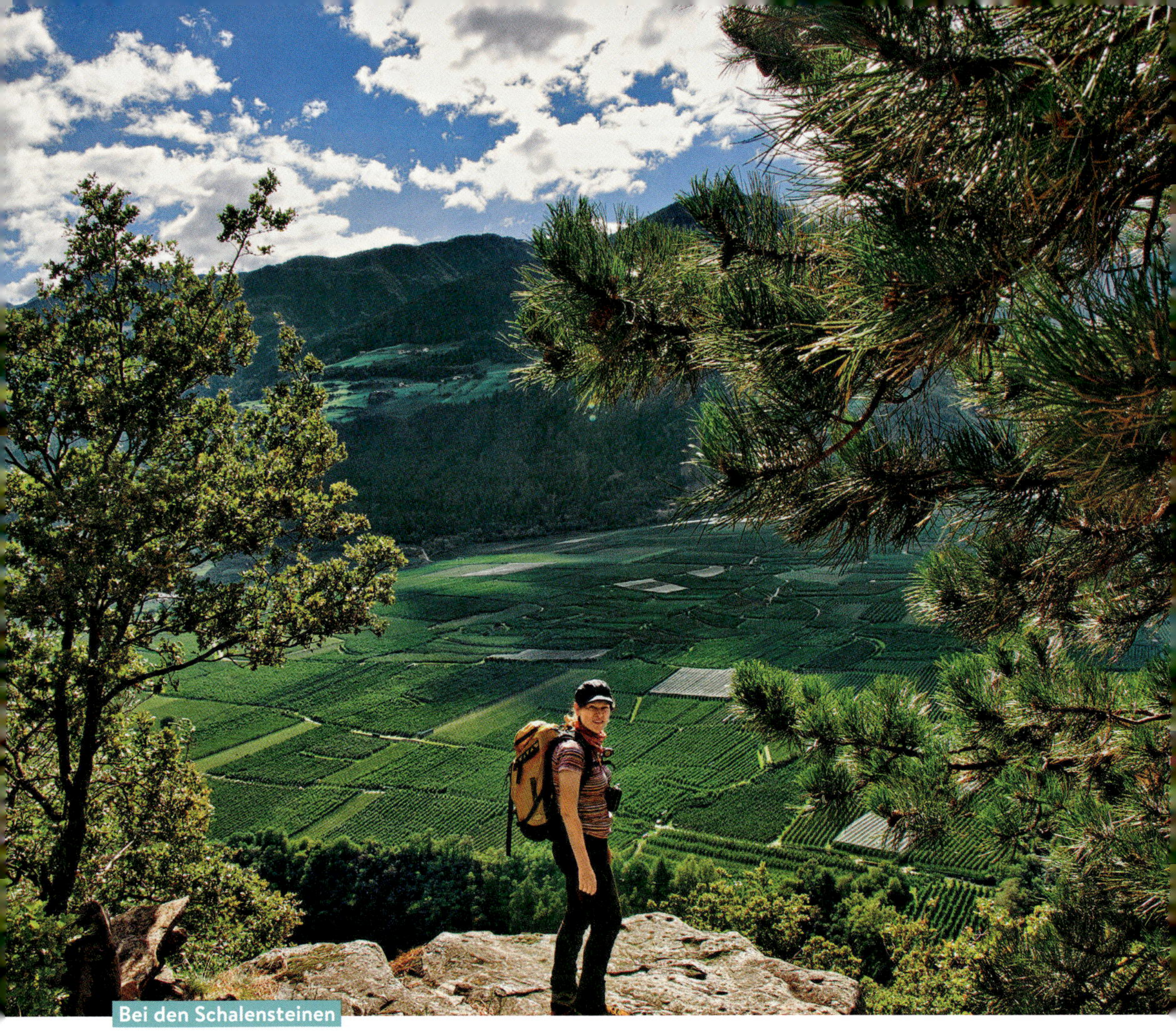

Bei den Schalensteinen

nach rechts. Die Abzweigung nach St. Martin lassen wir unberücksichtigt. Hier folgen wir weiter dem Weg Nr. 8 »Trumsberg«. Nach dem Überqueren eines Baches schickt ein Wegweiser uns steil nach links in den Wald. Der Weg wird bald flacher und wir stehen nach einer längeren Querung an einer Kapelle bei den Höfen von **3 Trumsberg** (1433 m).

HÖHENWEG NACH ST. MARTIN Nach rechts gelangen wir in ein paar Minuten zur Jausenstation Niedermoarhof (1360 m). Hier mündet der Vinschger Höhenweg vom Schloss Juval ein. Wir folgen nun dem Weg Nr. 2 »St. Martin in Kofel« nach links. Der Weg quert die bewaldeten Hänge hinüber zum Greithof, der wieder eine prächtige Aussicht nach Süden bietet. Wenig später stehen wir vor der **4 Jausenstation Platztair** (1657 m), die in wirklich wunderschöner, aussichtsreicher Lage steht und zu einer Einkehr einlädt. Hier zweigt der Steig nach rechts ab und führt steil zu einer Straße hinauf. Auf dieser Straße wandern wir nur noch wenig ansteigend hinüber zu einem Bauernhof und weiter nach **E St. Martin in Kofel** (1740 m). Wir

INFO

AUSGANGSPUNKT
Talstation der Seilbahn nach St. Martin in Latsch

GPS
46.621109, 10.86663

ENDPUNKT
St. Martin im Kofel

TOURENCHARAKTER
Teilweise steiler Aufstieg über schmale Steige. Einzelne Abschnitte führen auch über gemütliche Bergstraßen.

ANFAHRT
ÖPNV: Mit dem Zug nach Meran und weiter bis nach Latsch.
Pkw: Mit dem Auto über den Reschenpass und Mals nach Latsch oder über Bozen und Meran

EINKEHR
Hofschank Platzmair, Tel. +39 473/62 40 97, geöffnet bis Anf. Nov.; Gasthaus Bergstation St. Martin, Tel. +39 334/758 77 79, ganzjährig geöffnet, Di Ruhetag

mittel	5 Std.	8,8 km	1150/40 hm

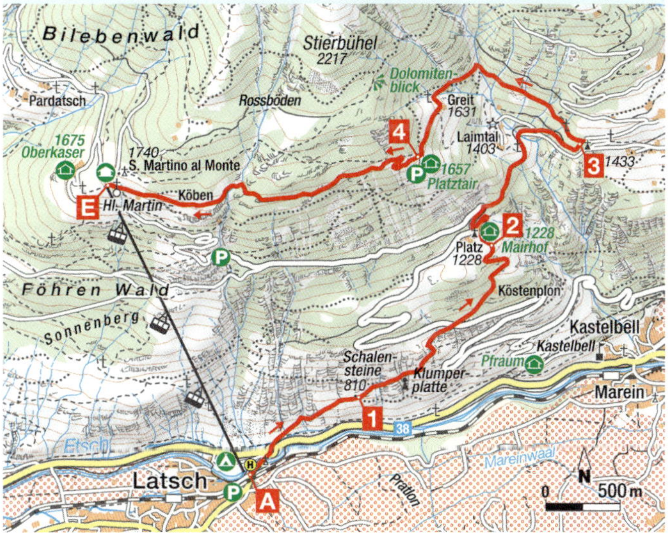

INFO
www.vinschgau.net/latsch-martelltal

gehen zwischen Kirche und Schule hindurch und hinüber zur Bergstation der Seilbahn mit der Berggaststätte, die ebenfalls zu einer gemütlichen Rast einlädt. Mit der großen Seilbahn schwebt man anschließend gemütlich ins Tal hinab nach Latsch. Vorher sollte man aber unbedingt die großartige Aussicht von diesem Bergdorf genießen. Tief unterhalb liegen die Ortschaften verstreut, darüber stehen die Berge der Ortlergruppe wie Hasenöhrl, Zufrittspitze und Laaser Spitze. Dazwischen zweigt das Martelltal ab, dessen Talschluss in der Zufallspitze endet. Neben der Bergstation befindet sich auch eine der schönsten Wallfahrtskirchen Südtirols. Die Kapelle stammt aus dem 16. Jahrhundert und wurde über einer Grotte erbaut.

St. Martin in Kofel

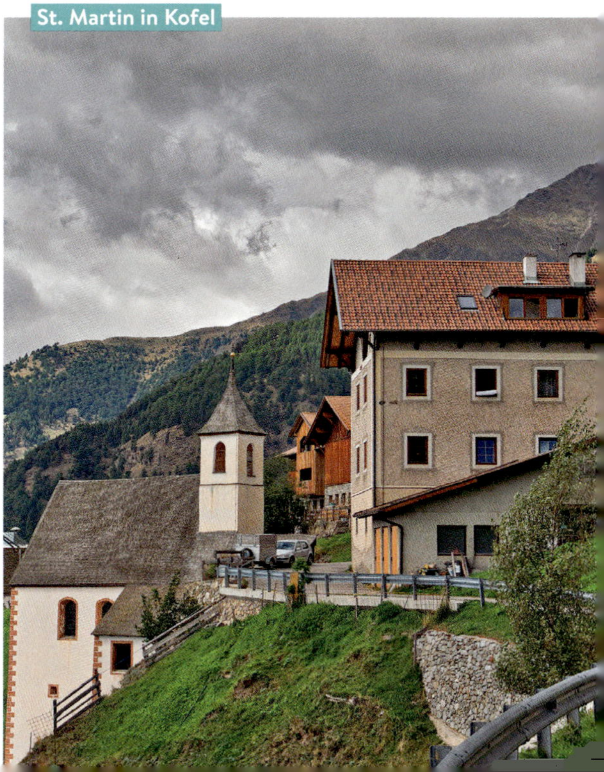

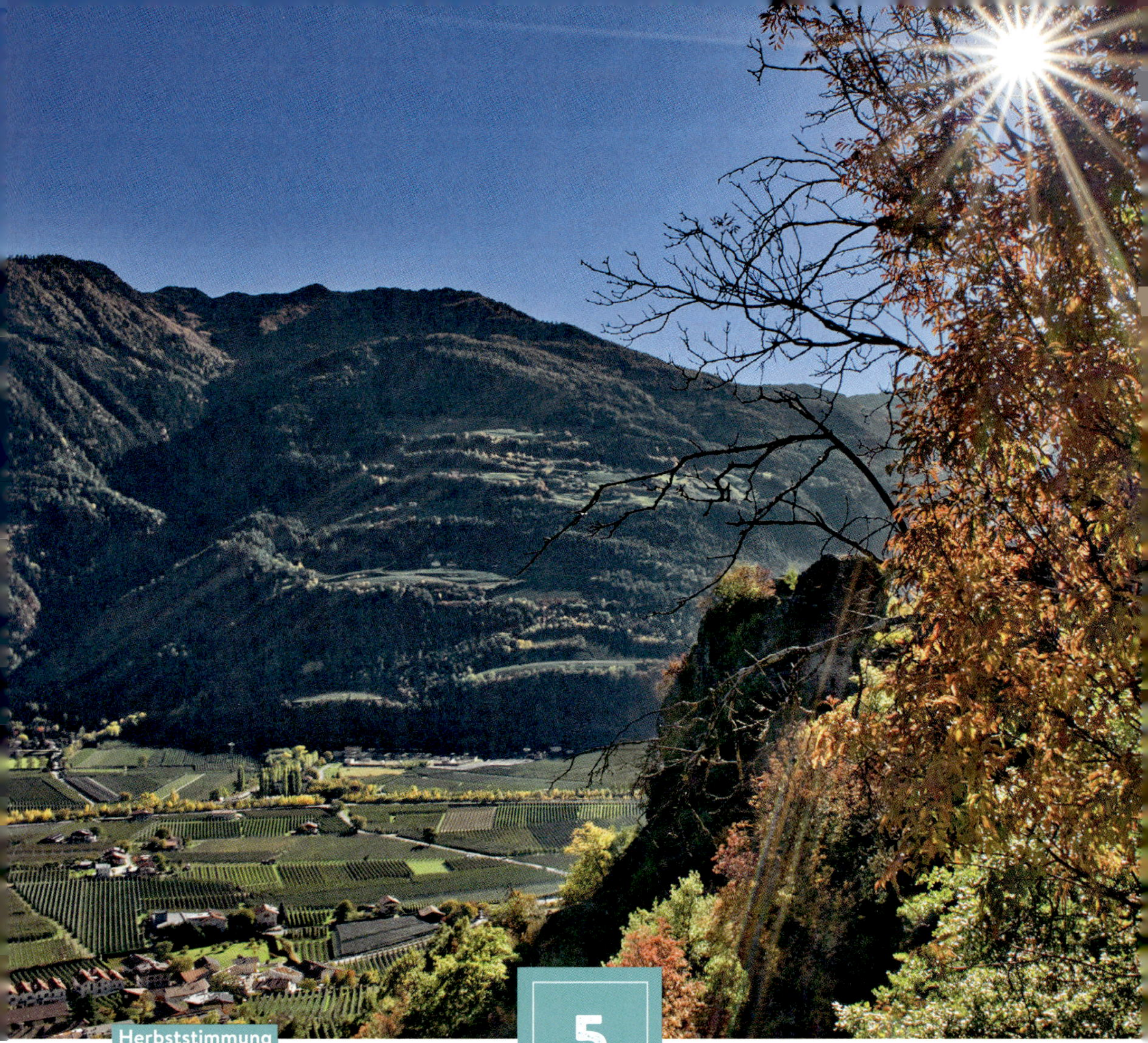

Herbststimmung bei Hochgalsaun

5

Alte Burg und Waalweg

Hochgalsaun und Latschander Waal

Oft fährt man einfach vorbei, zu unscheinbar wirkt die Burg vom Tal aus. Die Wanderung zur Ruine Hochgalsaun führt zu einem tollen Aussichtspunkt und einer alten, geheimnisvollen Burg.

ÜBER DEN WAALWEG Vom **A Bahnhof Kastelbell** gehen wir über die Gleise und nach links über die Etsch. Vorsichtig überqueren wir die Etschtalstraße. Wir gehen nach rechts durch den Ort und folgen dann dem Wegweiser in Richtung Hochgalsaun. Der Weg führt nach links zu einem Hof hinauf, zwischen dessen Häusern wir hindurchgehen. Schließlich erreichen wir den Latschander Waal. Waale sind alte Bewässerungskanäle, welche die trockenen Obst- und Weinplantagen mit Wasser versorgten. Zu ihrer Instandhaltung wurden Wege angelegt, die heute beliebte Wanderwege sind. Wir folgen diesem Latschander Waalweg entlang des Wassers in östlicher Richtung. Bald schickt uns ein Wegweiser »Hochgalsaun« nach links aufwärts. Mit jedem Höhenmeter wird die Aussicht auf den Vinschgau großartiger. Durch lichten Bewuchs steigen wir in vielen Kehren hinauf. Gerade wenn die Sonne scheint, ist dies eine schweißtreibende Angelegenheit, mystisch wird die Stimmung dann allerdings erst bei Nebel. Aber wir genießen auch die Sonne und die tolle Aussicht. Wir erreichen einen kleinen Sattel und gehen nach rechts in wenigen Minuten zur **1 Burgruine Hochgalsaun.**

Tipp

SCHLOSS JUVAL

Ein weiterer mystischer Platz in der Umgebung ist Schloss Juval, das im Besitz von Reinhold Messner ist. Hier befindet sich eines seiner Messner Mountain Museen mit der Dauerausstellung »Mythos Berg«. Dabei geht es um die religiöse Dimension der Berge. Der Besuch des Museums lässt sich sehr schön mit einer Wanderung auf dem Schnalswaal und dem Stabener Waal kombinieren.

RUINE HOCHGALSAUN Die Burg wurde erstmals 1262 erwähnt, allerdings bereits im Jahr 1292 zerstört. Sie wurde zwar wieder aufgebaut, im frühen 14. Jahrhundert allerdings endgültig zerstört. Die wenigen Überreste bieten aber noch heute eine schöne Kulisse, und eine Bank mit Tisch neben der Ruine sind ein toller Rastplatz. Die Ruine

Aufstieg zur Ruine

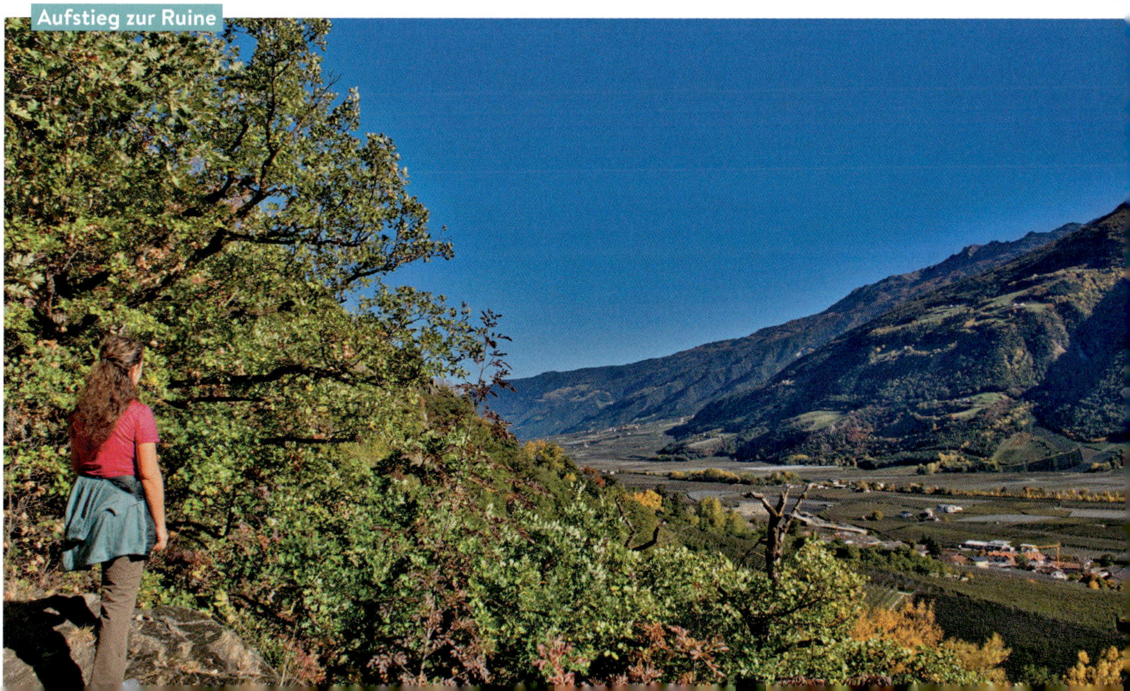

steht hoch über dem Dorf Galsaun. Das Besondere an diesem Ort sind die vielen Trockenmauern, die aus den Steinen der ehemaligen Via Claudia Augusta zusammengesetzt wurden.

ZURÜCK ZUM WAAL Nach der Pause an der Burg gehen wir zurück zum Sattel. Hier gehen wir nach rechts und steigen ziemlich flott hinunter zum **2 Waal**. Auf diesem gehen wir in Richtung Kastelbell. Auf dem Hinweg gehen wir hinunter in den Ort.

WEITERWEG NACH LATSCH Wer möchte, kann die kurze Tour noch auf einer Variante auf dem Latschander Waal ausdehnen. Wir gehen durch Kastelbell hinauf zum Schloss des Ortes. Dabei handelt es sich um eine stattliche Burg aus dem 12. Jahrhundert, in der heute Ausstellungen stattfinden. Seine heutige Form erhielt es nach den Jahren 1531, als es Pfandlehen der Grafen Hendl wurde. Nach Bränden zerfiel das Schloss bis zur Ruine und wurde später vom italienischen Staat erworben. Ende des 20. Jahrhundert wurde es restauriert und ist jetzt im Besitz des Landes Südtirol. Heute wird es für kulturelle Veranstaltungen und Ausstellungen genutzt.

Nach der Burg erreichen wir bald wieder den Latschander Waal. Das letzte Stück ist allerdings ziemlich steil. Dann folgt der großartige Gang auf dem Waalweg. Zuerst geht man durch Weinplantagen und genießt wunderbare Ausblicke. Wenig später bringt uns der Weg zu einer Felswand, die wir nur mithilfe von stabilen Stegen umgehen. Wir folgen immer dem Waalweg am fließenden Wasser entlang. Am Ende gelangen wir zu einem schönen Kastanienwald. Wir verlassen den Waalweg und gehen steil hinunter zur Straße, die wir am Kreisverkehr überqueren. Der Weg bringt uns zur Seilbahn nach St. Martin in Kofel, an der wir vorbeigehen. Wir folgen einer kleinen Straße bis zum **E Bahnhof von Latsch**. Von hier fahren wir mit dem Zug zurück nach Kastelbell.

Wandern zwischen den Weinreben

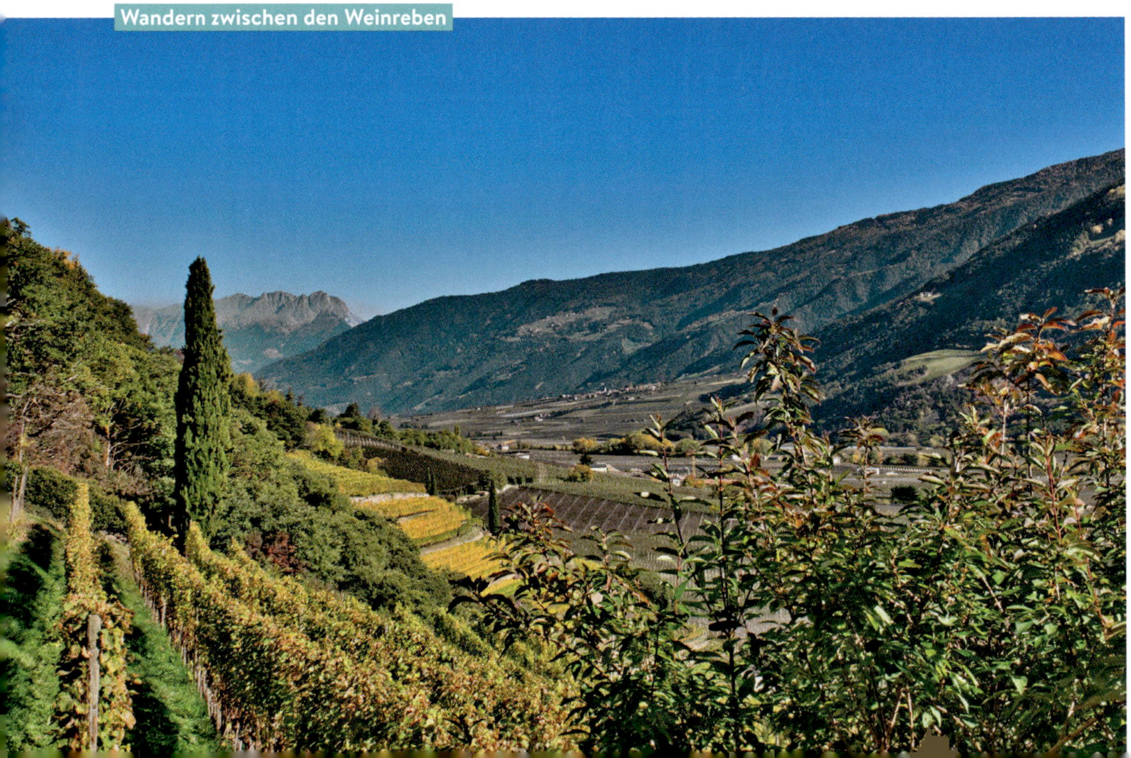

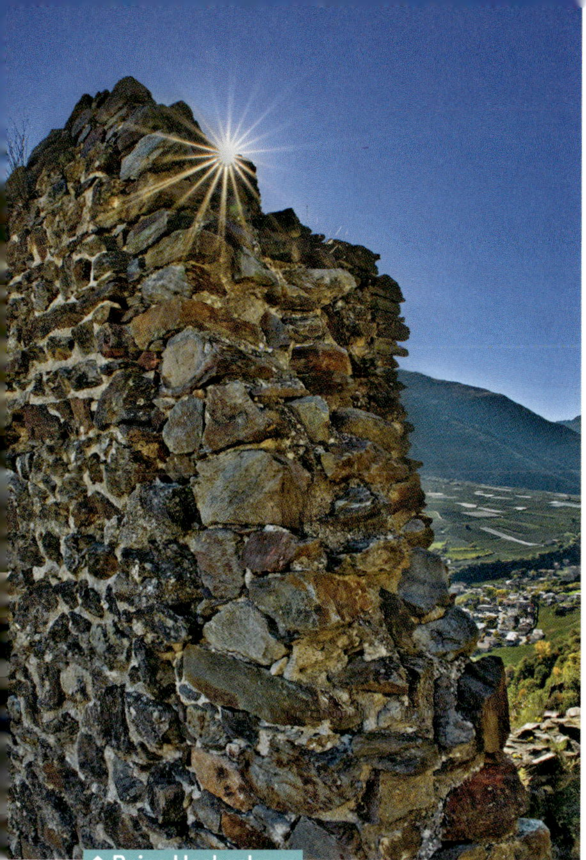

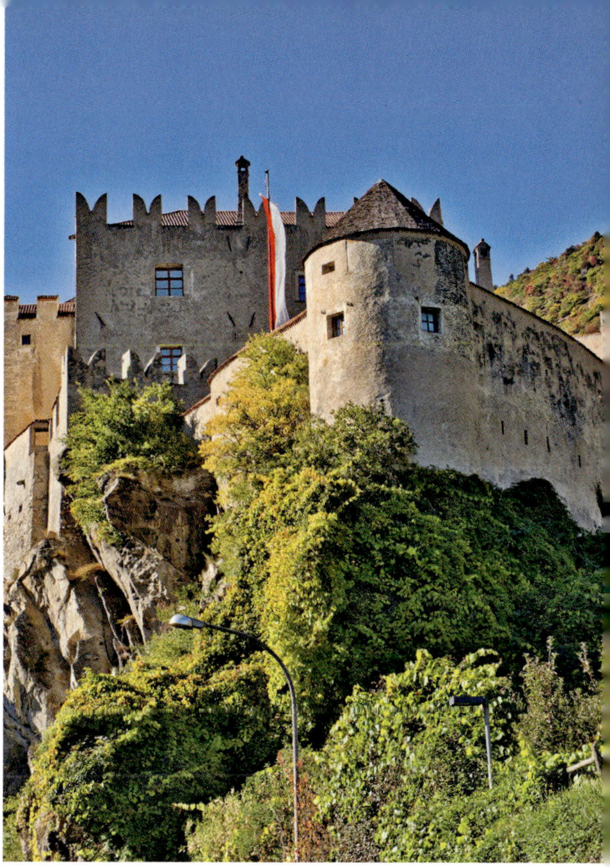

↑ Ruine Hochgalsaun
↗ Schloss Kastelbell

INFO

AUSGANGS-/ENDPUNKT
Bahnhof in Kastelbell

GPS
46.62838, 10.90129

TOURENCHARAKTER
Gute, einfache Wanderwege ohne größere Probleme. Auf- und Abstieg zur Burg kurz etwas steiler

ANFAHRT
ÖPNV: Mit dem Zug nach Meran und weiter bis Kastelbell. Pkw: Mit dem Auto über den Reschenpass und Mals nach Kastelbell oder über Bozen und Meran

EINKEHR
Einkehrmöglichkeiten in Kastelbell, bei der Variante am Latschander Waal im Buschenschank Pfraun, Tel. +39 320/704 65 57, geöffnet 12–22 Uhr

leicht | 1.30 Std. | 3,3 km | 200 hm

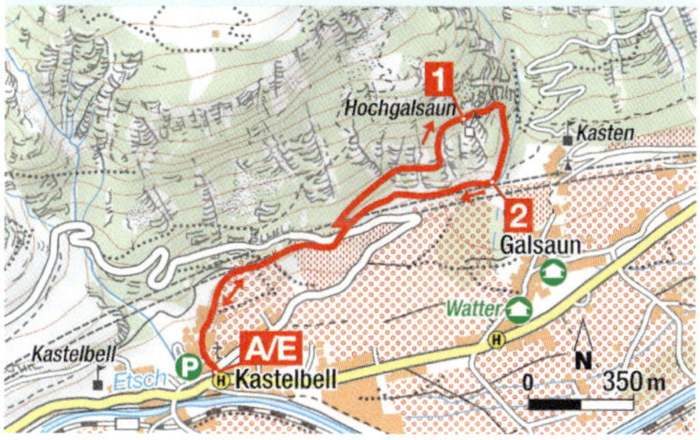

INFO
www.vinschgau.net/kastelbell-tschars

Auf den Spuren von Ötzi

Das Tisenjoch über dem Schnalstal

Hoch oben am Tisenjoch fand ein deutsches Ehepaar 1991 die Leiche von Ötzi, der hier viele Jahrhunderte unter ewigem Eis gelegen hatte. Durch den Rückgang des Gletschers kam der »Mann aus dem Eis« zum Vorschein. Die Tour führt zur Fundstelle, einem mystischen Ort im Hochgebirge.

6

Eindrucksvoll – der Similaun

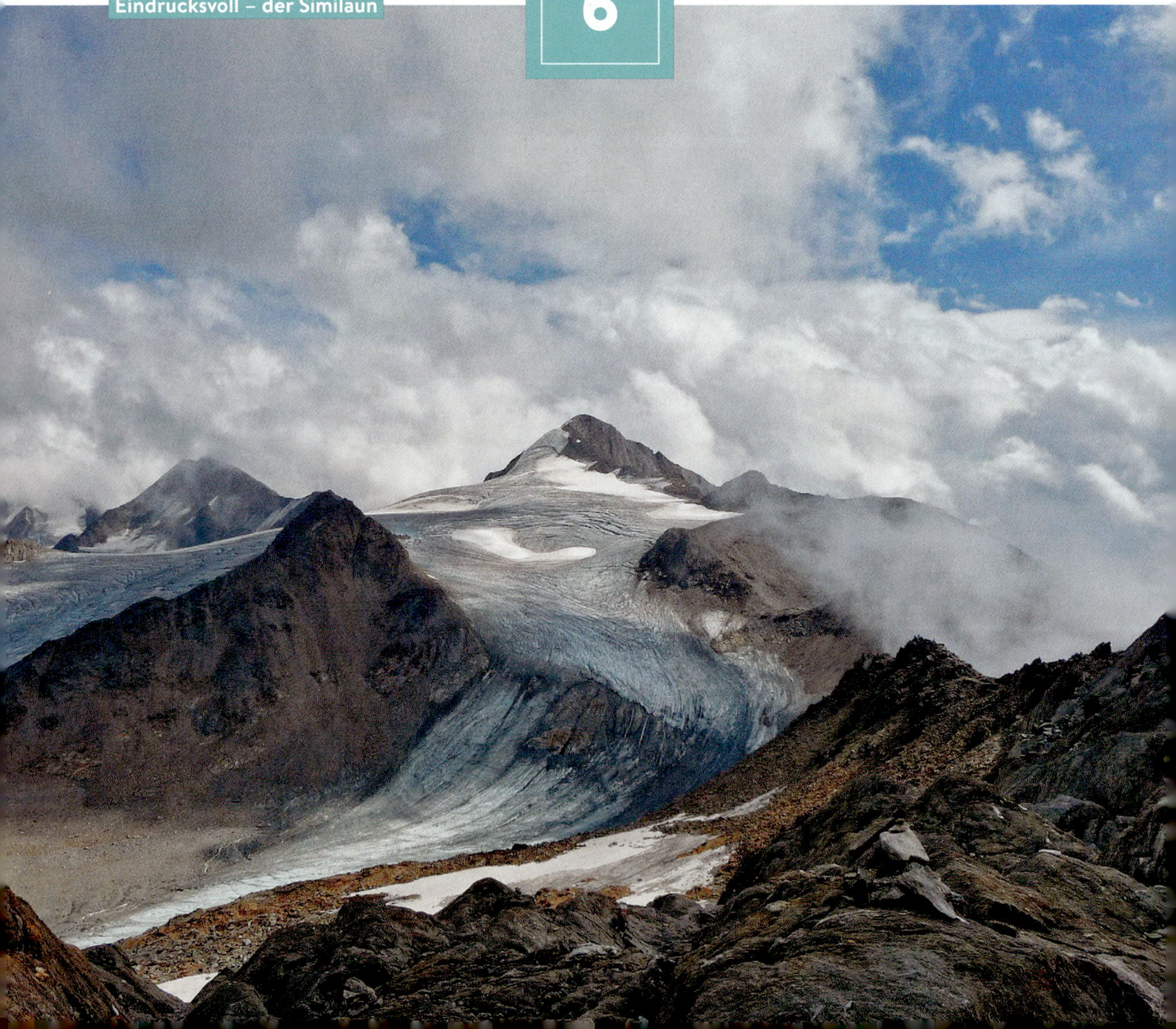

DAS TISENTAL Wir beginnen unsere Wanderung am **A Parkplatz am Vernagt-Stausee** im Schnalstal. Von hier folgen wir der schmalen Fahrstraße zum **1 Tisenhof**. Hier beginnt der Anstieg durch das schöne Tisental in Richtung Similaunhütte. Wir folgen dem Weg Nr. 2 durch das Tal aufwärts. Zu Beginn gehen wir noch im Wald, bald schon wird das Gelände aber freier. Je höher wir steigen, umso rauer wird die Vegetation. Wandern wir zuerst über Wiesengelände, wird es später steiniger. Über Moränenschutt gelangen wir zu einer steilen Flanke. In vielen Kehren steigen wir hinauf zur privaten **2 Similaunhütte** am Niederjoch. Hier gönnen wir uns eine Pause und können auch übernachten, falls uns die Tour für einen Tag zu lang ist. Unsere Wegstrecke ist übrigens die letzte Etappe des berühmten E5, sodass uns am Morgen mit Sicherheit jede Menge Wanderer entgegenkommen.

TRANSHUMANZ SCHNALSTAL Der Schafübertrieb vom Schnalstal über das Niedernjoch auf die Tiroler Seite ist eine alte und lebendige Tradition. Der Brauch, auch als Transhumanz bezeichnet, ist heute immaterieller Teil des UNESCO Weltkulturerbes. Als einziger Schafübertrieb der Welt führt er über eine Landesgrenze und über einen Gletscher. Jedes Jahr ziehen die Hirten mit drei- bis viertausend Schafen über das Niedernjoch. In zwei Tagen überwinden sie 44 Kilometer.

ZUR ÖTZI-FUNDSTELLE Nach der Pause auf der Similaunhütte machen wir uns auf den Weg zur Ötzi-Fundstelle. Der Weg ist zwar nicht besonders schwierig, Trittsicherheit ist aber erforderlich. Seilsicherungen helfen dabei über die schwierigsten Stellen hinweg. Wir erreichen den Gratkamm und genießen einen tollen Ausblick auf die umliegenden Berge. Vor allem der mächtige Similaun

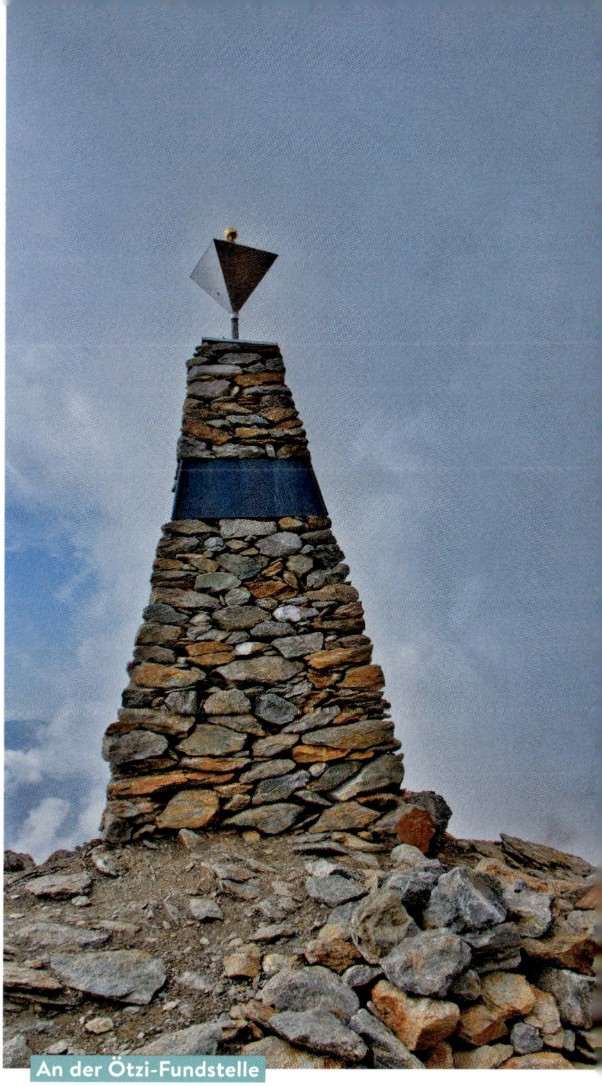

An der Ötzi-Fundstelle

Tipp

DIE VERGESSENE HÜTTE

Ein weiterer mystischer Platz befindet sich auf der Südseite des Schnalstals am Taschljöchl. Hier stand seit 1910 die Alte Heilbronner Hütte. Schnell war sie ein beliebtes Ausflugsziel und der Kortscher Schafberg ein häufig bestiegener Gipfel. Nach der Enteignung 1919 änderte sich dies. 1939 brannte die Hütte ab. Heute erinnern nur ein Notunterstand und eine Tafel an diese längst vergangene Zeit.

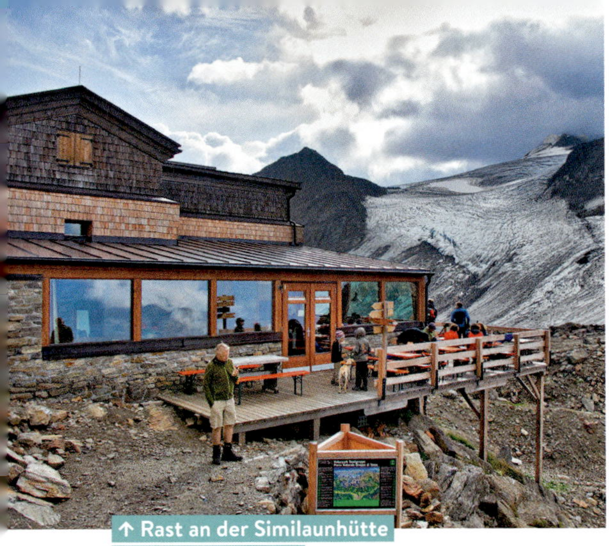

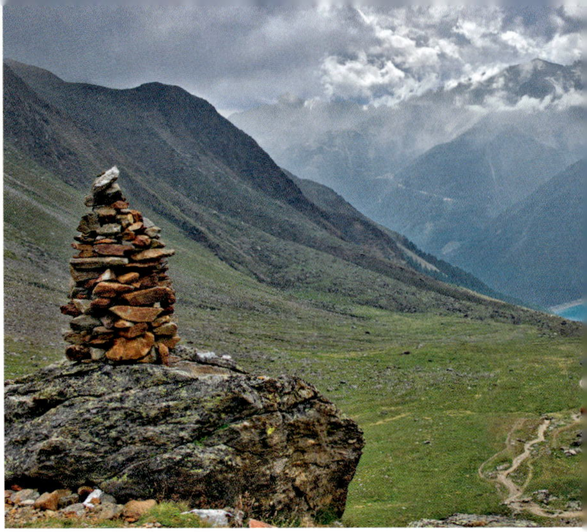

↑ Rast an der Similaunhütte

↗ Blick ins Tisental

östlich von uns ist beeindruckend. Nach der Querung eines Schneefeldes erreichen wir das **3 Denkmal an der Ötzi-Fundstelle.** Die Mumie, die 1991 von einem deutschen Ehepaar gefunden wurde, ist vermutlich über 5000 Jahre alt und gilt als älteste natürliche menschliche Mumie. Ötzi zog vermutlich vom Vinschgau in die Berge und hatte einen Bogen, einen Pfeilköcher mit Pfeilen und mehrere Werkzeuge dabei. Durch die flache Lage des Gletschers an dieser Stelle wirkten keine Kräfte auf den Körper, sodass die Mumie so gut erhalten blieb. Zuerst war man sich der Bedeutung des Fundes nicht bewusst, weshalb bei der Bergung auch Fehler passierten. So wurde zum Beispiel der Bogen zerbrochen, die Hüfte beschädigt und ein Arm gebrochen. Er starb vermutlich durch eine Pfeilspitze, die bei den ersten Untersuchungen in Innsbruck übersehen wurden. Heute kann die Mumie im Südtiroler Archäologiemuseum in Bozen besichtigt werden. Nachdem die Mumie nicht mehr vor Ort ist, kann man nur noch etwas von der Mystik des Ortes

Kleiner See am Weg zum Tisensjoch

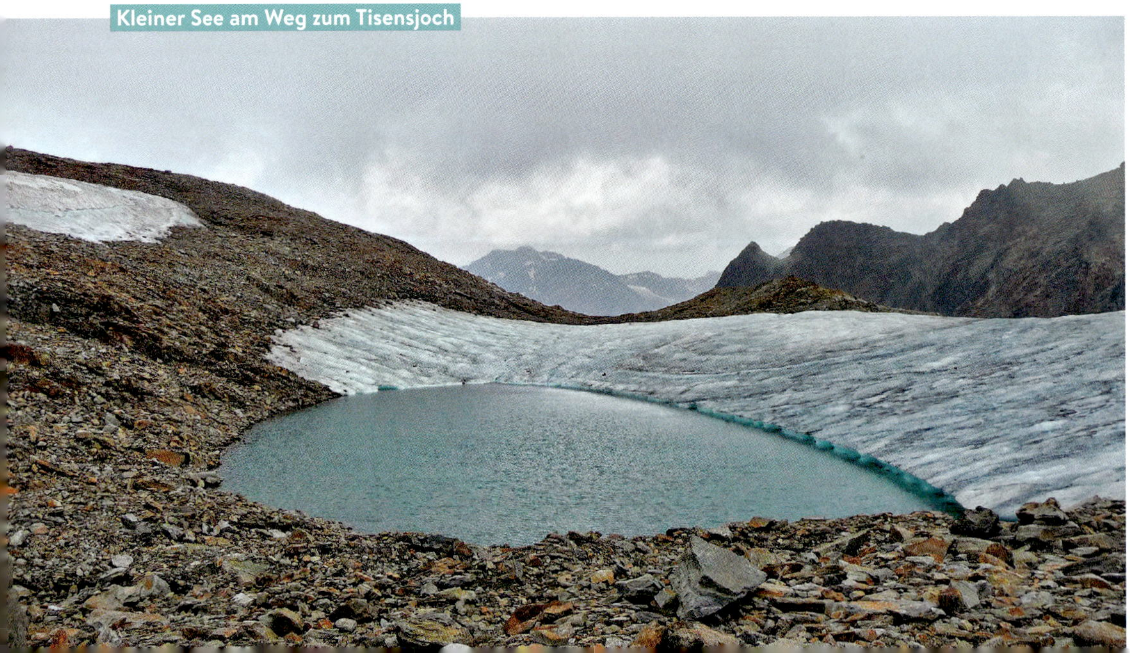

INFO

AUSGANGS-/ENDPUNKT
Vernagtstausee im Schnalstal

GPS
46.735706, 10.848984

TOURENCHARAKTER
Schöner Anstieg durch das Tisental zur Similaunhütte. Der letzte Teil des Anstiegs ist sehr steil. Weiterweg zum Tisenjoch auf schmalem Steig, kurz versichert

ANFAHRT
ÖPNV: Mit dem Zug nach Meran und weiter mit dem Bus ins Schnalstal. Pkw: Über den Reschenpass nach Mals und weiter Richtung Meran und ins Schnalstal. Alternativ über Bozen nach Meran und von dort ins Schnalstal

EINKEHR
Similaunhütte, Tel. +39 0473/66 97 11, www.similaunhuette.com; Hofschank Tisenhof, Tel. +39 0473/66 97 90

INFO
www.schnalstal.com

Blick über die Similaunhütte hinweg

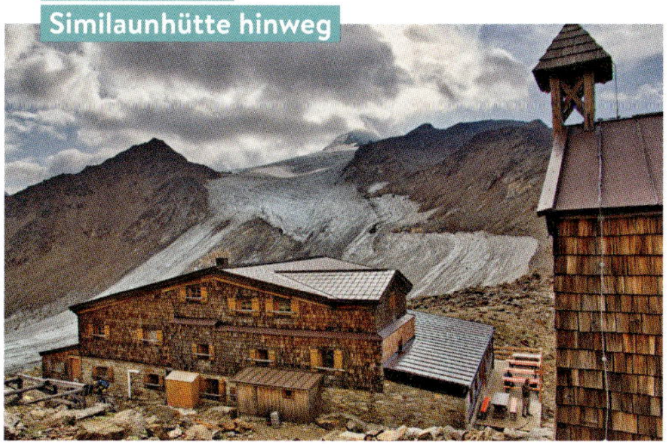

mittel | 9 Std. | 15 km | 1610 hm

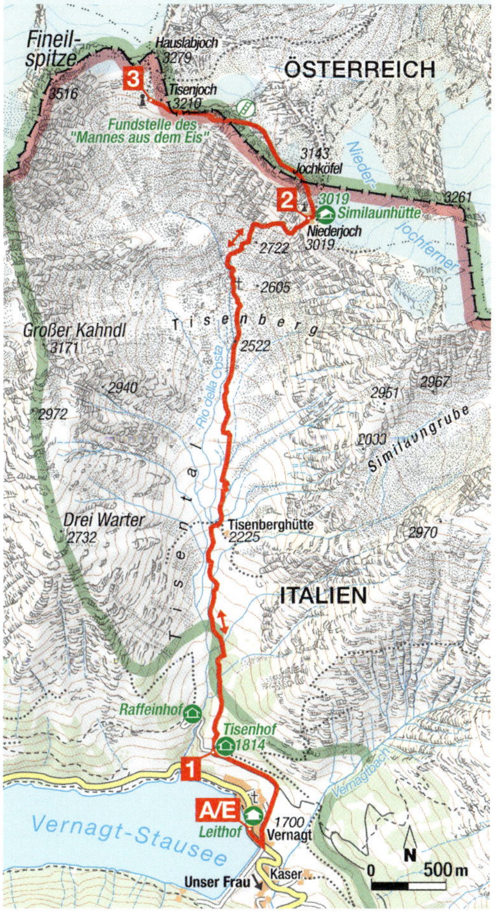

erahnen. Gleichzeitig ist es aber auch ein landschaftlich großartiger Ort. Als Wanderer kommt man nicht oft in diese Höhen.

ABSTIEG Nach der Pause an der Fundstelle machen wir uns an den Abstieg ins Schnalstal. Wir gehen zurück zur **2 Similaunhütte**, in der wir auf alle Fälle einkehren. Aufgrund der Länge der Tour empfehlen wir auch, hier zu übernachten. Liebevoll wird sie von der Familie Pirpamer bewirtschaftet. Der Weg zurück ins Tal durch die verschiedenen Vegetationszonen ist landschaftlich großartig. Mit jedem Höhenmeter wird das Tal grüner und freundlicher. Kurz vor dem Parkplatz kehren wir im Tisenhof ein und genießen einen tollen Blick hinunter zum **E Vernagtstausee**.

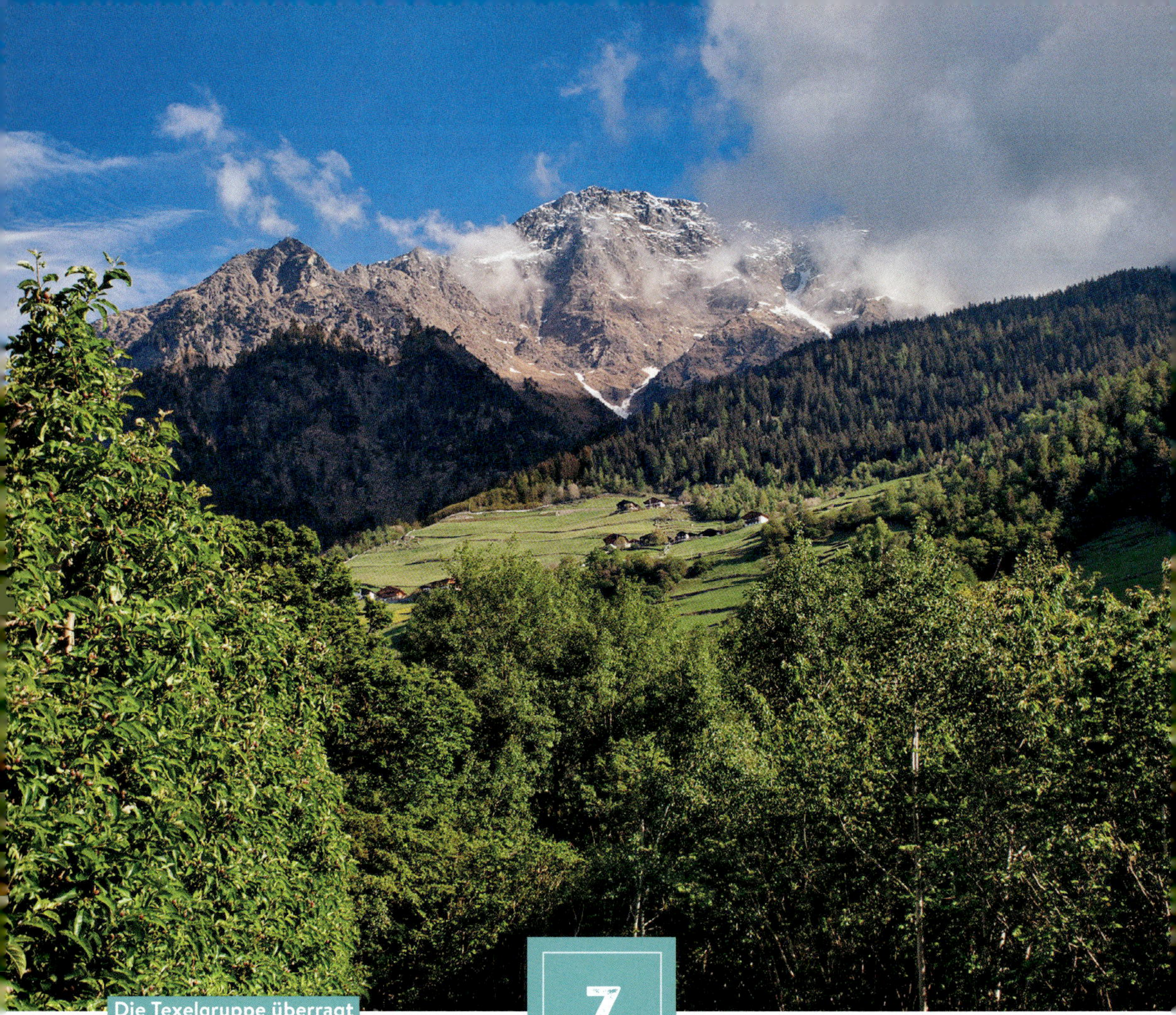

Die Texelgruppe überragt Partschins

7

Vorgeschichtliche Kultstätten

Der Partschinser Sagenweg

Hoch über Partschins befinden sich mehrere historische Siedlungs- und Kultstätten. Wir besuchen auf dem Partschinser Sagenweg diese Stätten. Gleichzeitig handelt es sich um eine aussichtsreiche Wanderung, die am eindrucksvollen Partschinser Wasserfall vorbeiführt.

ZUM WAAL Von der **A Ortsmitte in Partschins** wandern wir in Richtung Nordosten (Wegweiser Waalweg – Sagenweg) aus dem Dorf hinaus. Zuerst auf einer Straße, dann auf einem Weg gelangen wir nach **1 Vertigen**. An der ersten Abzweigung gehen wir geradeaus, an der zweiten Abzweigung biegen wir nach links ab. Wir folgen nun dem Partschinser Waalweg. Dieser führt oberhalb des Ortes durch den Laubwald. Der Waalweg bringt uns zu einem **2 Rücken**.

AUSSICHTSPUNKT GOLDERSKOFEL Hier zweigt der Sagenweg nach rechts ab. Am Weg finden wir prähistorische Schalensteine, vermutlich alte Kultstätten. Wir gehen hinauf zum **3 Golderskofel**, einem wirklich schönen Aussichtspunkt. Auch bei diesem Ort handelt es sich um einen historischen Ort. Mehrere Kreuze und prähistorische Schalen aus der Jungsteinzeit sind zu sehen. Etwas oberhalb im Buschwerk finden wir alte Mauersetzungen. Es handelt sich hierbei um eine prähistorische Wohnsiedlung.

ZUM UNBEKANNTEN WASSERFALL Der Sagenweg führt von hier nach Westen ins Zieltal. Wir gönnen uns noch eine aussichtsreiche Schleife. Hierfür bleiben wir auf dem nach oben führenden Weg (Markierung Nr. 1). Dieser bleibt westlich einer Straße und bringt uns hinauf in freies Gelände. Hier treffen wir auf die Straße und folgen dieser in westlicher Richtung zum **4 Gasthaus Prünster**, das hoch über dem Tal liegt. Hier verschnaufen wir und machen eine gemütliche Pause. Danach führt unser Weg weiter

Tipp

UNZÄHLIGE MÖGLICHKEITEN

Das Wegenetz oberhalb von Partschins bietet uns vielfältige Möglichkeiten. Neben der hier vorgestellten Wanderung können wir einfach auf dem Sagenweg zum Gasthaus Birkenwald weiterwandern. Auch auf dem Waalweg könnten wir bleiben und direkt nach Salten gehen. Eine sehr schöne, allerdings etwas anspruchsvollere Wanderung ist der Partschinser Höhenweg. Hier biegt man in Vertigen nicht auf den Waalweg ein, sondern geht noch ein Stück aufwärts zum Höhenweg. Auf diesem wandern wir durch die teilweise steilen, aber auch sehr aussichtsreichen Hänge zum Gasthaus Prünster.

Partschins, unser Ausgangspunkt

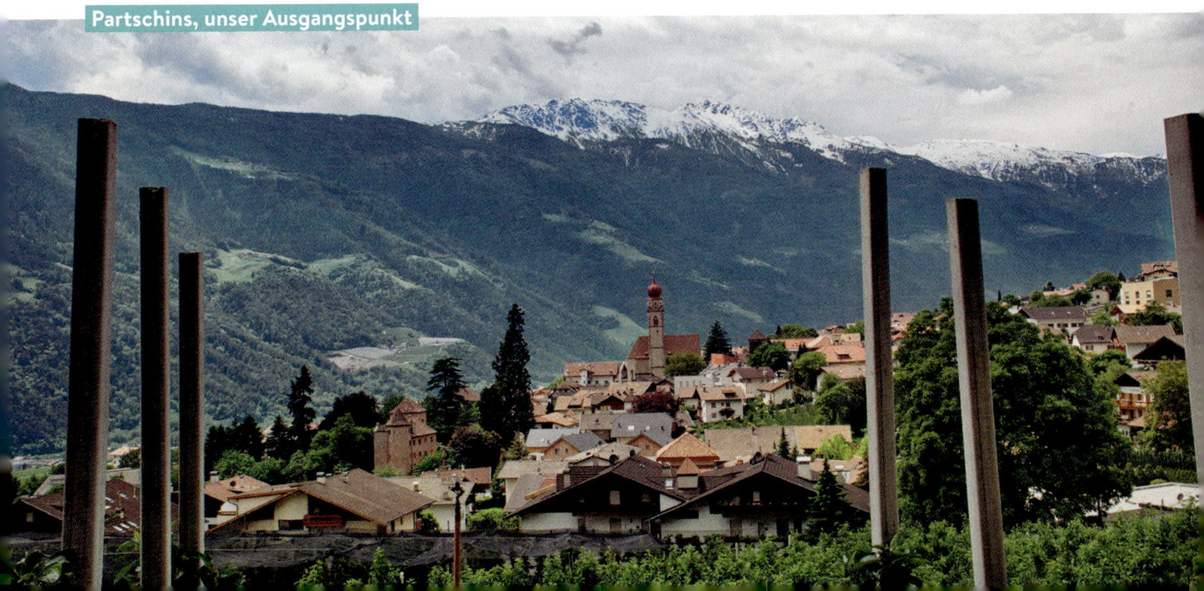

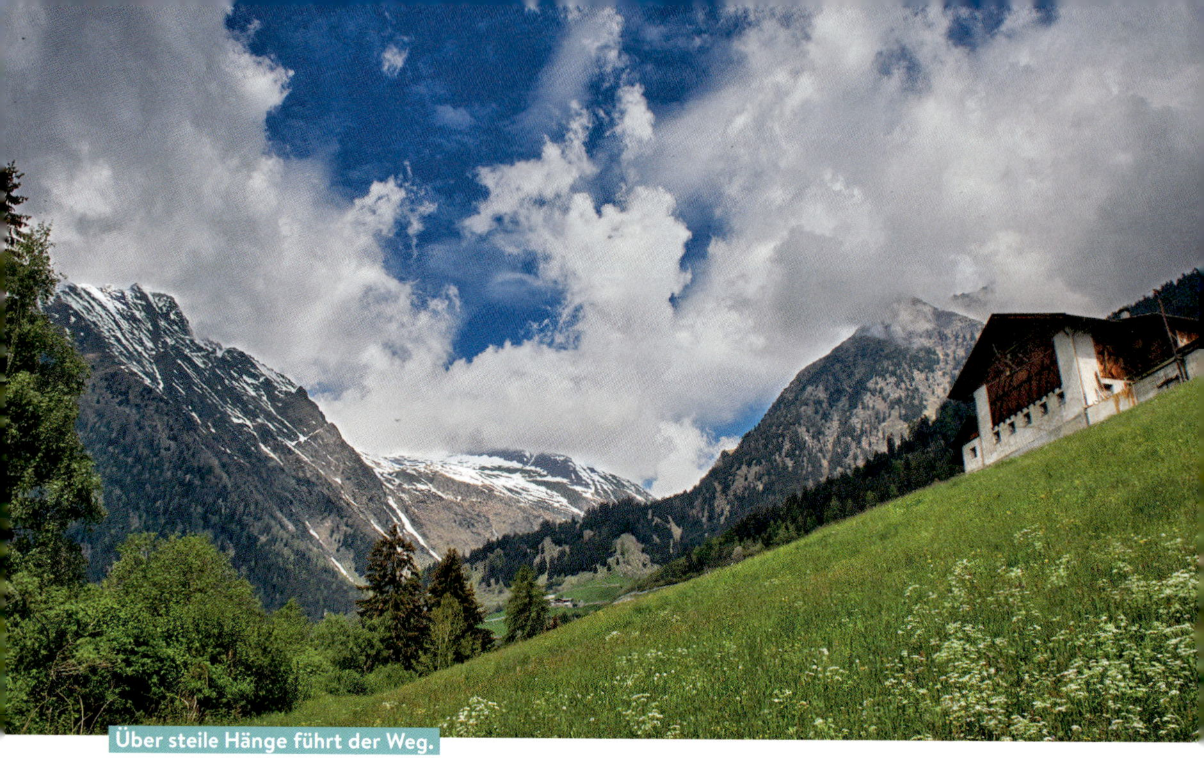
Über steile Hänge führt der Weg.

nach Westen zu aussichtsreich platzierten Bänken. Anschließend folgen wir dem Weg Nr. 23 in Richtung **5 Partschinser Wasserfall**. Der Weg führt bergab, an einer Wegteilung gehen wir nach rechts und wandern auf dem schönen Steig hinunter zum Gasthaus Wasserfall. Von hier nehmen wir einen Abstecher zur Aussichtsplattform am nahen Partschinser Wasserfall. Eindrucksvoll rauscht das Wasser neben uns in die Tiefe. Zudem ist der Blick auf das Meraner Talbecken beeindruckend. Wir gehen zurück zum Gasthof, in dem wir ebenfalls einkehren können.

DER SALTENSTEIN Vom Gasthof Wasserfall gehen wir auf einem Steig in Richtung Partschins. Dabei haben wir noch einmal einen tollen Ausblick auf den Wasserfall. Wir erreichen das **6 Gasthaus Birkenwald**, die nächste Einkehrmöglichkeit. Hier mündet auch der Sagenweg vom Golderskofel ein. Ein Steig bringt uns durch ein schönes Wäldchen weiter in Richtung Partschins. Wir überqueren eine Straße und erreichen schließlich Salten. Am obersten Haus liegt ein mächtiger Felsblock, der Saltenstein. Nach einer Sage stand hier einst ein Schloss. Der Schlossherr führte ein ausschweifendes Leben. Er unterdrückte seine Untertanen und ermordete seinen Vater. Eines Nachts durchbrach der Ginglsee im Zieltal seine Felsdämme. Wasser und Schlamm begruben das Schloss mit seinen Bewohnern unter sich. Unter dem mächtigen Saltenstein soll sich die Glocke der Schlosskapelle befinden.

NACH PARTSCHINS Von Salten gehen wir ein Stück auf der Straße abwärts, dann halten wir uns rechts und queren den Partschinser Bach. Unmittelbar dahinter zweigt links ein Steig ab. Auf diesem gehen wir am Bach entlang abwärts, bis links eine Brücke über den Bach führt. Danach wandern wir auf der Straße nach **E Partschins**.

INFO

AUSGANGS-/ ENDPUNKT
Ortsmitte von Partschins

GPS
46.716897, 11.658918

TOUREN-CHARAKTER
Gute Wanderwege, kurzzeitig etwas steil

ANFAHRT
ÖPNV: Mit dem Zug nach Meran und weiter mit dem Bus nach Partschins. Pkw: Über Bozen nach Meran und weiter nach Partschins. Alternativ über den Reschenpass nach Mals und durch den Vinschgau nach Partschins

EINKEHR
Gasthaus Birkenwald, Tel. +39 0473/96 83 56, Gasthaus Wasserfall, Tel. +39 338/346 23 33, www.partschins-wasserfall.com; Prünster, Tel. +39 0473/96 74 54

mittel	4.30 Std.	9 km	580 hm

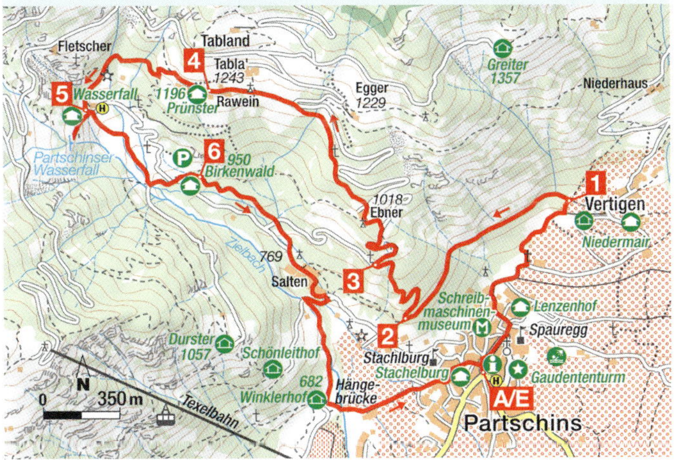

INFO
www.merano-suedtirol.it/de/partschins-rabland-und-toell

↓ Der Partschinser Wasserfall

↘ Die Brücke am westlichen Ortsende von Partschins

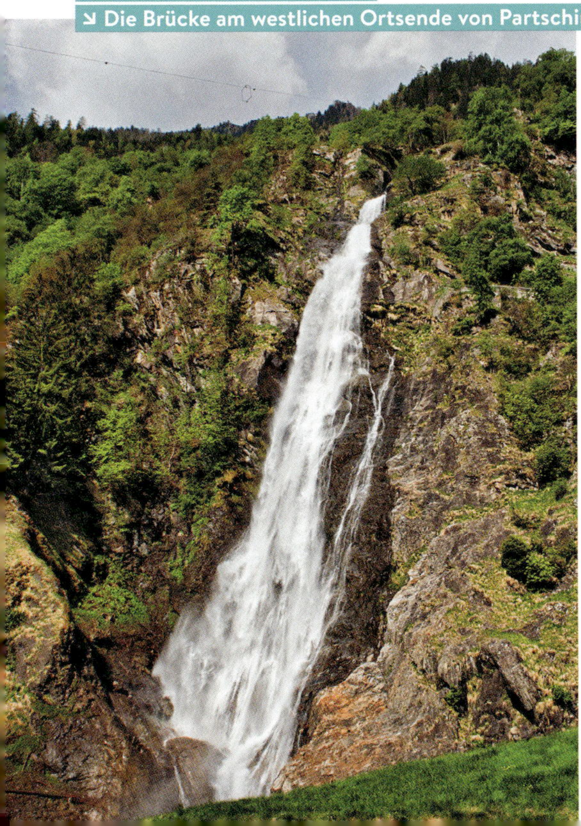

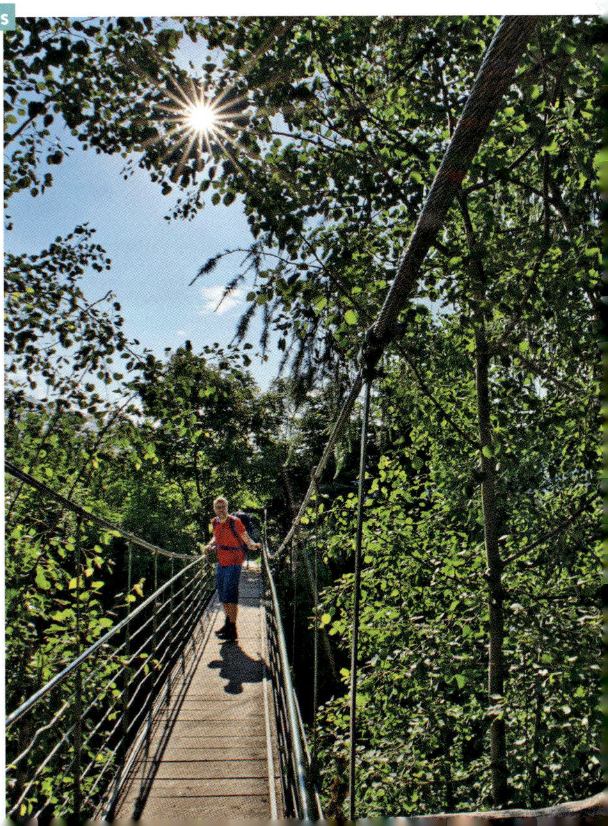

Der wilde Passerschluchtenweg

Nervenkitzel über rauschendem Wasser

Spannend und dramatisch präsentiert sich der Passerschluchtenweg. Ein mystischer Traumweg, der stets mit kühnen Metallkonstruktionen, Brücken, Stegen und Balkonen über dem rauschenden Wasser verläuft. Begleitet vom Gefühl, über dem glasklaren Wildbach zu schweben, wandern wir durch die Schlucht abwärts.

8

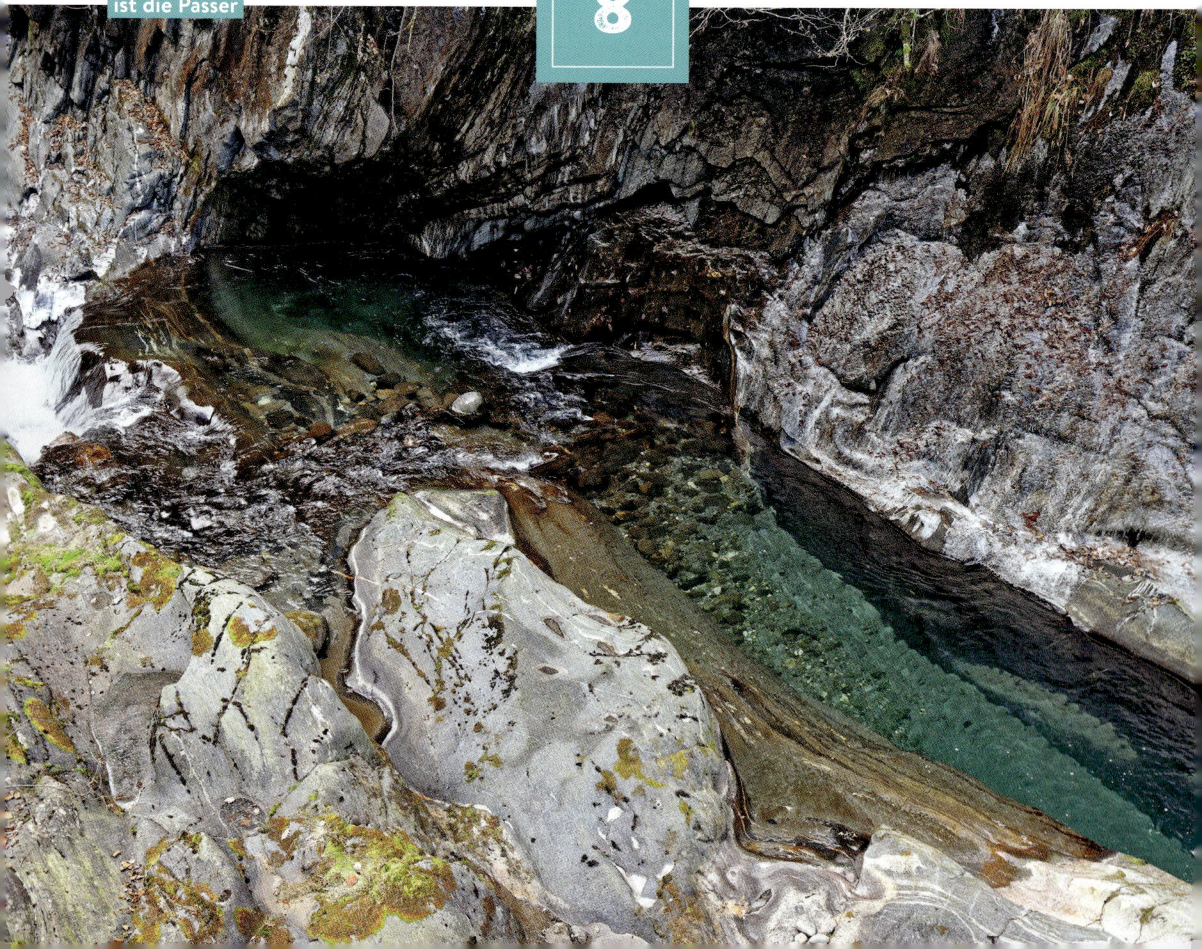

Glasklar und grün ist die Passer

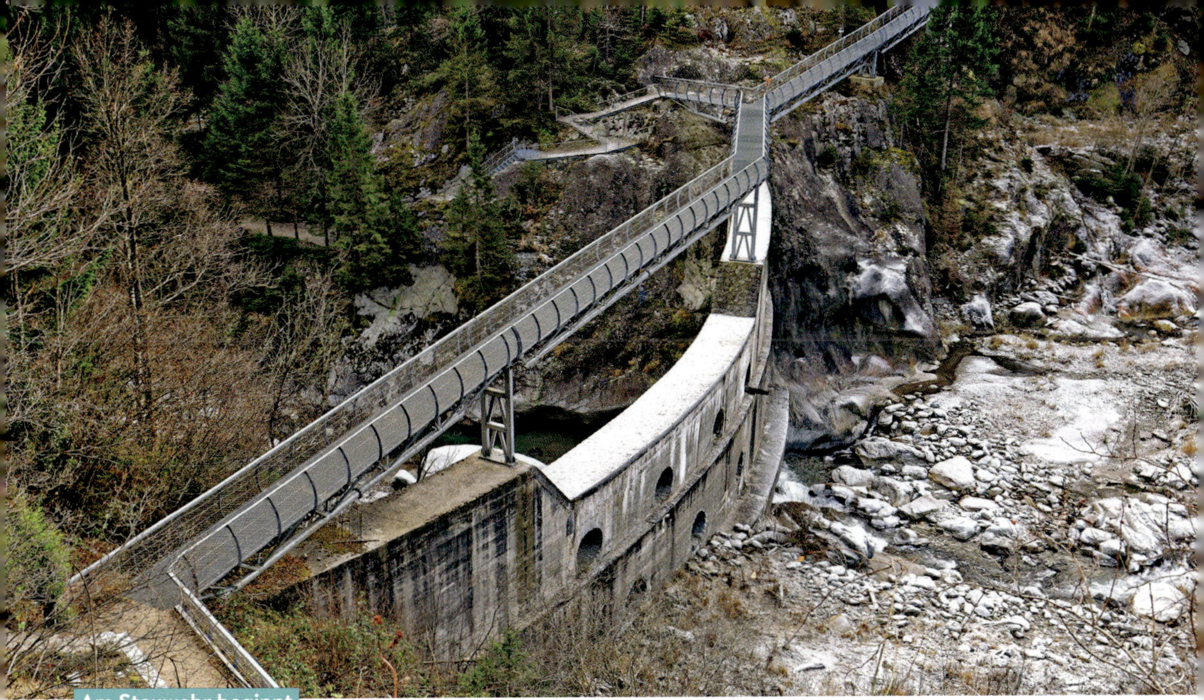

Am Stauwehr beginnt der Schluchtenweg.

IN FLIESSRICHTUNG Zwischen Moos in Passeier und St. Leonhard in Passeier hat sich die wilde Passer eine Schlucht in den Stein gegraben. Über viele Jahrhunderte war sie völlig unwegsam und unerreichbar. Erst am 30. Mai 2015 wurde der Passerschluchtenweg nach dreijähriger Bauzeit eröffnet und seitdem lässt sich die Schlucht in diesem Abschnitt erwandern. Ermöglicht hat diesen spannenden Weg das Energieunternehmen Enerpass, das durch den Bau eines Kraftwerks an der Passer im Rahmen der Umwelt-Ausgleichsmaßnahmen den Weg erbauen ließ. Natürlich lässt sich der Weg auch in der anderen Richtung gehen, aber es ist schön, mit dem Wasser mitzulaufen, und obendrein ist es weniger anstrengend.

EINSTIEG IN DIE SCHLUCHT Wir starten an der **A Kirche in Moos in Passeier** und steigen ein paar Meter tiefer bis zur scharfen Rechtskurve der Straße. Dort beginnen zwei Wege – beide sind zum Schluchtenweg ausgeschildert. Wir wählen den linken, kürzeren Weg und folgen der kleinen Straße bis zum letzten Haus. Hier beginnt ein schmaler Wanderweg, der gleichzeitig ein Kreuzweg ist und leicht bergab am Hang verläuft. Rechts von uns sehen wir schon die Passer. Nach dem Sportplatz biegen wir an einer kleinen Wegkapelle scharf rechts ab und erreichen das obere Ende des Passerschluchtenwegs.

Tipp

BUNKERMUSEUM

In Moos in Passeier gibt es noch ein sehr sehenswertes und interessantes Bunkermuseum, das in einer ehemaligen Bunkeranlage aus den 1940er-Jahren untergebracht ist. Es beherbergt eine informative Ausstellung zum Naturpark, zur Siedlungs- und Zeitgeschichte der Region, ein Steinbockgehege sowie das Bunkererlebnis selbst.

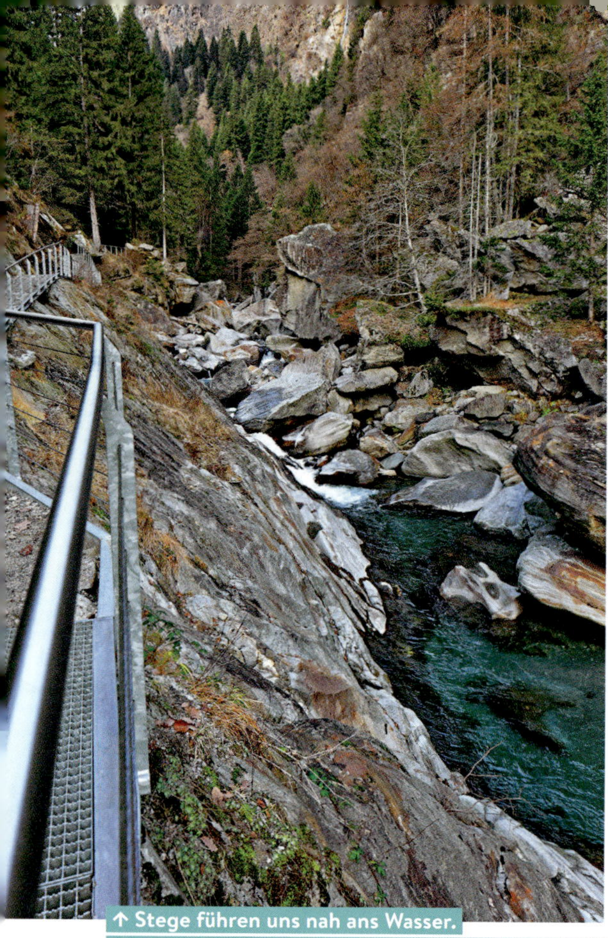

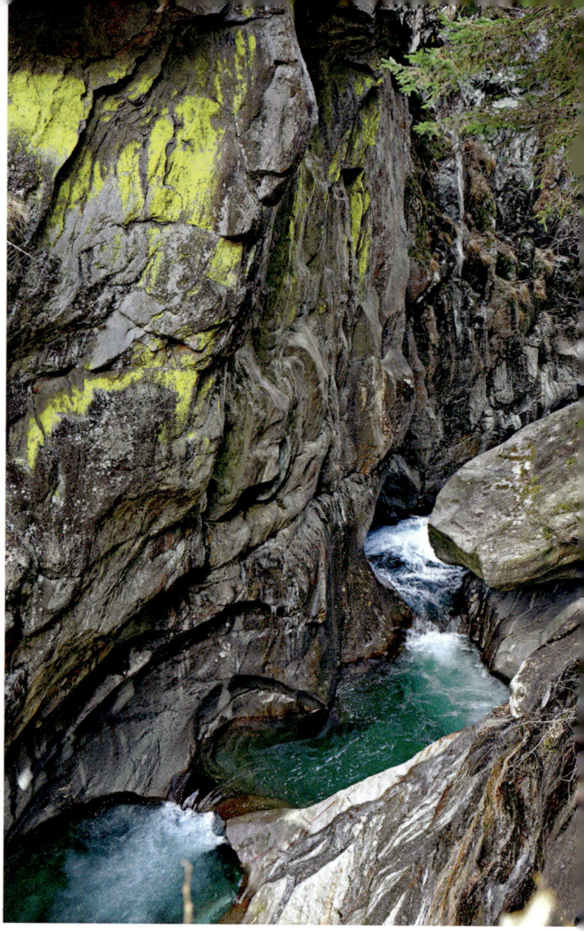

↑ Stege führen uns nah ans Wasser.
↗ Giftgrüne Flechten überziehen die feuchten Steine.

JETZT WIRD ES WILD Wir stehen an der ersten und größten **1 Brücke am Rückhaltedamm**, die waghalsig, aber perfekt mit absturzsicheren Gittern versehen, über das Wasser führt. Wir queren die Passer und halten uns dann links auf dem Schluchtenweg, der auch als Wanderweg »1« gekennzeichnet ist. Gleich darauf wechseln wir wieder das Ufer, und dann beginnt das große Spektakel. Von Aussichtskanzeln, Brücken und Stegen schauen wir immer wieder in die eindrucksvolle Schlucht. Die Ingenieure haben ganze Arbeit geleistet und die Wege geschickt entlang der Felswände gelegt. Wir wandern auf luftigen Blechgittern, die uns permanent Durchblicke auf das wilde Wasser geben. Tief und kraftvoll hat es sich seinen Weg in das Bachbett gegraben. Nur einige große Felsen leisten erbitternden Widerstand. Mal wandern wir links, mal rechts des Flusses, und zwischenzeitlich sind wir sogar ziemlich hoch über dem Wasser. Dann verlieren wir allmählich an Höhe und nähern uns dem Flussbett mit seinen großen runden Steinen und den grünen Wasserlöchern. In regelmäßigen Abständen können wir die Kilometer an Wegweisern ablesen, aber für uns könnte der Weg gern niemals enden.

ENDLICH WIEDER SONNE Schließlich überqueren wir den Saldernbach, einen Seitenbach, und erreichen das alte **2 Gomioner Kraftwerk**. Im historischen Gebäude wird die Stromerzeugung erklärt und hier haben wir uns eine erste Pause verdient. Es gibt Sitzgelegenheiten, und wir können unsere Füße in einem kleinen ruhigen Bachabschnitt abkühlen. Danach folgt der zweite Wegabschnitt, der nicht mehr ganz so spektakulär, dafür umso sonniger ist. Vorbei an der Abzweigung zum Hofschank Hinterbrugg wandern wir schließlich flach über Wiesen. Dann wechseln wir noch einmal das Ufer und folgen rechts dem breiteren Weg, einem Kreuzweg, für gut 30 Minuten bis nach St. Leonhard. Kurz nach dem unteren Rückhaltebecken treffen wir am großen Sportzentrum mit dem Schwimmbad auf den kleinen Ort und verlassen die **E Passer**.

INFO

leicht | **2.30 Std.** | **8 km** | **75/400 hm**

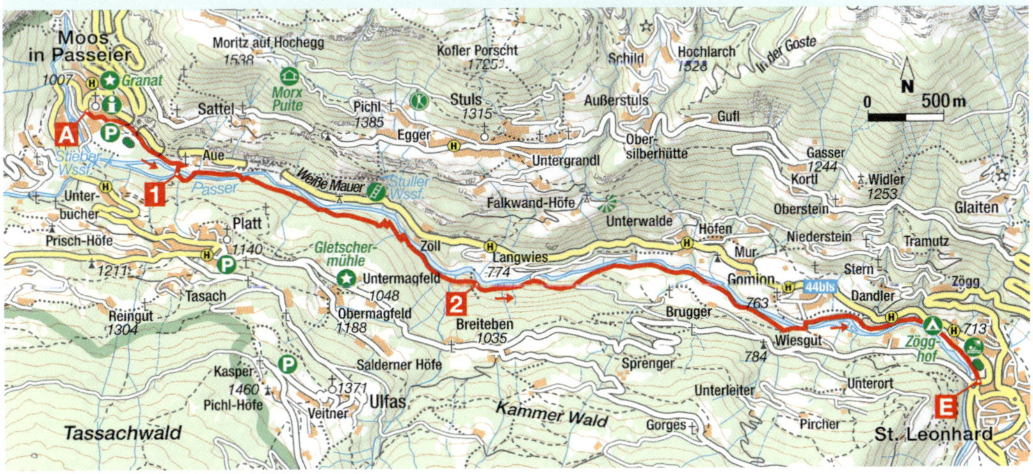

AUSGANGSPUNKT
Moos in Passeier

GPS-DATEN
46.830777, 11.166430

ENDPUNKT
St. Leonhard in Passeier

TOURENCHARAKTER
Unkomplizierte Streckenwanderung durch eine schattige Schlucht. Der Weg führt über viele Stege vorwiegend bergab. Perfekt abgesichert, aber schwindelfrei sollte man sein. Anfang Dezember bis Ende Februar ist der Weg wegen Eisschlags gesperrt. Der Rückweg (oder der Hinweg) erfolgt mit dem Bus, der stündlich verkehrt.

ANFAHRT
ÖPNV: Mit dem Zug nach Meran, weiter mit dem Bus durch das Passeiertal bis Moos in Passeier. Pkw: ins Passeiertal entweder von Meran aus oder über den Jaufenpass. In St. Leonhard Beschilderung zum Timmelsjoch nach Moos in Passeier folgen. Parkplätze am Bunkermuseum. Oder nur bis St. Leonhard am Sportgelände und zum Startplatz der Wanderung nach Moos in Passeier mit dem Bus fahren. So muss man auf dem Rückweg nicht warten.

EINKEHR
Unterwegs keine, nur ein Getränke- und Imbissautomat mit Südtiroler Spezialitäten steht an der Strecke. Mit einem Abstecher ist der Hofschank Hinterbrugg erreichbar. Am Ende der Tour bietet sich die Pizzeria Brückenwirt in St. Leonhard an.

INFO
www.merano-suedtirol.it

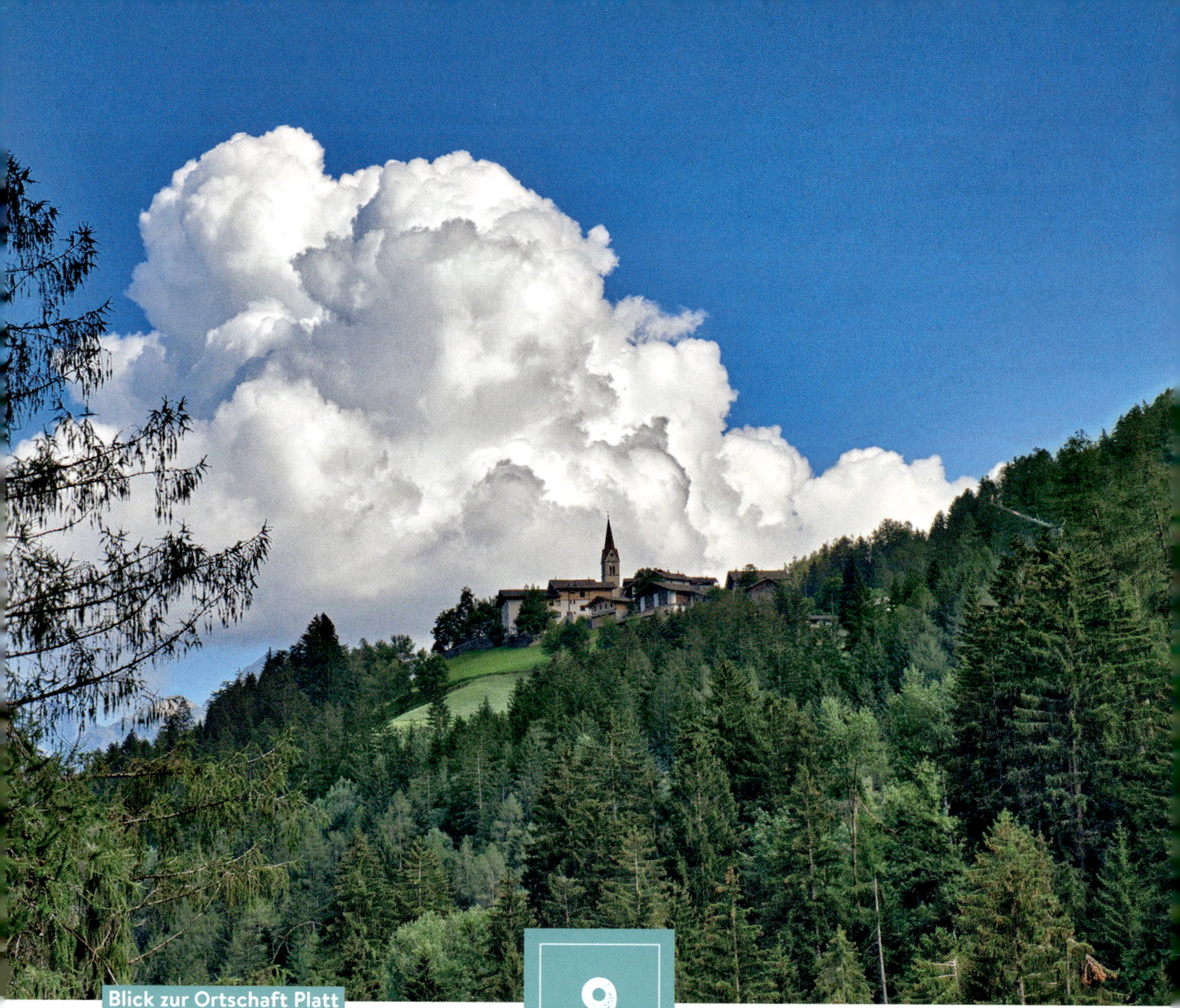

Blick zur Ortschaft Platt

9

Spuren der Eiszeit

Zur Gletschermühle von Platt

Im Passeiertal bei Platt befinden sich einige Gletschermühlen. Tiefe Schächte, die durch starke Kräfte in der Eiszeit entstanden sind. Diese beschauliche Wanderung führt zu einer dieser Gletschermühlen. Unterwegs passiert man zusätzlich noch den eindrucksvollen Stieber Wasserfall.

URKRAFT DES WASSERS Wir beginnen unsere Wanderung am **A Parkplatz in Moos in Passeier**. Auf dem Gehweg wandern wir entlang der Straße in Richtung Platt. Wir gehen hinunter zur Passer, die wir auf einer überdachten Brücke überqueren. Wir gehen noch ein Stück auf der Straße weiter, bis uns ein Wegweiser nach links in Richtung Stieber Wasserfall schickt (Weg Nr. 5). Der Weg führt steil im Wald bergab und bringt uns zu einer Wiese. Diese bringt uns zu einer Brücke, die direkt über den Abfluss des **1 Stieber Wasserfalls** führt. Von der Brücke genießen wir einen grandiosen Blick auf den eindrucksvollen Wasserfall.

ZU DEN GLETSCHERMÜHLEN Nach dem Wasserfall tauchen wir wieder in den Wald ein. Zuerst führt der Steig nur sanft bergauf. Der letzte Abschnitt vor **2 Bad Sand** ist steiler. Hier windet sich der Weg in einigen Kehren bergauf. Wir gehen an dem Gebäude vorbei zur Straße. Der Wegweiser mit der Nr. 5 schickt uns nach links. Über eine Wiese gehen wir hinüber zum Waldrand. Der Weg führt nun immer wieder auf- und absteigend durch den Wald in östlicher Richtung. Nach einem kurzen Anstieg erreichen wir eine Lichtung, tauchen noch einmal in den Wald ein und gelangen zu einem breiteren Weg.

Tipp

PASSERSCHLUCHT

Ein eindrucksvoller Weg führt seit ein paar Jahren durch die Passerschlucht. Über Brücken, Galerien und Treppen wurde die Schlucht begehbar gemacht. Wir wandern von Moos in Passeier hinunter in die Schlucht und folgen dem Steig hoch über dem tosenden Wasser der Passer bis nach St. Leonhard in Passeier (siehe Tour Nr. 8).

Eine schöne Lichtung am Weg zur Gletschermühle

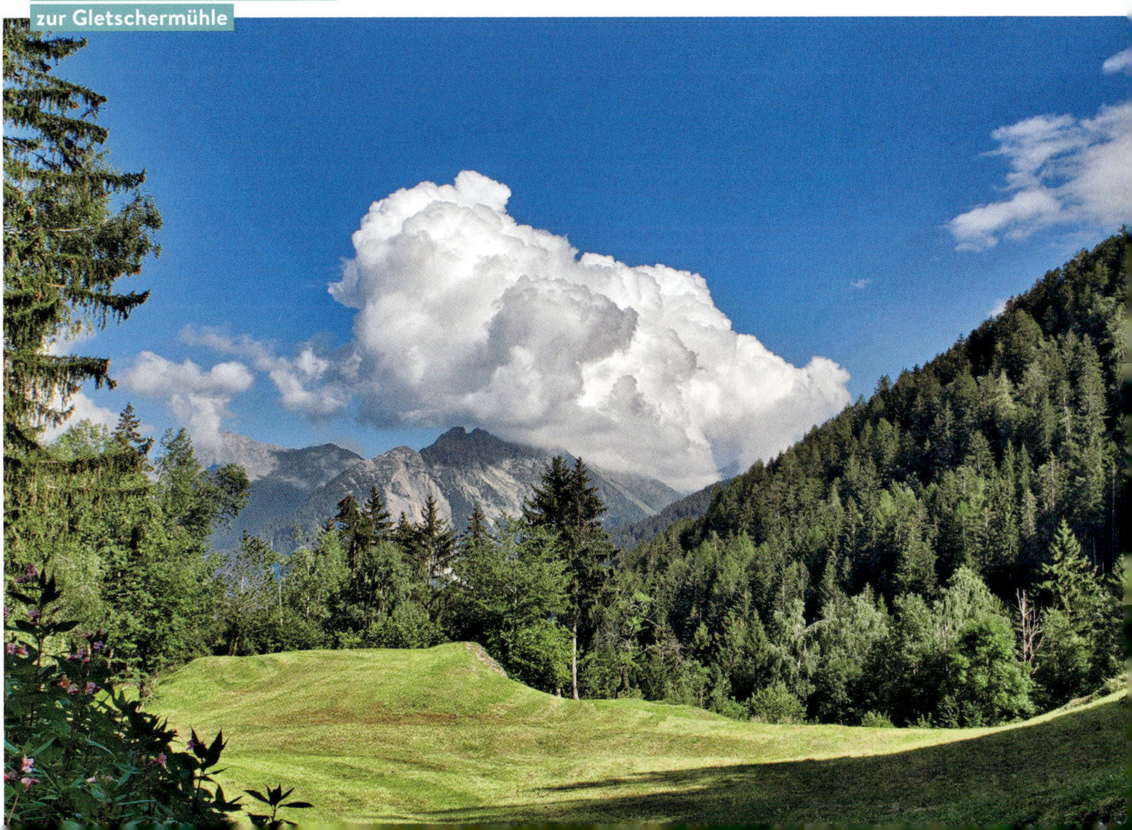

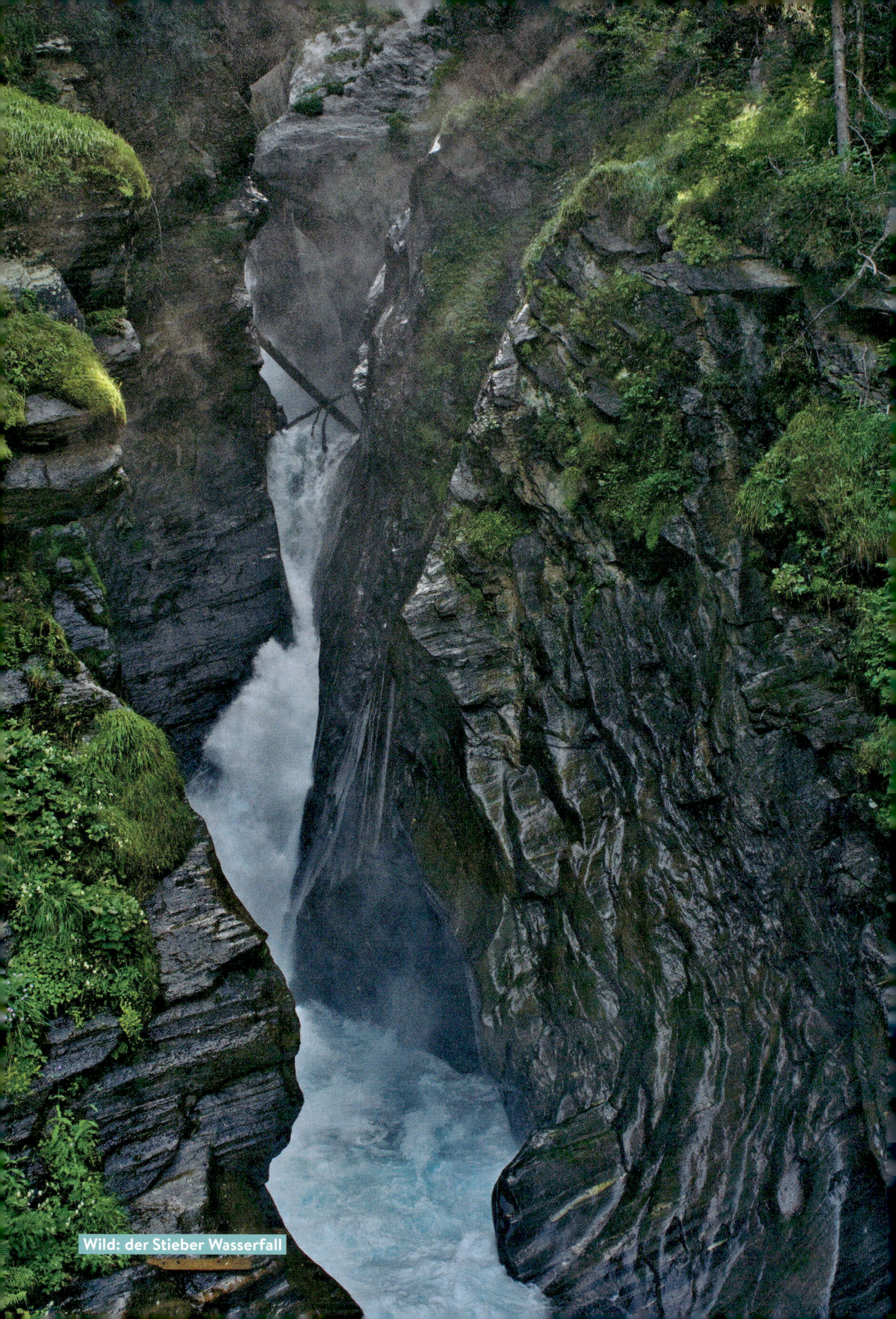

Wild: der Stieber Wasserfall

Ein Wegweiser schickt uns hier nach links zur Gletschermühle. Steil steigen wir bergab bis zu einer ebenen Fläche. Hier führen die Markierungen an einem Zaun vorbei zur **3 Gletschermühle**.

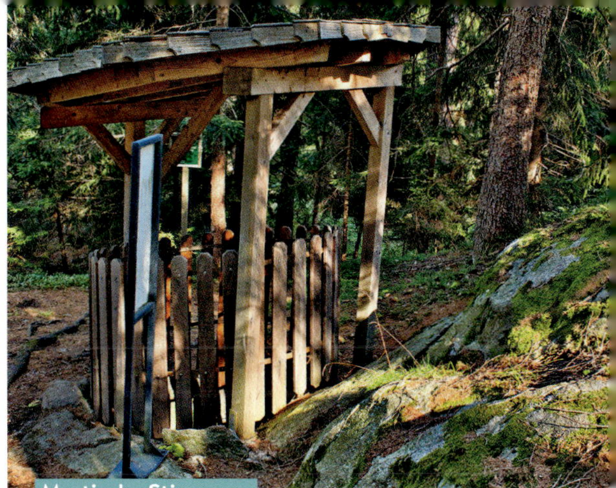

Mystische Stimmung im Wald

ÜBER PLATT ZURÜCK Wir gehen auf dem Hinweg wieder hinauf zum Hauptweg und folgen diesem bis zur nahen Straße. Hier befindet sich eine kleine Kapelle. Wir folgen der Straße nach rechts in Richtung **4 Platt**. Kurz vor dem Ort bekommen wir einen schönen Blick auf die Kirche. Wir gehen in den Ort hinein, wo mehrere Gasthäuser zur Einkehr einladen. Im Ort gehen wir nach links in Richtung Moos. Wir ignorieren einen Abzweig nach links und folgen der Straße bis zu einer kleinen Brücke. Hier zweigt der Steig nach rechts ab. Steil gehen wir hinunter in den Wald. Dieser Abschnitt durch den schönen Wald mit den Bächen ist sehr idyllisch. Nach diesem Waldabschnitt erreichen wir wieder eine Wiese. Auf dieser gehen wir hinunter in Richtung Bad Sand. Wir laufen durch die Häuser hindurch zu einer Straße und dort nach rechts. Nun treffen wir auf den Hinweg und folgen diesem bergab bis zum Stieber Wasserfall. Wir bestaunen noch einmal das rauschende Wasser und wandern zurück zur Brücke über die Passer und hinauf zum **E Parkplatz in Moos in Passeier**.

INFO

AUSGANGS-/ENDPUNKT
Ortsmitte von Moos in Passeier

GPS
46.822623, 11.186507

TOURENCHARAKTER
Gute, einfache Wanderwege ohne größere Probleme. Nur kurze steilere Abschnitte

ANFAHRT
ÖPNV: Mit dem Zug nach Meran und mit dem Bus nach Moos in Passeier. Pkw: Nach Meran und nach Norden in Richtung Timmelsjoch bis Moos. Alternativ von Norden durch das Ötztal über das Timmelsjoch

EINKEHR
Einkehrmöglichkeiten in Moos in Passeier und in Platt

INFO
www.merano-suedtirol.it/passeiertal

leicht	3 Std.	6,6 km	340 hm

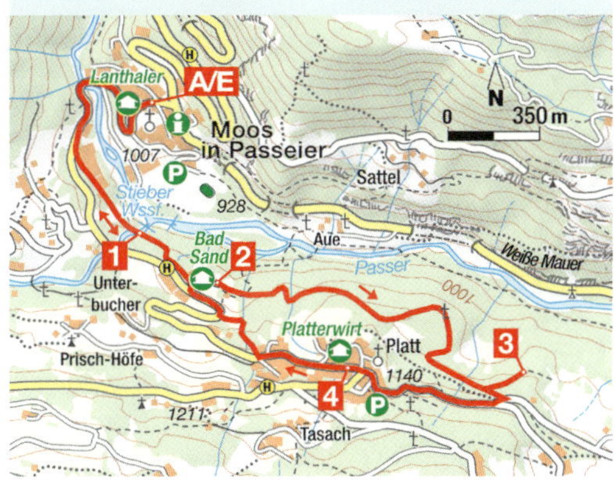

Über den Maiser Waalweg nach Meran

Die Wasserader als Lebenselixier

Für diese Tour braucht es keine Sage oder Geschichte, der Wanderweg, der Waal und die herrliche Natur sind an sich schon mystisch genug. Waalwege gibt es in Südtirol viele, die meisten im regenarmen Vinschgau und rund um Meran, aber der Maiser Waalweg ist einer der schönsten – definitiv!

An der Meraner Passerpromenade endet die Tour.

10

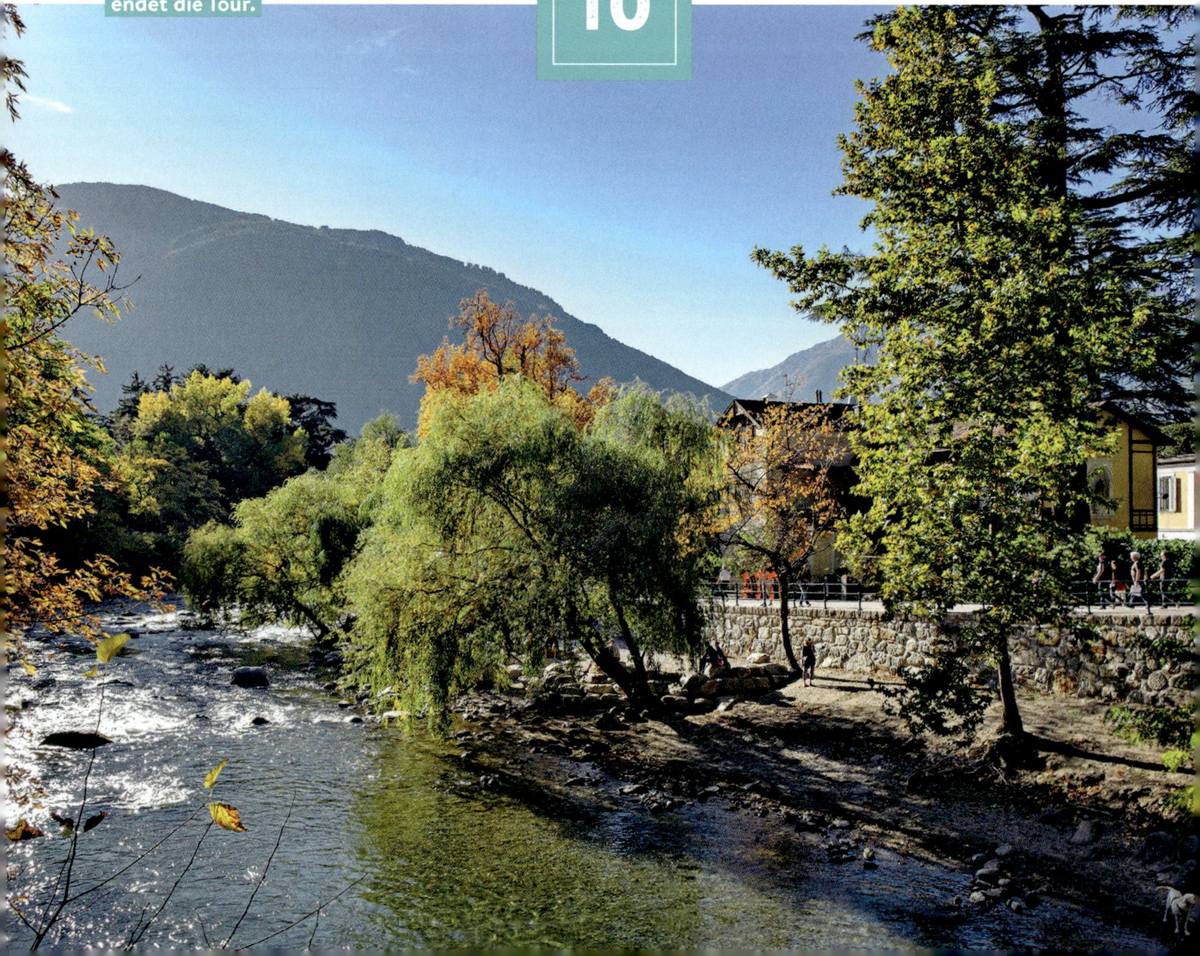

PULSADER DER STADT Startplatz ist die **A Talstation** der Hirzerseilbahn in Salthaus. Für uns geht es gleich abwärts, entlang der kleinen Straße, die hinunter zur Passer führt. Der **1 Fluss**, der die Pulsader der Stadt Meran ist, entspringt aus mehreren Quellbächen unterhalb des Timmelsjochs und durchfließt das Passeiertal. Seine Kraft lässt sich an der Brücke erkennen, das Wasser hat einige große Steine im Flussbett platziert. Ein Blick nach links zeigt uns den Beginn des Maiser Waals. In einem künstlich angelegten Kanal wird der Passer Wasser abgezwickt. Von nun an fließt es mit weniger starkem Gefälle als der natürliche Fluss durch den Waal, um die Felder entlang des Tales bewässern zu können. Nach der Brücke folgen wir rechts der Beschilderung zum Apfelhotel, der Maiser Waalweg ist ebenfalls bezeichnet. Anfangs verschwindet der Waalweg noch für ein paar hundert Meter, doch kaum haben wir das große Apfelhotel passiert, wandern wir zwischen den Apfelplantagen und dem kleinen Bachlauf dahin. Der Weg wird schmal, und es ist eine wahre Freude, ohne Anstrengung am Waal entlangzuschlendern. Kurz darauf queren wir den Masulbach, wo wir den Waal nochmals kurz aus den Augen verlieren. Nach einem Apfelfeld heißt es dann aber wirklich: Wasser marsch!

WANDERGENUSS VOM FEINSTEN Der Waal und die Beschilderung »Maiser Waalweg/Meran« weisen den Weg. An einigen wenigen Stellen ist der Bachlauf begradigt, und das Wasser grummelt in einem betonierten Bachbett vor sich hin. Ansonsten geben Steine, Felsen oder der Berghang den Lauf vor, und je weiter wir gehen, umso dichter wird die Vegetation. Farne und Efeu säumen den Wasserlauf, und hohe Kastanienbäume, Eichen, Buchen und ein paar Kiefern spenden Schatten. An einigen markanten Stellen

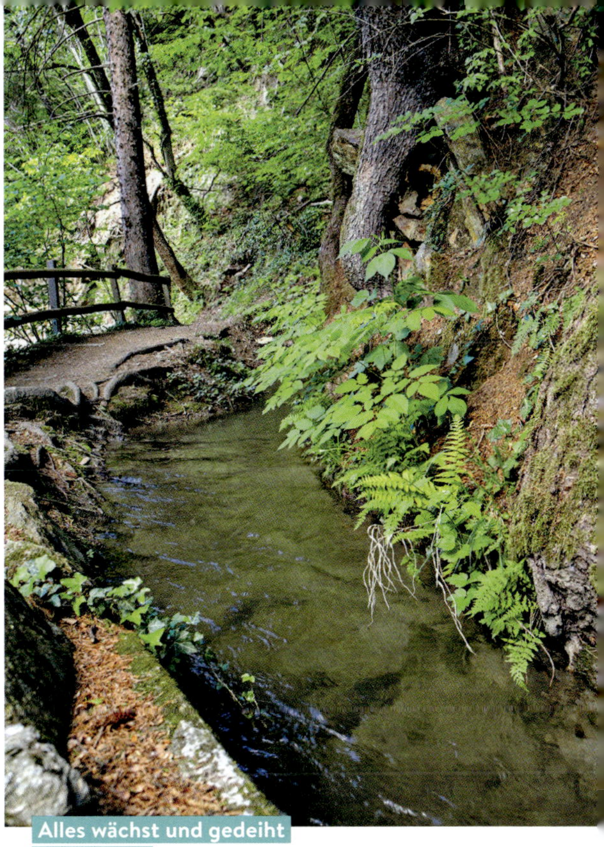

Alles wächst und gedeiht am Wasser.

Tipp

OBERMAIS

Der Ort ist als Villenviertel von Meran bekannt. Viele alte Ansitze, Schlösser und prächtige Villen, umgeben von großzügigen Gärten und Parkanlagen, säumen die Straßen. Im berühmten Schloss Trauttmansdorff weilte einst Sisi, die Kaiserin von Österreich, wenn sie zur Kur in Meran war. Das Schloss liegt inmitten der »Gärten von Schloss Trauttmansdorff«, einem botanischen Garten, der 2001 eröffnet wurde und heute eines der Top-Ausflugsziele in Südtirol ist. Das Zentrum von Obermais befindet sich rund um den Brunnenplatz, dem offiziellen Ende des Maiser Waalwegs. Auch von dort fahren Busse zurück nach Meran.

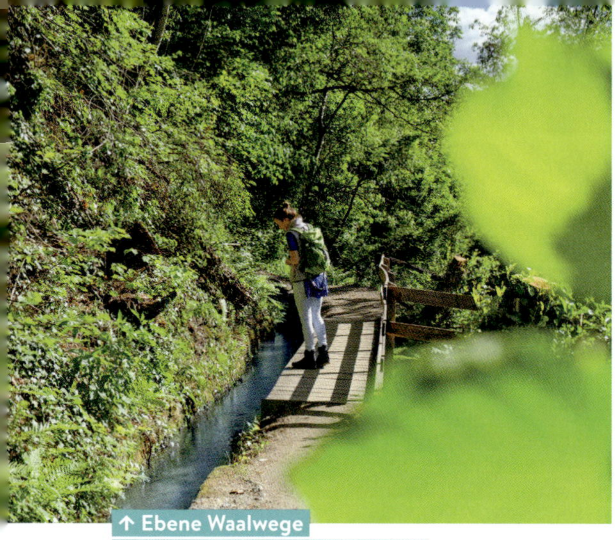

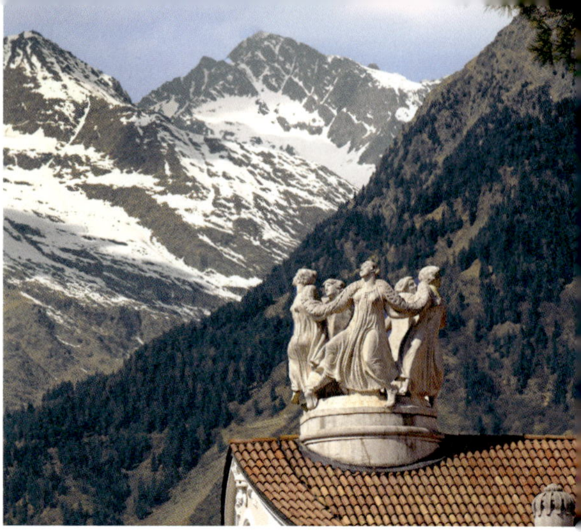

↑ Ebene Waalwege

↗ Am Alten Kurhaus von Meran

sind Infotafeln angebracht, die uns die hiesigen Flur- und Ortsnamen erklären. Schließlich erreichen wir das **2 Waalerhaus**, wo die Waalglocke gleichmäßig den Takt schlägt und akustisch anzeigt, dass das Wasser seinen rechten Lauf nimmt. Weiter dem Waal folgend, genießen wir immer wieder Ausblicke auf die nördliche Passeiertalseite, nach Riffian und hinauf zum Dorf Tirol. Wir ignorieren alle Abzweigungen, dann wird der Weg zunächst noch etwas urtümlicher, ehe er sanft unterhalb der ersten Villen von Schenna durch die Weinberge führt. Wir queren eine Straße, und auf den letzten Metern führt der Waalweg noch einmal an Felsen und einem Wasserfall vorbei. Die grüne Wildnis gleicht einem Dschungel, und schließlich erreichen wir am Buschenschank »Rast am Waal« das Ende des Weges.

Zum Ende wandern wir durch Weinberge.

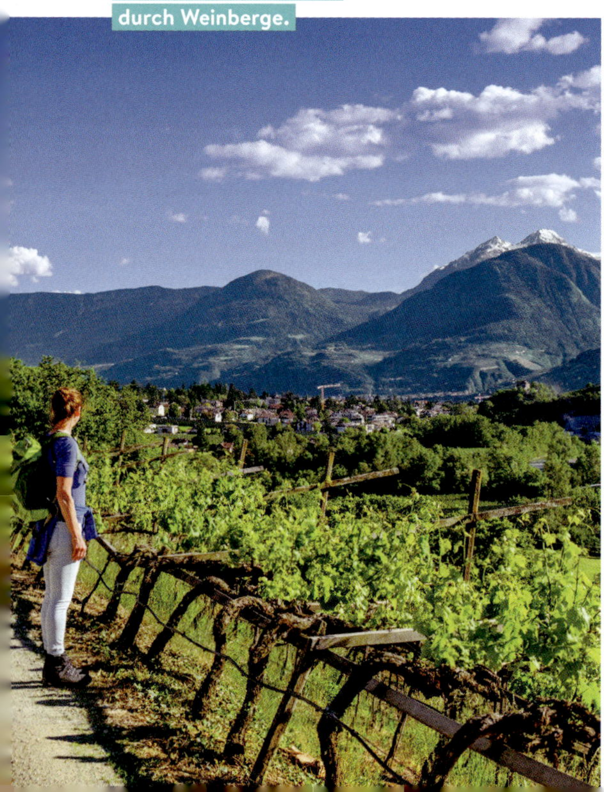

DURCH OBERMAIS Ein Stück Weg haben wir aber noch vor uns, und so wandern wir an der Vorderseite des wunderschönen **3 Sonnwendhofs** vorbei. Das ist der offizielle Wanderweg, auch wenn er über Privatgrund führt, was wir natürlich respektieren und uns entsprechend verhalten. Imposant sind die mächtigen Bäume auf dem Hof, vor allem die große Zeder an der Straße. Hier haben wir verschiedene Möglichkeiten für den Rückweg, und je nachdem, wohin wir in Meran müssen, queren wir an der Zeder geradeaus die Straße und setzen den Maiser Waalweg weiter fort – er führt über das imposante Schloss Planta nach Obermais. Oder wir halten uns rechts und steigen über die

INFO

AUSGANGSPUNKT
Saltaus, Talstation Hirzer Bahn

GPS
46.728864, 11.200039

ENDPUNKT
Meran

TOURENCHARAKTER
Gemütliche Streckenwanderung, meist mit leichtem Gefälle entlang des Waals. Der Weg ist stellenweise etwas schmal, es gibt auch kleinere Wurzeln und Unebenheiten.

ANFAHRT
ÖPNV: Mit dem Zug nach Meran und weiter mit Bus 240 ins Passeiertal bis zur Haltestelle Saltaus (ca. 30 Min. Busfahrt). Die Bushaltestelle befindet sich direkt an der Talstation der Hirzerbahn. Rückfahrt von Meran mit dem Bus (am besten von der Haltestelle Georgenstraße). Pkw: Ins Passeiertal und bis Saltaus; Parkplätze an der Talstation

EINKEHR
Ausschank »Rast am Waal« (nicht immer geöffnet); viele Möglichkeiten in Meran

INFO
www.merano-suedtirol.it

Farne begleiten den Waal.

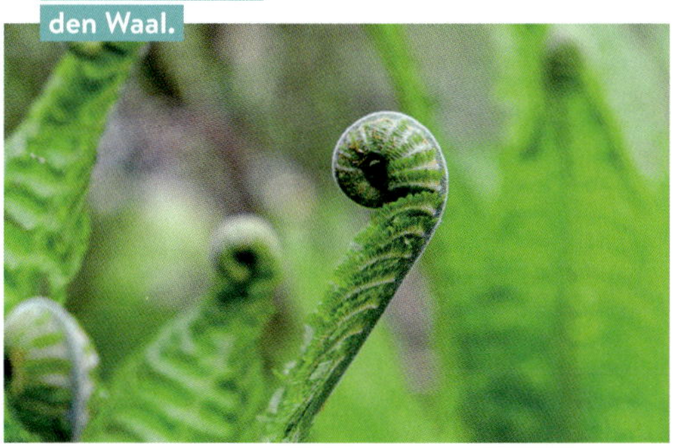

leicht	3 Std.	9 km	100/250 hm

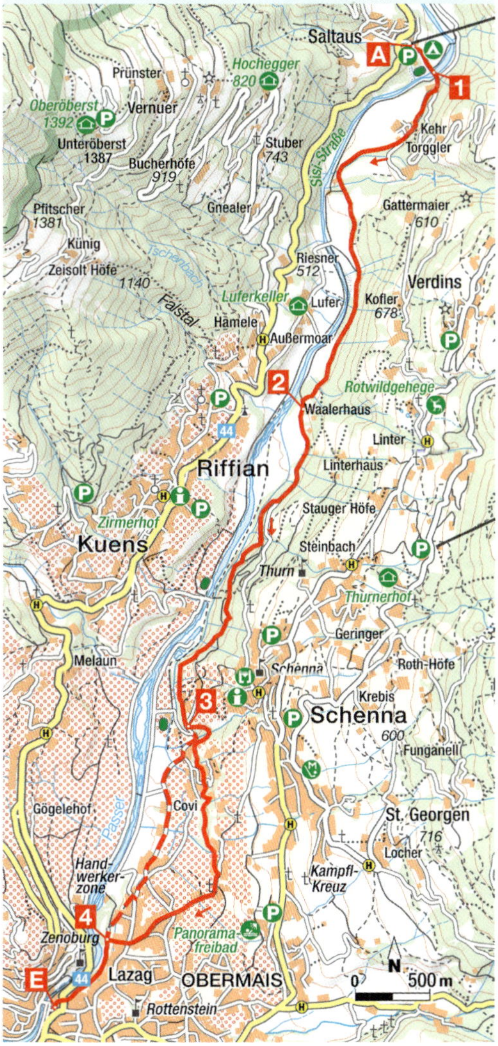

Pflanzensteinerstraße abwärts. An deren Ende, an der kleinen Straßenkreuzung, die in der Mitte mit Baum, Brunnen und Wegkreuz geschmückt ist, folgen wir rechts der Beschilderung nach Meran. Wenige Meter weiter geht es links auf den Lazagsteig, der oberhalb der Passer verläuft. Verkehrsberuhigt kommen wir durch eine Unterführung und danach entweder links zur Bushaltestelle Georgenstraße oder zur Sommer- und Winterpromenade unweit der **4 Alten Brücke**, die in die **E Altstadt von Meran** führt.

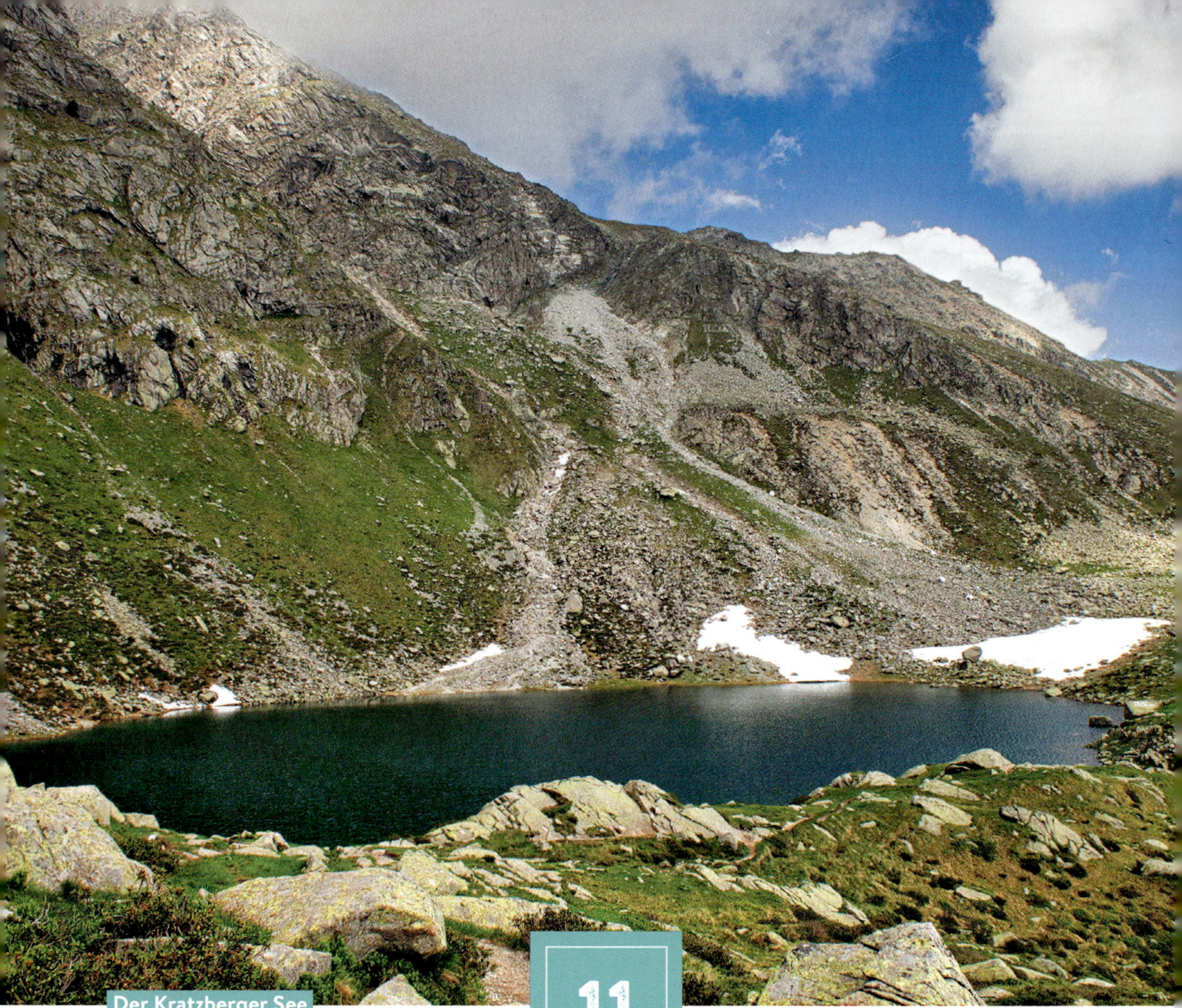

Der Kratzberger See

11

Die Mulde des Riesen

Der Kratzberger See bei Meran 2000

Meran 2000 ist ein beliebtes Wanderziel. Etwas versteckt liegt der kleine Kratzberger See, der gemäß einer Geschichte durch einen Riesen entstanden ist. Auch weitere Sagengeschichten umranken den See, der gerade bei Nebel eine mystische Stimmung verströmt.

GEMÜTLICHER BEGINN Die **A Bergstation von Meran 2000** erreichen wir mit der großen Seilbahn oder der Gondelbahn von Falzeben bei Hafling. Von der Bergstation folgen wir dem breiten Schotterweg (Markierung Nr. 3). Zu Beginn gehen wir durch den Wald, bald schon erreichen wir freies Gelände und genießen eine schöne Aussicht auf das weitläufige Wandergebiet von Meran 2000. Links oberhalb erhebt sich der Große Ifinger mit seinen Gipfelfelsen.

Wir folgen dem Wanderweg, der unter einem Sessellift entlangführt. An einer **1 Wegteilung** ignorieren wir die nach links und rechts abzweigenden Wege. Wir bleiben weiter auf dem Weg Nr. 3 in Richtung **2 Missensteiner Joch**. Aus unserem Schotterweg wird nun ein Steig, der durch die Hänge des Plattigers führt. Gemütlich gehen wir hinüber in das breite Joch. Hier machen wir eine erste Pause und genießen die Rundumsicht.

Tipp

ABENTEUER FÜR KINDER

Neben der einfachen Wanderung gibt es am Piffinger Köpfl mehrere Attraktionen für Kinder. Am Kids Camp gibt es verschiedene Spielmöglichkeiten und mit den Alpine Bobs rauschen die kleinen Wanderer mit viel Freude ins Tal. Mit der Zuegg Hütte gibt es auch eine gemütliche Einkehrmöglichkeit mit großem Spielplatz. Genug Möglichkeiten also für einen aufregenden Tag.

DER SEE Vom Joch ist es nicht mehr weit bis zum **3 Kratzberger See**. In nördlicher Richtung bringt uns der Weg Nr. 4 in Richtung des Sees. Zuerst noch über Wiesen, später über einfache Felsblöcke, erreichen wir eine Geländekante. Von ihr wandern wir hinüber zum nahen Gebirgssee. Zuletzt müssen wir ein paar Meter absteigen, bis wir uns an seinem Ufer niederlassen können. Gerade wenn wir früh am Morgen unterwegs sind,

Auf dem guten Weg zum See

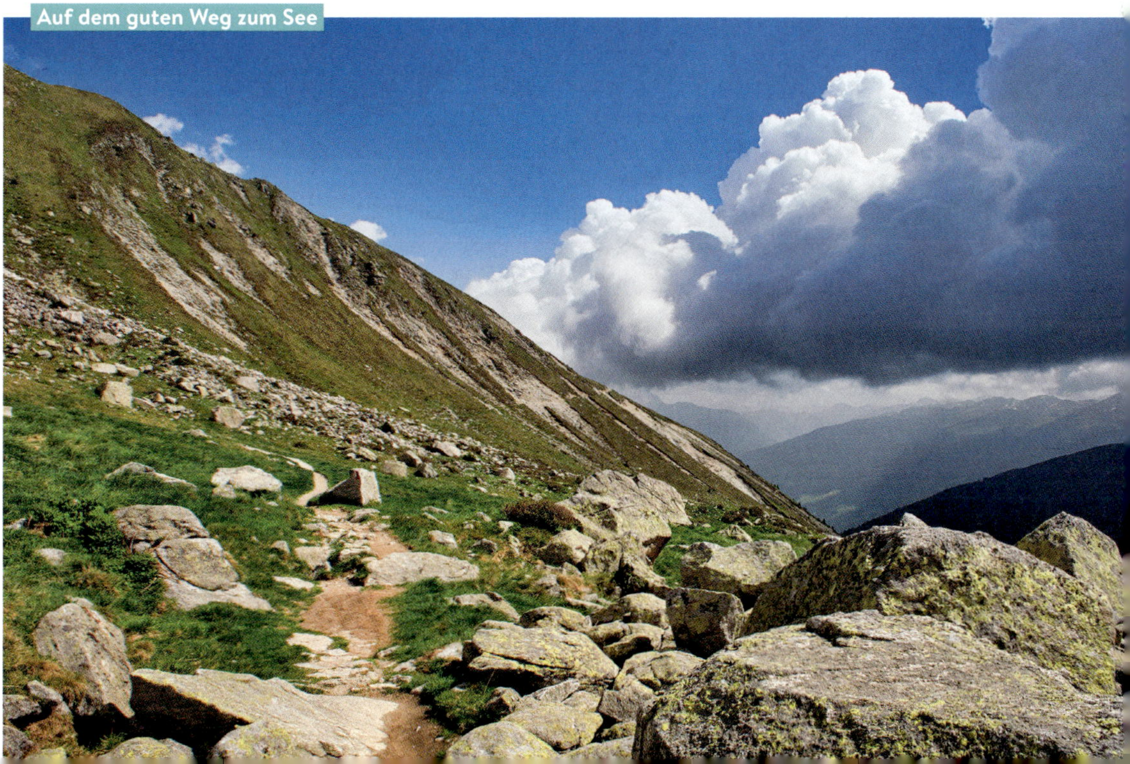

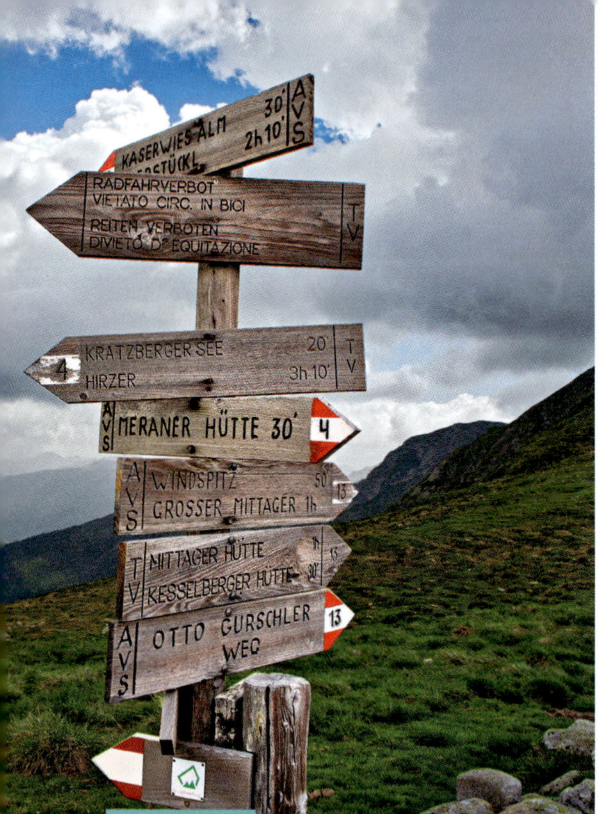

Wegweiser am Missensteiner Joch

herrscht am See noch eine idyllische Ruhe. Bei Nebel verbreitet sich hier eine mystische Stimmung. Aber auch bei Sonne ist der See ein wunderbares Ausflugsziel. Angeblich setzte sich hier immer wieder ein Riese in das Gelände. Dadurch entstand eine große Mulde, die sich später mit dem Wasser des Gebirgsbaches gefüllt hat. Erzählt hat diese Geschichte die schöne Wirtstochter des Sulfnerwirtes. Der Sulfnerwirt war damals das einzige Gasthaus in Hafling, und so mussten alle Reisenden hier vorbei. Eines Tages kam ein junger Kaufmannssohn aus Meran herauf. Er sollte im Auftrag seines Vaters erstmals Geschäfte abschließen. Um seine Nerven zu beruhigen, trank er beim Sulfnerwirt noch ein Glas Wein. Beim Anblick der schönen Wirtstochter hat es ihm die Sprache verschlagen. Diese reagierte auf seine Annäherungsversuche allerdings sehr abweisend. Der Kaufmannssohn ließ sich etwas Besonderes einfallen und lud die Wirtstocher zu einer Kutschfahrt ein. Er bemühte sich in der Folge sehr um seine Angebetete. Sie waren viel in der Natur unterwegs. Besonders der Kratzberger See hatte es ihnen angetan. Bei einem romantischen Picknick am See hielt er um ihre Hand an, worauf sie ihm ihr Herz schenkte. Mit der Zeit nahmen aber seine Besuche am Berg ab und sie erfuhr, dass er in der Stadt eine neue Liebe gefunden hatte. Dadurch verlor sie ihre Lebensfreude. Letztendlich starb sie an ihrem gebrochenen Herzen. Ihr Geist ist aber immer noch am Berg und sie zeigt ihren Zorn durch dunkle Wolken über dem Ifinger. Begleitet von einem dunklen Grollen gehen Gewitter über der Stadt nieder. Dadurch möchte sie ihren treulosen Kaufmannssohn bestrafen. Wir können uns die Tragik vorstellen, übt dieser Ort doch einen wunderbaren Zauber aus. Wir genießen den See und die Umgebung.

RÜCKWEG ODER VARIANTEN Für den Rückweg bietet sich der direkte Weg zum Piffinger Köpfl an. Gleichzeitig können wir auch eine kleine Schleife unternehmen. Hierfür gehen wir am Missensteiner Joch auf dem Weg Nr. 4 weiter. Der Weg führt hinunter zu einer Wegkreuzung. Von hier sind es nur ein paar Meter zur bewirtschafteten **4 Kirchsteigeralm**, in der wir einkehren können. Der Weg Nr. 18A bringt uns zur ebenfalls bewirtschafteten Waidmannalm. Auf den Wegen Nr. 3 oder 18A gehen wir dann gemütlich zurück zur **E Bergstation von Meran 2000** und beschließen diesen gemütlichen Wandertag.

NOCH EINEN GIPFELTAG Wer mehr von Meran 2000 erleben möchte, der kann noch eine Gipfeltour unternehmen. Hierfür steigen wir vom Missensteiner Joch auf dem

INFO

AUSGANGS-/ ENDPUNKT
Bergstation von Meran 2000 am Piffinger Köpfl

GPS
46.67736, 11.255689

TOURENCHARAKTER
Leichte Wanderung auf gut markierten Wanderwegen. Wenig Höhenunterschied

ANFAHRT
ÖPNV: Mit dem Zug nach Meran und weiter zur Talstation von Meran 2000. Pkw: Über Bozen nach Meran und weiter zur Talstation Meran 2000

EINKEHR
Restaurant an der Bergstation von Meran 2000. Auf den Varianten mehrere Einkehrmöglichkeiten im Sommer

INFO
www.merano-suedtirol.it

leicht | 4 Std. | 10,9 km | 350 hm

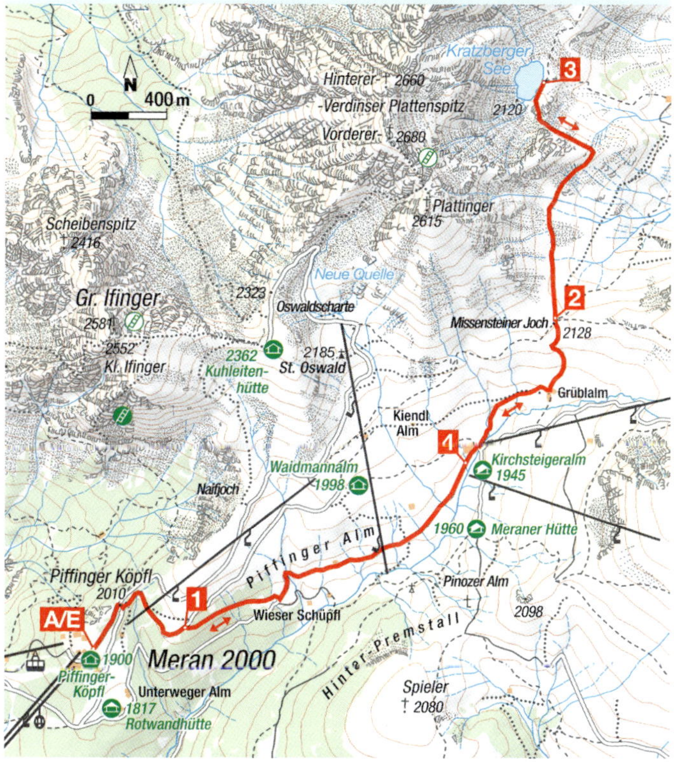

Weg Nr. 13 zur Kesselberghütte, die ebenfalls bewirtschaftet ist. Von der Hütte gehen wir in einem Bogen zu dem Rücken, der den Kleinen Mittager mit der Windspitze verbindet. Hier wenden wir uns nach links und steigen in wenigen Minuten bis unter den Gipfelaufbau der Windspitze. Der schmale, aber nicht besonders schwere Steig bringt uns hinauf zum Gipfelkreuz. Von hier oben genießen wir eine wunderbare Rundumsicht auf die Umgebung. Nach der Windspitze lockt mit dem Großen Mittager noch ein zweiter Gipfel. Wir folgen dem schmalen, aber einfachen Steig über das weite Gipfelplateau. Oben erreichen wir das große Gipfelkreuz und setzen uns auf die Bank. Ein wirklich traumhafter Platz für eine schöne Brotzeitpause. Anschließend folgen wir dem Aufstiegsweg ein Stück, gehen dann aber geradeaus weiter. Der Weg bringt uns hinunter zur Mittagerhütte, die an einem aussichtsreichen Platz steht. Von ihr gehen wir steil hinunter zur Meraner Hütte, der nächsten Einkehrmöglichkeit auf unserer Wanderung. Sowohl hier als auch in der benachbarten Kirchsteigeralm können wir einkehren. Auf dem gemütlichen Wanderweg erreichen wir wieder die E **Bergstation am Piffinger Köpfl.**

Die ältesten Nadelbäume Europas

Die Urlärchen im Ultental

Die drei Urlärchen im Ultental bei St. Getraud gehören wohl zu den ältesten Nadelbäumen Europas. Auf beiden Seiten des Tales verläuft ein schöner Höfeweg, auf dem man an wirklich beeindruckenden alten Bauernhöfen vorbeiwandert.

12

Schöne Gebäude am Höfeweg: die Villa Hartungen

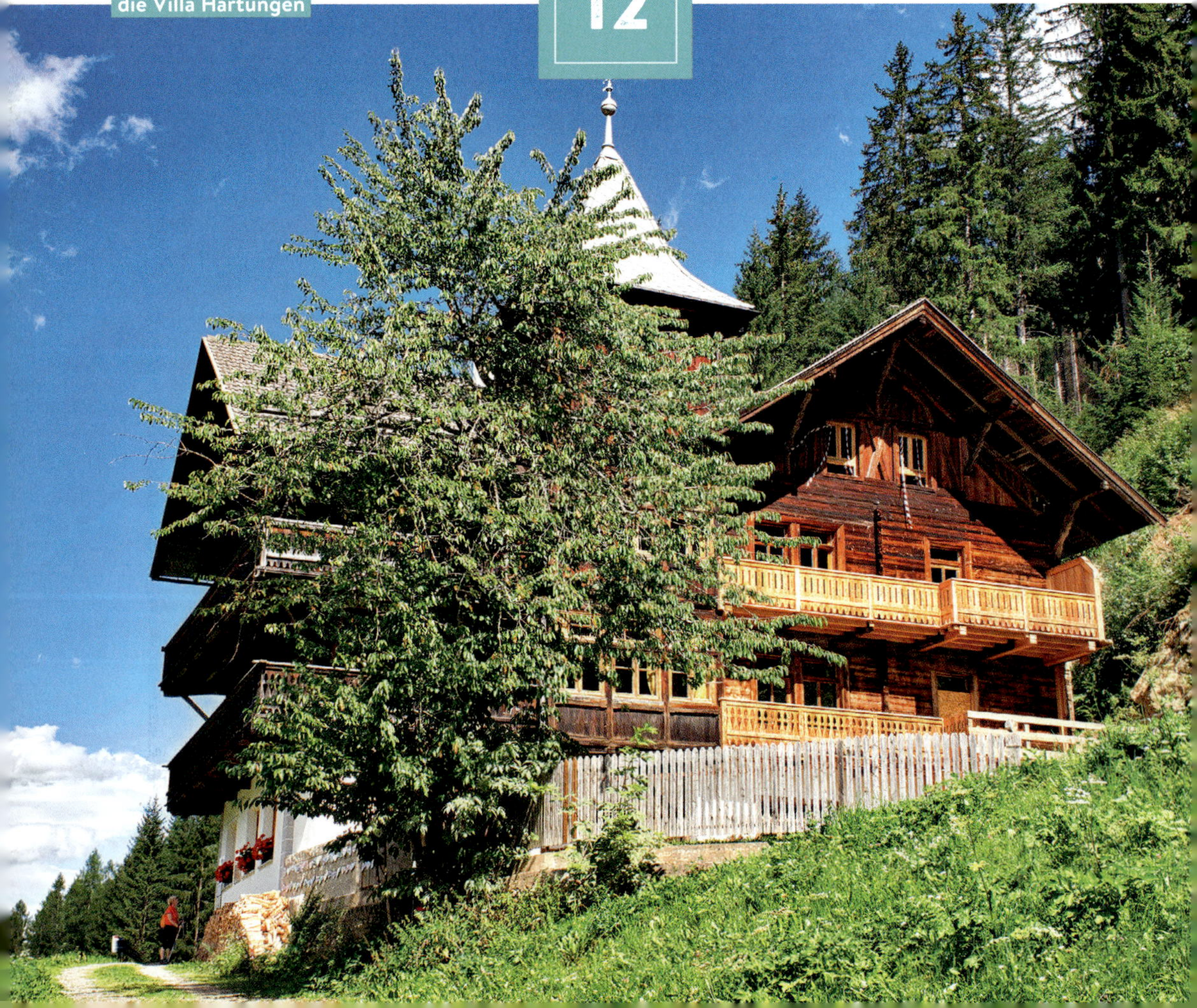

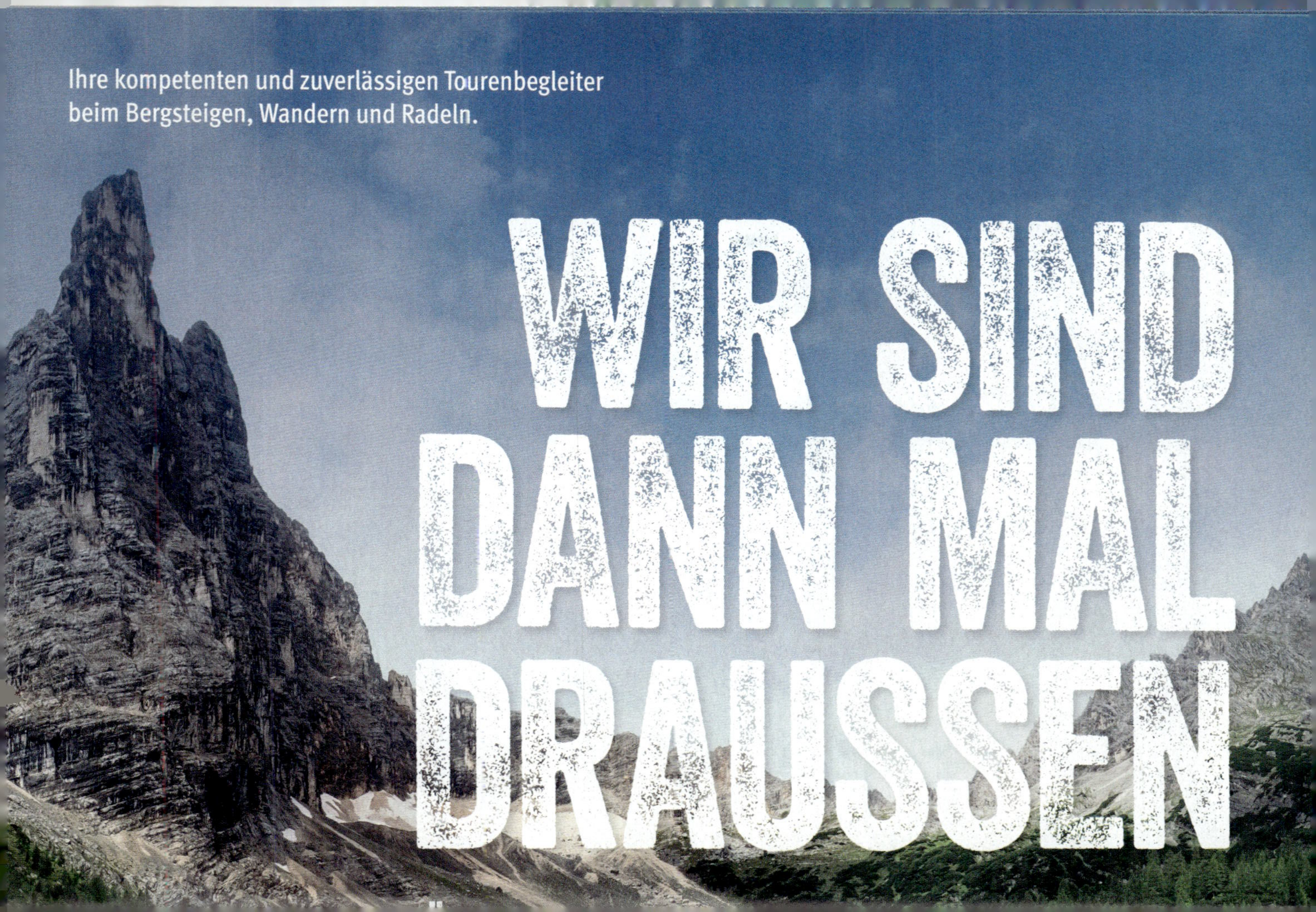
Ihre kompetenten und zuverlässigen Tourenbegleiter
beim Bergsteigen, Wandern und Radeln.
WIR SIND
DANN MAL
DRAUSSEN

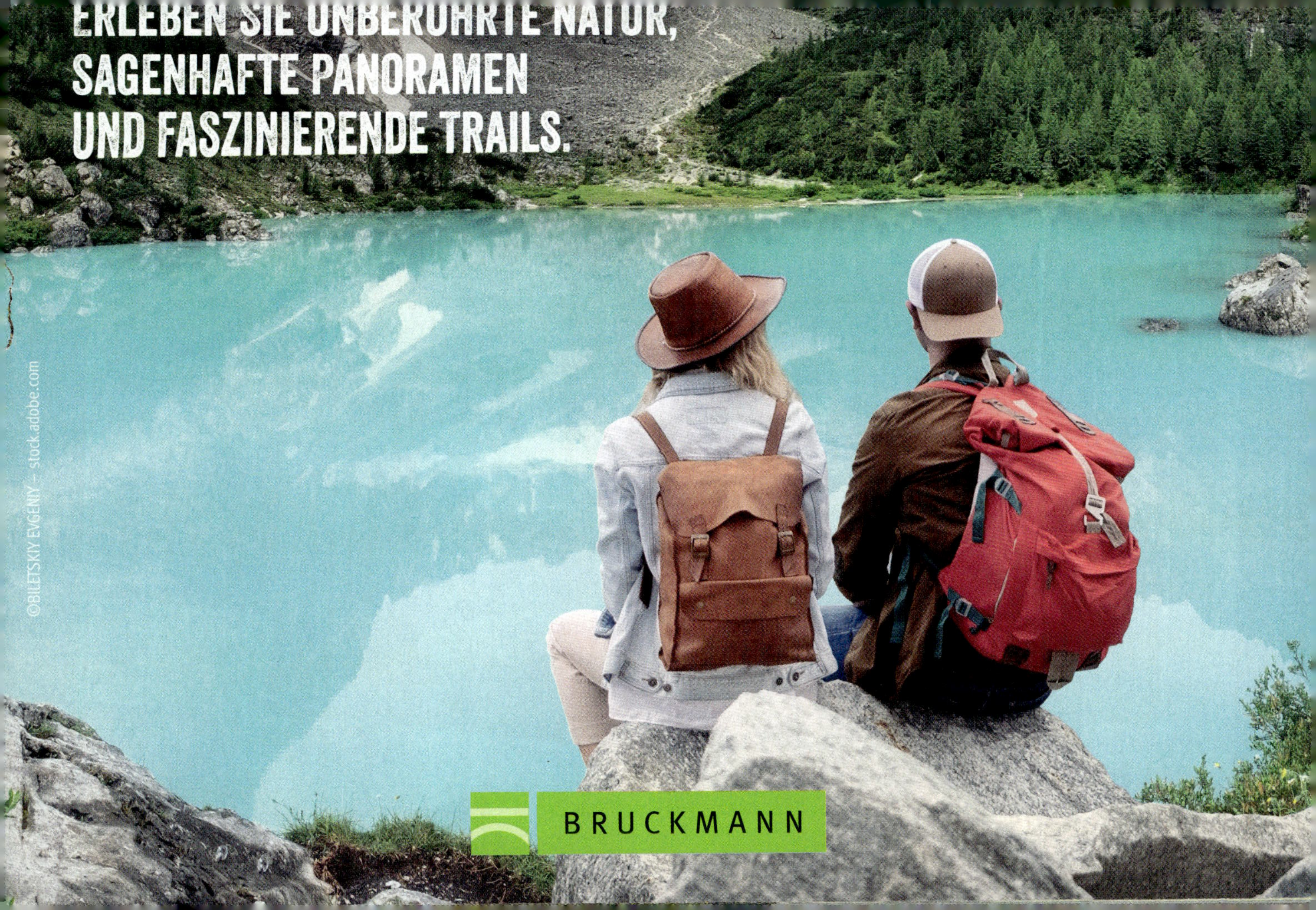
ERLEBEN SIE UNBERÜHRTE NATUR,
SAGENHAFTE PANORAMEN
UND FASZINIERENDE TRAILS.
©BILETSKIY EVGENIY – stock.adobe.com
BRUCKMANN

DAS NATIONALPARKHAUS Die Wanderung beginnt in der Nähe des **A Nationalparkhauses Lahnersäge in St. Gertraud**. Hier lohnt sich ein Besuch des Hauses. Das Haus beherbergt eine Dauerausstellung mit dem Thema »Wald als Wurzelwerk des Lebens«. Hier befindet sich eine jahrhundertalte Venezianersäge. Der Werdegang des Holzes bis zum fertigen Brett wird beim Schauschneiden auf der Säge vorgeführt. Daneben gibt es noch eine alte Mühle, in der Getreide gemahlen wird.

DIE DREI URLÄRCHEN Neben dem Parkplatz beginnt unsere Wanderung auf dem Ultener Höfeweg. Wir folgen dem Teersträßchen auf der Südseite des Baches. An einer Straßenteilung gehen wir nach rechts und folgen der Straße bis zu den **1 Urlärchen**. Die größte Urlärche ist über 36 Meter hoch und hat einen Umfang von 7 Metern. Leider ist ihr Wipfel durch einen Blitzschlag verdorrt. Es ist unklar, wie alt die Bäume sind. Man vermutet aufgrund verschiedener Berechnungsverfahren, dass sie ein Alter von 850 Jahren haben und damit zu den ältesten Nadelbäumen Europas gehören. Sie stehen heute unter Naturschutz und zählen zum UNESCO Weltnaturerbe. Die drei Bäume sind auch die Heimat von Fledermäusen und Mardern. Direkt neben den Lärchen lädt das Restaurant Lärchengarten zur Einkehr ein.

AUF DEM HÖFEWEG Direkt hinter den Urlärchen beginnt ein Steig, auf dem der Ultener Höfeweg weiterführt. Über die Wiese wandern wir weiter in nördlicher Richtung. Dabei genießen wir eine tolle Aussicht auf das Ultental. Wir erreichen eine Straße, auf der wir kurz ein Stück nach rechts gehen. Wenig später biegen wir nach links ab und folgen einer Schotterstraße. Wir gelangen zu einer T-Kreuzung, an der wir nach rechts gehen. Vorbei an ein paar Höfen erreichen wir

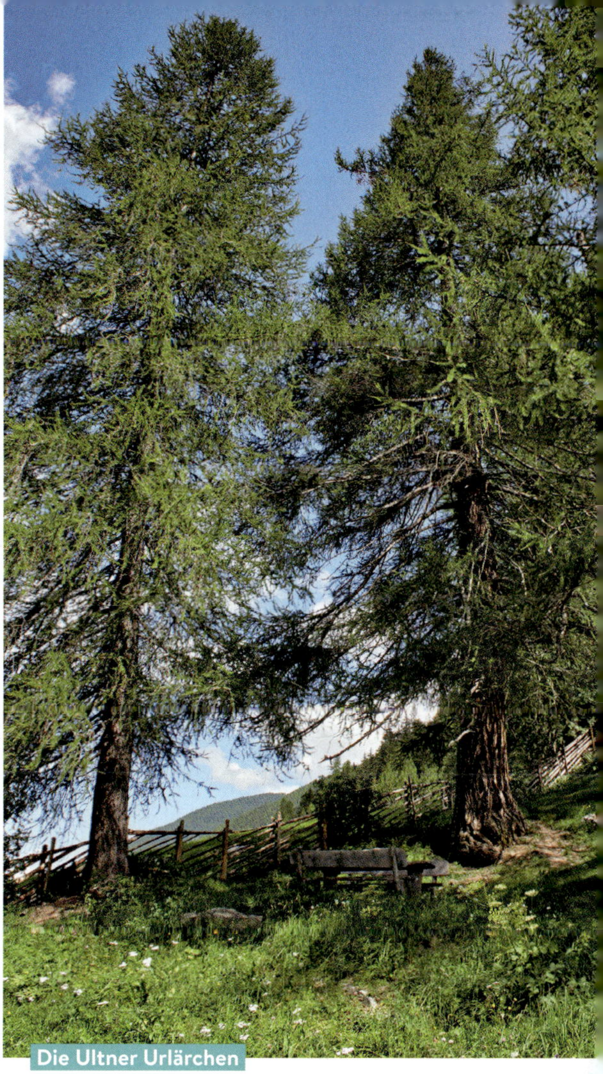

Die Ultner Urlärchen

Tipp

WEISSBRUNN-STAUSEE

Ein beliebtes Ausflugsziel im Ultental ist der Weißbrunn-Stausee. Eine schmale Bergstraße führt zum großen Parkplatz. Beliebt ist die Wanderung zur Fiechtalm, in der wir gemütlich einkehren. Der direkte Weg ist ziemlich steil, und so bietet sich die flachere Variante Fischersee an. Etwas oberhalb der Alm befindet sich der Fiechtsee, der sich idyllisch in die Landschaft einfügt.

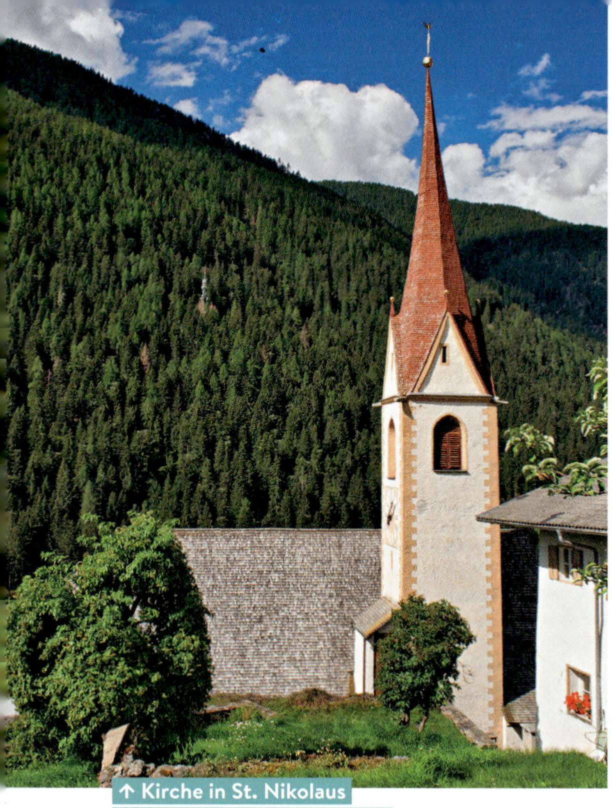

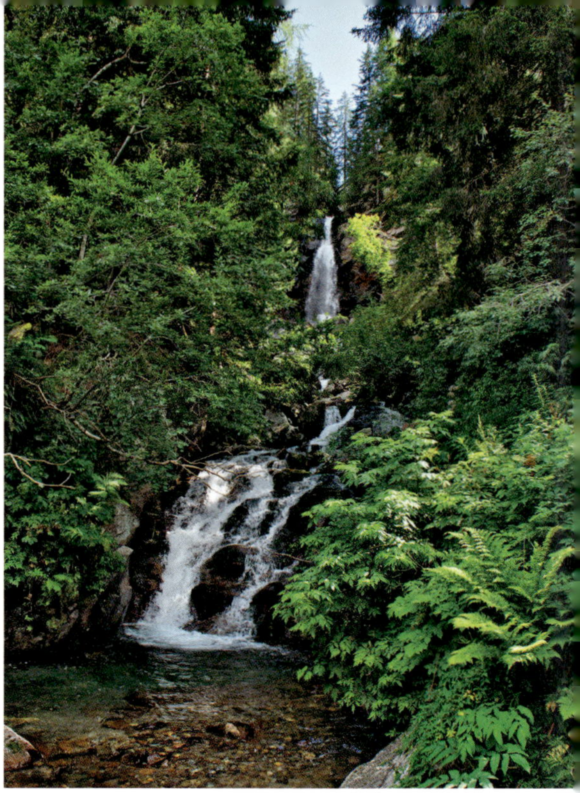

↑ Kirche in St. Nikolaus
↗ Der Wasserfall Hartungen

den 2 **Wasserfall Hartungen**. Wenig später treffen wir auf Gebetsfahnen und Buddhafiguren. Etwas, das wir hier in einem Südtiroler Bergtal kaum erwartet haben. Eine Bank lädt zu einer gemütlichen Pause und vielleicht zu einer kleinen Meditation ein. An einer Linkskurve der Schotterstraße gehen wir geradeaus. Der Steig führt durch den Wald weiter in Richtung St. Nikolaus. Nach diesem längeren Waldstück erreichen wir an einer Kurve einen Schotterweg. Auf diesem gehen wir nach links und folgen der Markierung bis nach 3 **St. Nikolaus**. In dem Ort sieht man schon von Weitem die Kirche mit ihrem Turm. Sie stammt aus dem 14. Jahrhundert und besitzt einen Flügelaltar mit neugotischen Figuren.

ZURÜCK PER BUS Idealerweise würde sich nun der Rückweg auf dem nördlichen Höfeweg anbieten. Durch einen heftigen Sturm sind allerdings einige Wegabschnitte gesperrt, sodass wir nur mit dem Bus nach St. Gertraud zurückfahren können.

WEITERWEG Wem die Wanderung zu kurz ist, der kann sie noch nach Kuppelwies fortsetzen. Hierzu empfehlen wir den nördlichen Weg. Er verläuft über freies Gelände, bietet eine schöne Aussicht auf das Tal und führt an einigen alten Höfen vorbei. Hierfür gehen wir nach E **St. Nikolaus** hinein und folgen der Markierung bald nach rechts. Der Weg verläuft zuerst über kleine Straßen, später auf einem Steig. Am Ende erreichen wir wieder eine Straße und gehen hinunter zur Talstation der Seilbahn bei Kuppelwies. Hier befindet sich auch ein nettes Restaurant, das zu einer gemütlichen Einkehr einlädt. Direkt daneben befindet sich die Bushaltestelle, von der wir zurück zum Parkplatz nach St. Gertraud fahren.

INFO

AUSGANGS-/ENDPUNKT
St. Gertraud in Ulten am Nationalparkhaus

GPS
46.490436, 10.87684

TOURENCHARAKTER
Einfache Wanderung auf einem schönen Wanderweg durch das Ultental

ANFAHRT
ÖPNV: Mit dem Zug nach Meran und weiter mit dem Bus ins Ultental nach St. Gertraud. Pkw: Nach Meran und weiter nach St. Gertraud

EINKEHR
Einkehrmöglichkeiten in St. Gertraud und St. Nikolaus

INFO
www.merano-suedtirol.it/ultental

leicht | 1.30 Std. | 5,1 km | 60/250 hm

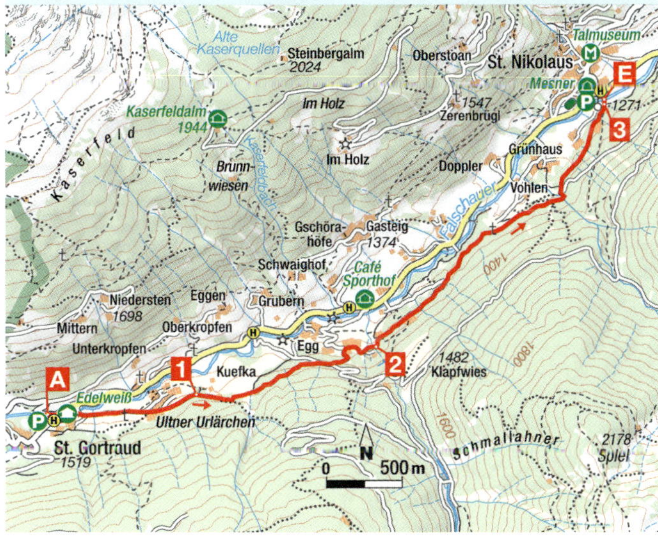

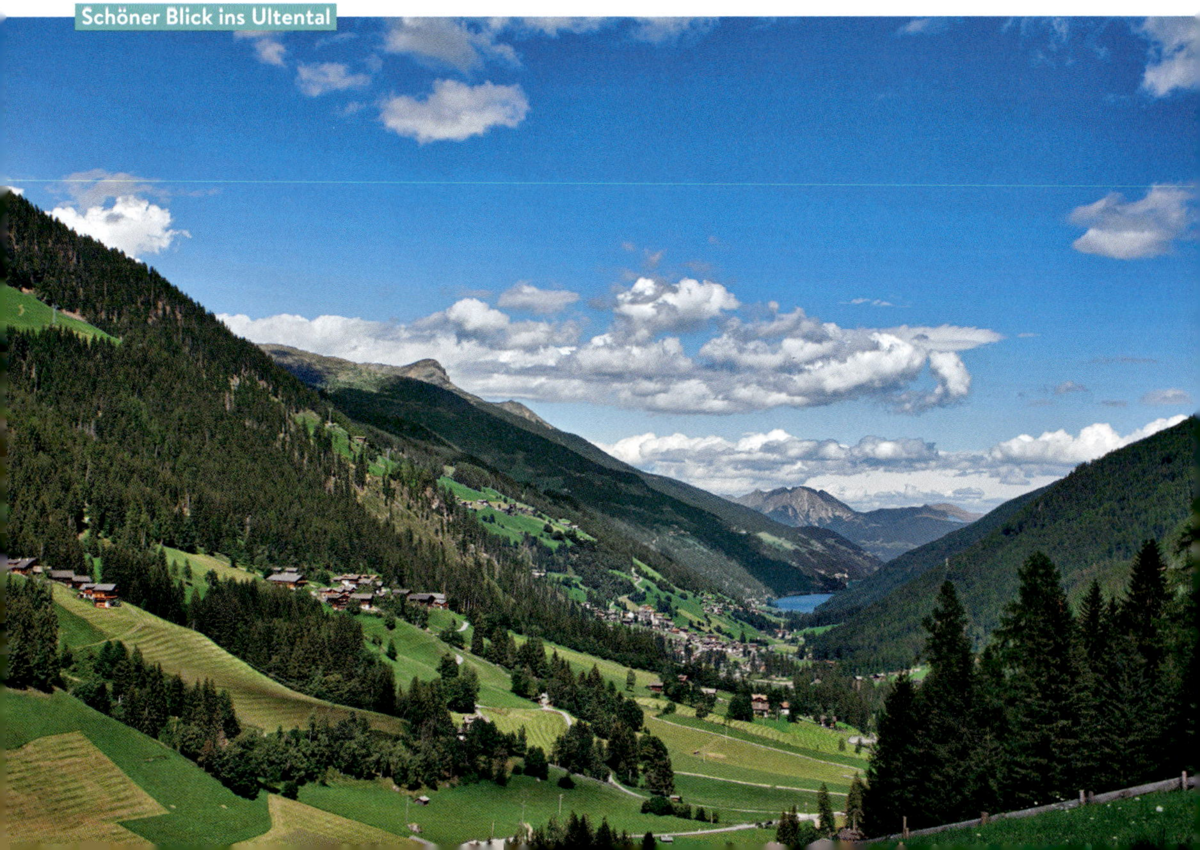
Schöner Blick ins Ultental

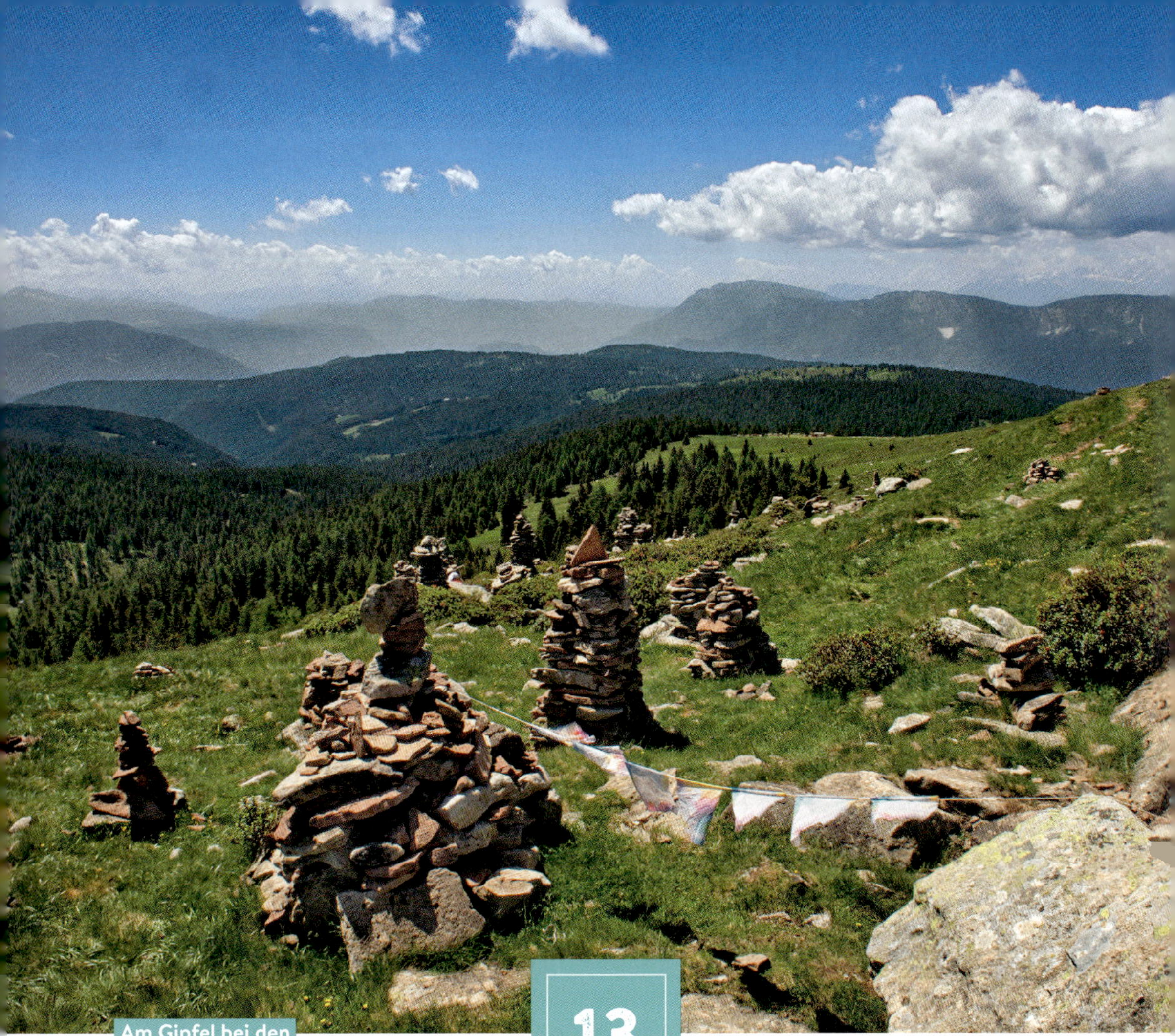

Am Gipfel bei den Stoanernen Mandln

13

Zu den Stoanernen Mandln

Bei Nebel geheimnisvoll

Am Gipfelplateau des Schönecks stehen über 100 »Stoamandln«. Dieser sagenumwobene Ort ist ein wahrer Kraftort mit einer grandiosen Aussicht auf die Umgebung. Viele Sagen begleiten den Ort.

STOANERNE MANDL Diese Wanderung führt zu der Ansammlung von über 100 Steinmännern auf dem Gipfel des Schönecks. Gemäß alter Gerichtsprotokolle sollen zwischen den Stoanernen Mandln Hexentänze und Teufelsfeiern veranstaltet worden sein. Funde von Felsgravuren und Werkzeugen stützen die Theorie, dass sogar die Kelten den Ort schon genutzt haben. Man spürt regelrecht etwas von dem mystischen Zauber, den dieser Ort ausstrahlt. Aber auch die Aussicht ist wirklich wunderschön. Wir wählen für diese Wanderung den längeren Zuweg von Vöran. Es gibt auch kürzere Optionen aus dem Sarntal von der Sarner Skihütte.

Tipp

KNOTTNKINO

Oberhalb von Vöran befindet sich das Knottnkino auf dem Rotensteinkogel. Ein traumhafter Panoramaplatz. Der Aussichtspunkt wurde mit Stühlen ausgestattet, sodass man wie im Kino sitzt und die traumhafte Bergwelt genießen kann. Ein besonderes Erlebnis ist es, den Sonnenuntergang von hier oben zu bewundern. Der Anstieg vom Parkplatz ist einfach und kurz, sodass man sich das Erlebnis als gemütlichen Abendspaziergang aufheben kann.

BEGINN IN VÖRAN Wir starten in **A Vöran** in der Ortsmitte und folgen der Markierung Nr. 16 zur Hauptstraße, die von Hafling kommt. Diese überqueren wir und gehen gleich wieder nach links. Wir passieren den Oberwirt und folgen einem Weg, der uns nach rechts zurück zur Straße bringt. Entlang dieser gehen wir in nördlicher Richtung zum **1 Gasthaus Grüner Baum**. Wir biegen nach links von der Straße ab und folgen der Markierung Nr. 16. Eine lange Forststraße führt durch den Wald aufwärts bis zur Brugger Lacke, einem kleinen Naturbiotop. Unweit von hier befindet sich

Die Brugger Lacke

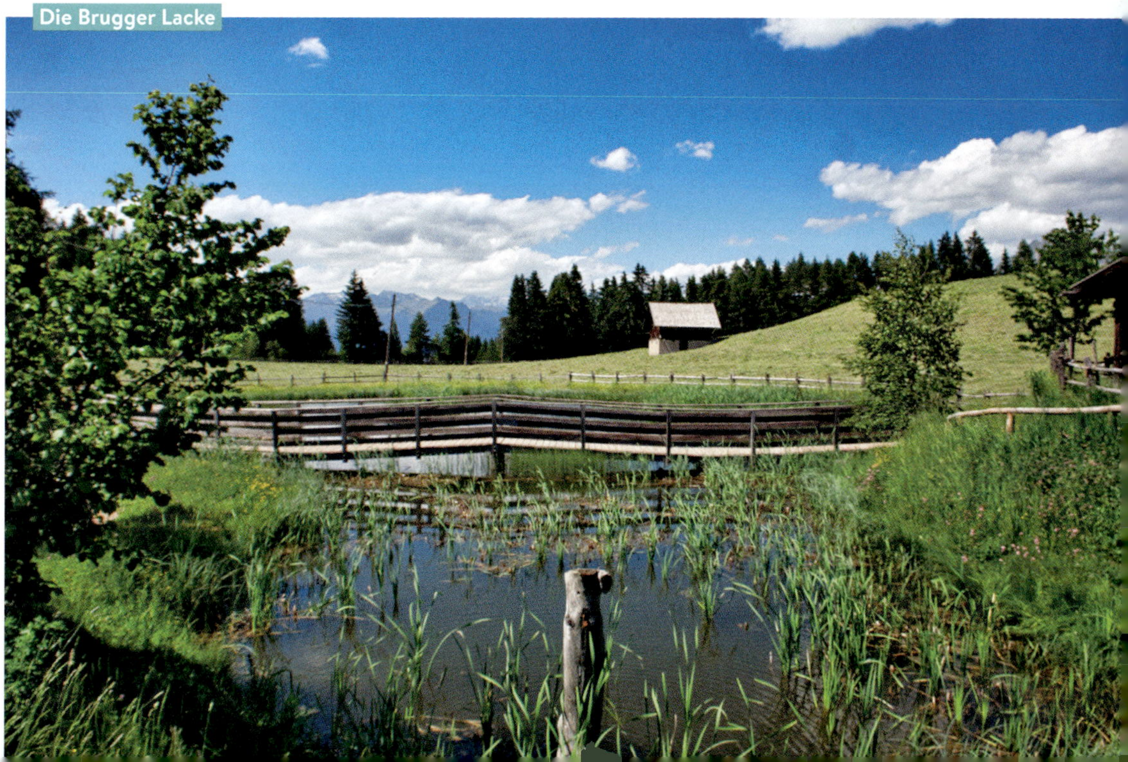

auch die **2 Leander Alm**, in der wir eine kleine Pause einlegen können.

WEITER ÜBER DAS AUENER JOCH Ab der Alm folgen wir weiter dem Weg Nr. 11, der durch den kühlen Wald gemütlich aufwärtsführt. An einer Wegkreuzung achten wir darauf, dass wir nach rechts abbiegen und weiter der Markierung Nr. 11 bis zum **3 Auener Joch** folgen. Hier haben wir bereits den Wald hinter uns gelassen, das Gelände weitet sich, und wir blicken auf die Berge der Umgebung. Auch zu den Stoanernen Mandln können wir hinaufblicken. Wir gehen wieder nach rechts und folgen dem Steig Nr. 11, der uns an den etwas steileren Gipfelaufbau heranbringt. Ohne besondere Schwierigkeiten steigen wir hinauf zum großen **4 Gipfelkreuz** und den vielen mystischen Steinmännern. Gemütlich setzen wir uns dazwischen und genießen eine grandiose Aussicht auf die umliegende Bergwelt.

ZURÜCK NACH VÖRAN Nach der Gipfelpause steigen wir ziemlich direkt nach Süden ab. Unser erstes Ziel ist der **5 Möltner Kaser**, in dem wir uns eine Einkehr gönnen. Diese haben wir uns nach der langen Wanderung verdient. Nach der Pause folgen wir kurz dem Forstweg, biegen dann aber bald nach rechts ab (Weg Nr. 15). Der Steig bringt uns bergab zu einem Bach, den wir überqueren. Auf der anderen Talseite folgen wir einem Forstweg, der uns bis kurz vor den Anstiegsweg bringt. Vorher biegen wir aber nach links ab und folgen einem Steig bis zum Gasthof Waldbichl. Die Markierung bringt uns zurück zum Anstiegsweg, dem wir bis zur Ortsmitte von **E Vöran** folgen.

Viele Stoamandln stehen am Gipfel.

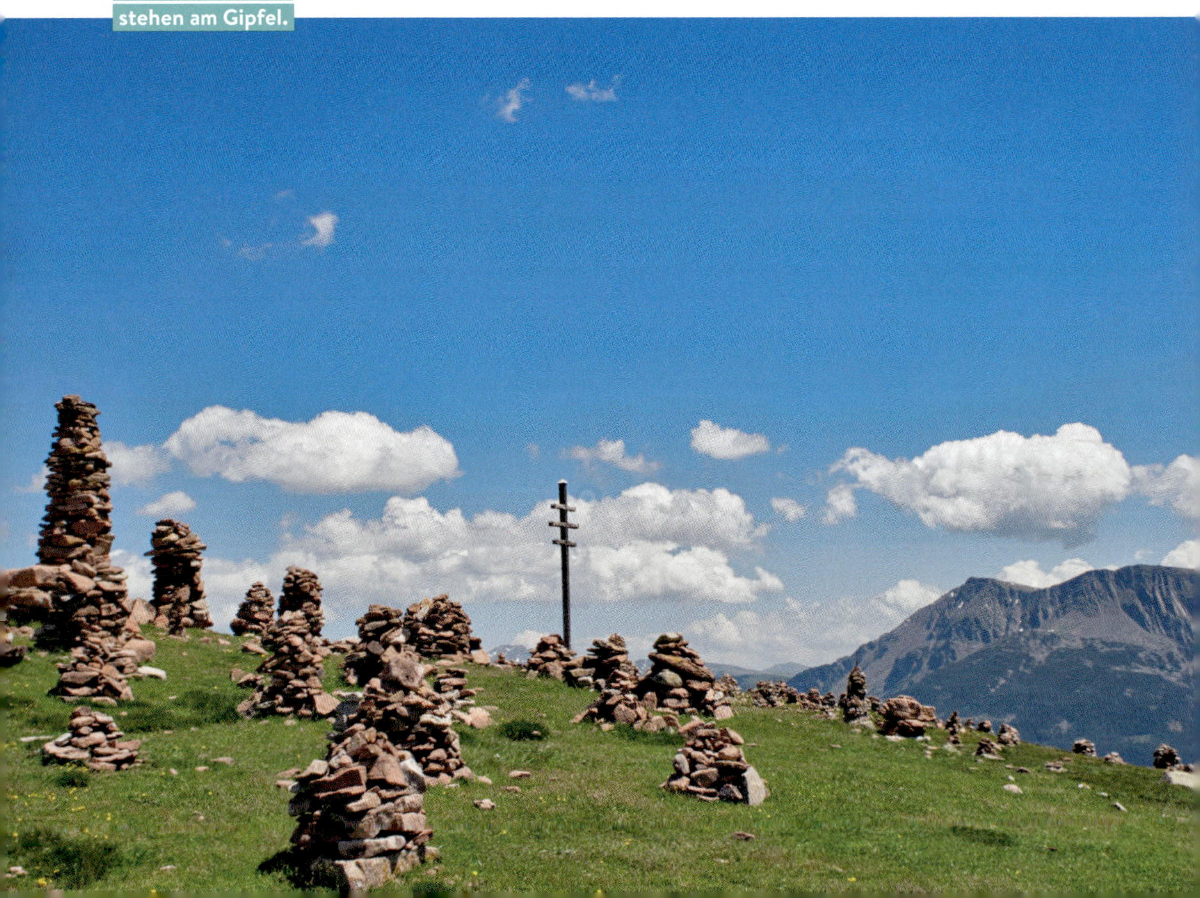

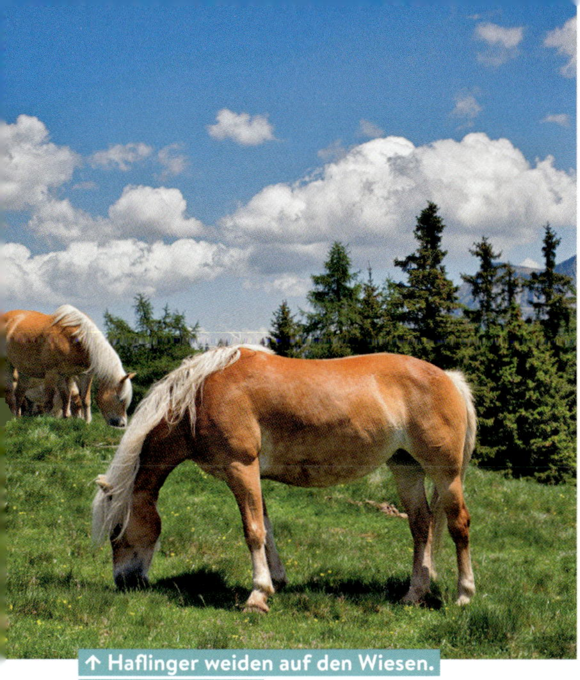

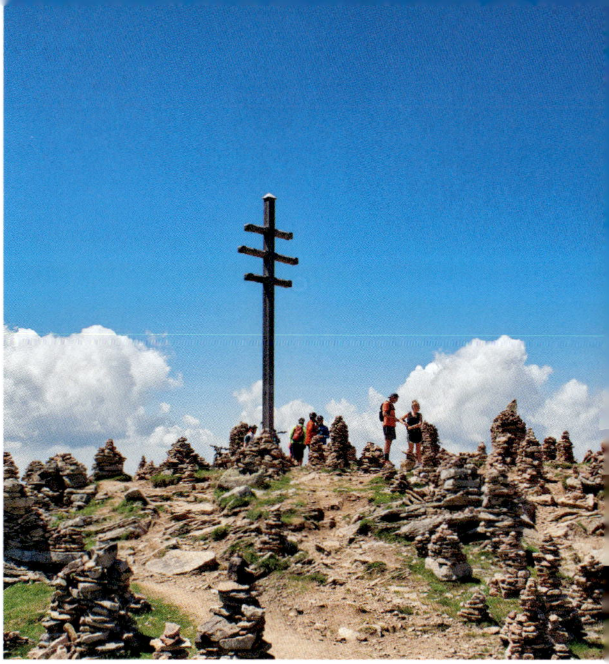

↑ Haflinger weiden auf den Wiesen.
↗ Am Gipfelkreuz

INFO

AUSGANGS-/ ENDPUNKT
Ortsmitte von Vöran

GPS
46.60514, 11.22606

TOURENCHARAKTER
Gute, einfache Wanderwege ohne größere Probleme. Auf- und Abstieg zur Burg kurz etwas steiler

ANFAHRT
ÖPNV: Mit dem Zug nach Meran und weiter mit dem Bus über Hafling nach Vöran. Pkw: Über Bozen nach Meran und weiter über Hafling nach Vöran. Alternativ besteht auch die Möglichkeit, die Seilbahn von Burgstall zu benutzen.

EINKEHR
Leadner Alm, Tel. +39 0473 27 81 36, www.leadner-alm.com, warme Küche bis 17 Uhr; Möltner Kaser, Tel. +39 349 124 37 20, www.moeltner-kaser.com, im Sommer bewirtschaftet

mittel | **7 Std.** | **20,2 km** | **840 hm**

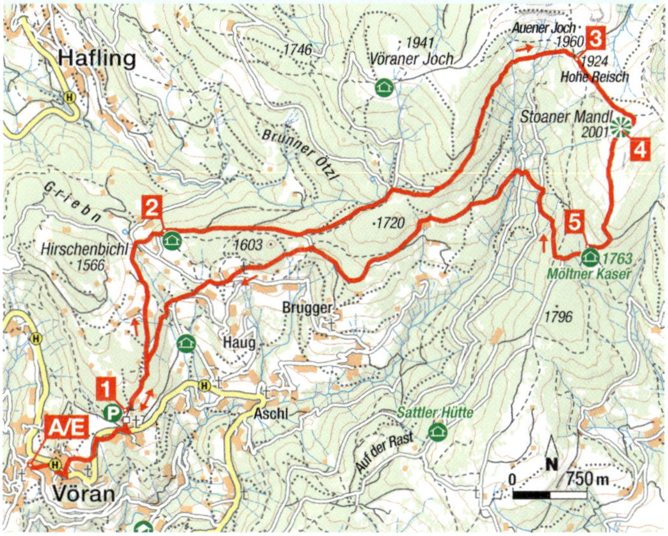

INFO
www.merano-suedtirol.it/voeran

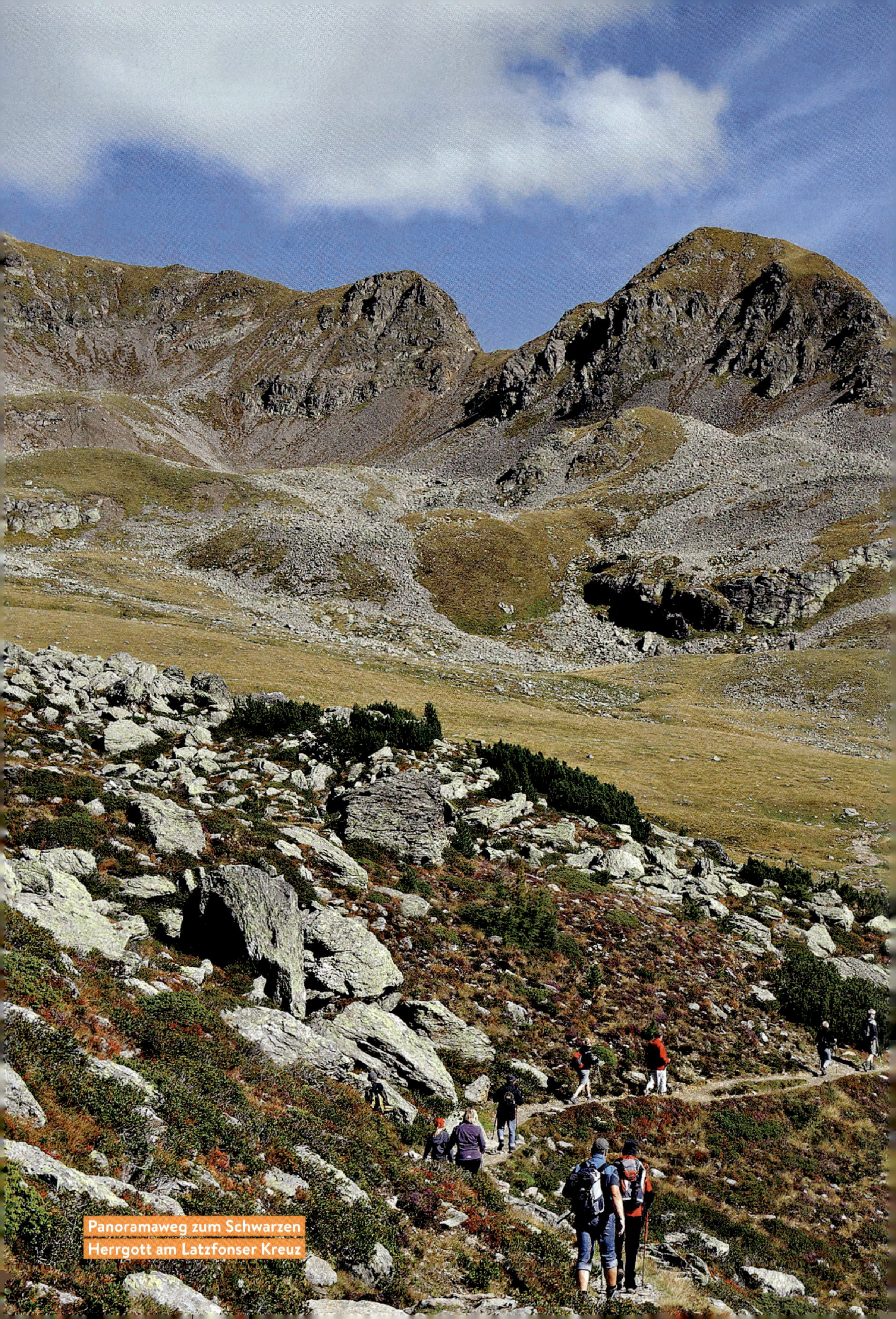

Panoramaweg zum Schwarzen Herrgott am Latzfonser Kreuz

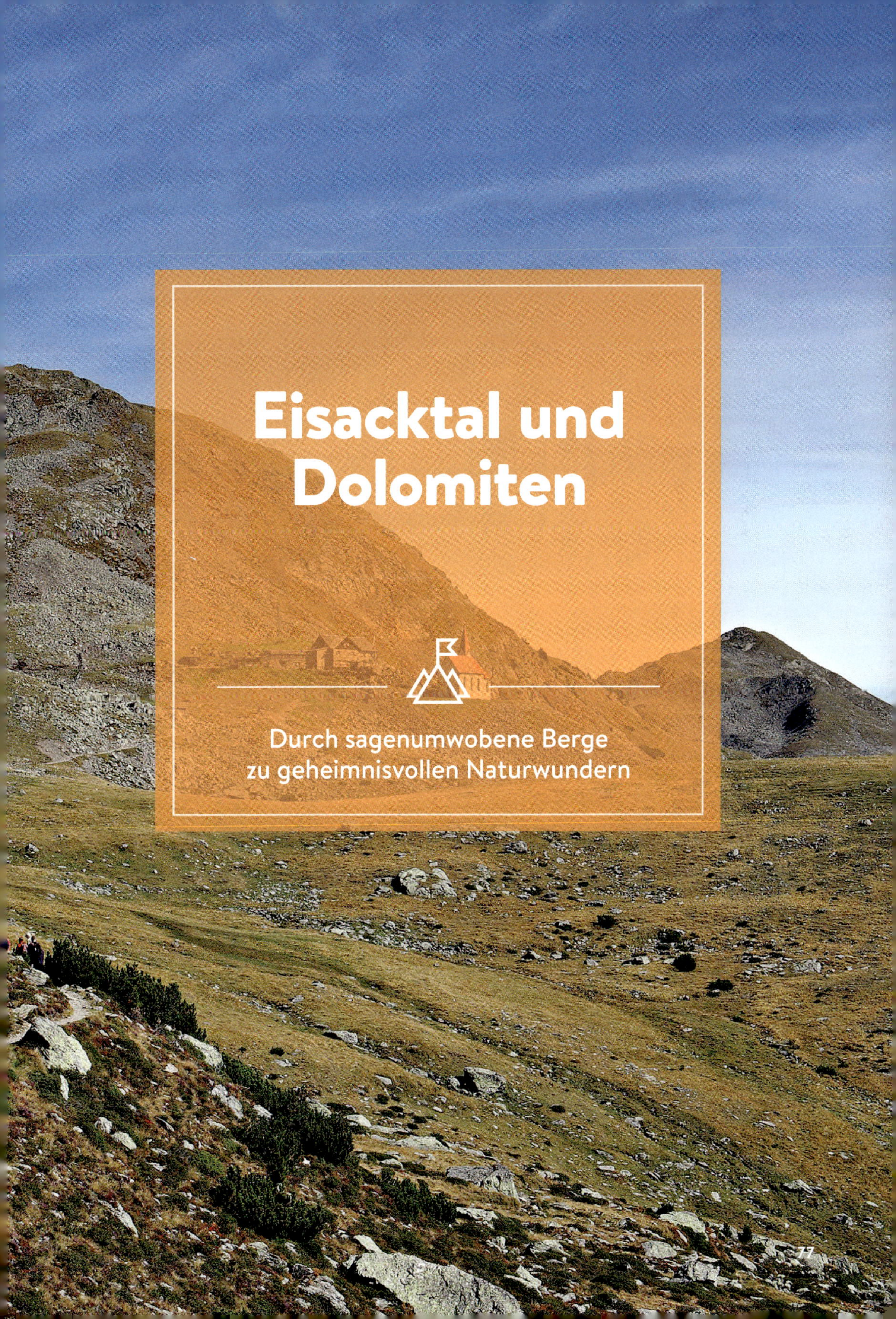

Eisacktal und Dolomiten

Durch sagenumwobene Berge
zu geheimnisvollen Naturwundern

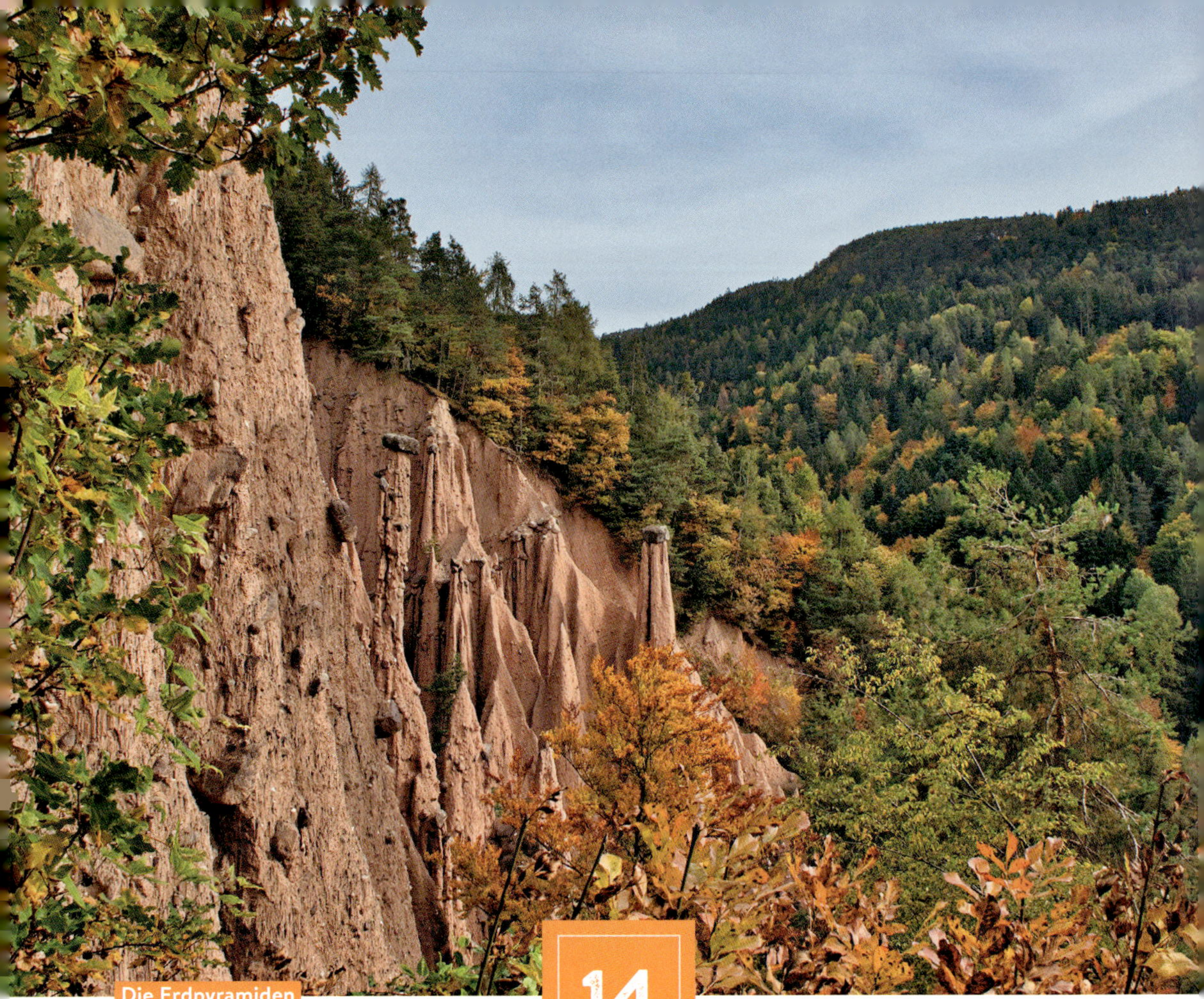

Die Erdpyramiden

Aus einer anderen Welt

Die Erdpyramiden von Oberbozen

Das Material, aus dem Erdpyramiden sind, ist teilweise bis zu 25 000 Jahre alt. Geheimnisvoll sehen sie aus, die steilen Kegel mit ihren Decksteinen. Am Rittner gibt es mehrere Erdpyramiden. Wir unternehmen eine schöne gemütliche Rundtour bei Oberbozen.

ZU BEGINN GLEICH ABWÄRTS Von der **A Bergstation der Seilbahn in Oberbozen** folgen wir der Markierung Nr. 23. Das Sträßchen bringt uns bergab in den Wald. Aus der Straße wird ein Weg, der durch den Wald weiter bergab führt. An einer Wegteilung gehen wir nach rechts und erreichen bald eine Wiese. Am Zaun schickt uns ein Wegweiser nach links in Richtung Erdpyramiden. Wir gelangen zu einem **1 Aussichtspunkt direkt über den Erdpyramiden**. Sie bestehen aus aufgeschüttetem Lehm und einem darüber liegenden Felsbrocken. Bei Trockenheit ist der Boden steinhart, regnet es aber, wandelt sich dieser schnell in einen Brei um, der regelrecht weggespült wird. Liegt an einer Stelle aber ein Felsbrocken, so ist dieser Bereich vor Regen geschützt und bleibt als Erdpyramide stehen.

WEITERE ERDPYRAMIDEN Von diesem Naturwunder gehen wir am Hinweg ein Stück zurück, bis wir wieder auf den Hauptweg treffen. Auf diesem gehen wir nach links und tauchen gleich wieder in den Wald ein. Diesen durchqueren wir und kommen wieder zu einer Straße, die am **2 Hofschank Moarhof** vorbeiführt. Hier gibt es eine erste Einkehrmöglichkeit. Wir folgen der linken Straße bergab, bis uns ein weiteres Schild zu Erdpyramiden schickt. Steil gehen wir hinunter zum Wald und besuchen noch einmal eindrucksvolle **3 Naturwunder**.

Tipp

TRINKGENUSS IM PARKHOTEL HOLZNER

Das Parkhotel Holzner mit seiner Einrichtung im Jugendstil stammt aus dem letzten Jahrhundert. Im Hotel selbst kann man Südtirols edelste Weintropfen genießen. Seit Jahren setzt das Hotel einen besonderen Fokus auf die Verbesserung seiner Weinkarte. Belohnung war die Auszeichnung mit dem Weinkulturpreis des Landes Südtirol.

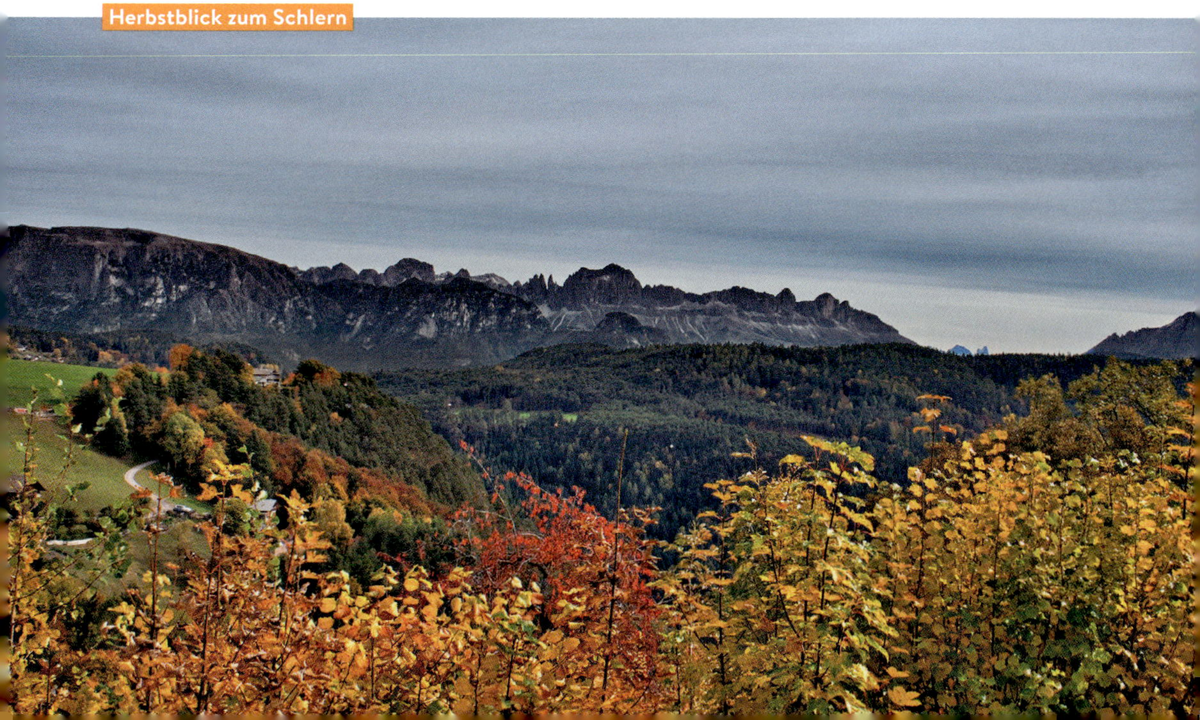
Herbstblick zum Schlern

KIRCHEN UND EINKEHR Nach der Besichtigung der Erdpyramiden steigen wir wieder steil hinauf zur Straße. Auf der gegenüberliegenden Seite beginnt der Steig in Richtung Oberbozen. Durch den Wald steigen wir steil hinauf bis zu einer Straße. Auf dieser gehen wir nach rechts, bis unterhalb der **4 Kirche St. Georg und St. Jakob**. Nach rechts gehen wir in wenigen Minuten hinauf zur alten Kirche. Auf der Wiese um die Kirche befinden sich einige Sitzbänke, die zur Rast einladen. Vor allem die Fresken aus dem 13. Jahrhundert in der Kirche sind bedeutend. Nach dem Besuch der Kirche gehen wir ein Stück zurück und folgen dem Steig in Richtung Oberbozen. Durch den Wald erreichen wir eine weitere Straße, die wir überqueren. Bald verlassen wir den Wald und wandern über freie Wiesen hinauf zu den Gleisen der Bahn von Oberbozen. 1907 wurde die Bahn zwischen Bozen und dem Ritten erbaut. Heute ersetzt eine Seilbahn die Zahnradbahn von Bozen. Zwischen der Kirche Maria Himmelfahrt und Klobenstein fährt die Schmalspurbahn aber noch heute. Wir überqueren die Gleise und gehen nach links zur Kirche Maria Himmelfahrt. Von hier gehen wir zum nahen **5 Gasthof Schluff**, in dem wir einkehren.

ZURÜCK NACH OBERBOZEN Nach der Einkehr folgen wir dem Weg Nr. 14A durch den schönen Wald bis zu den Gleisen. Entlang der Gleise, vorbei an einer weiteren Kirche, erreichen wir schließlich unseren Ausgangspunkt, die **E Bergstation der Seilbahn in Oberbozen**.

Durch den Wald gehen wir zu den Erdpyramiden.

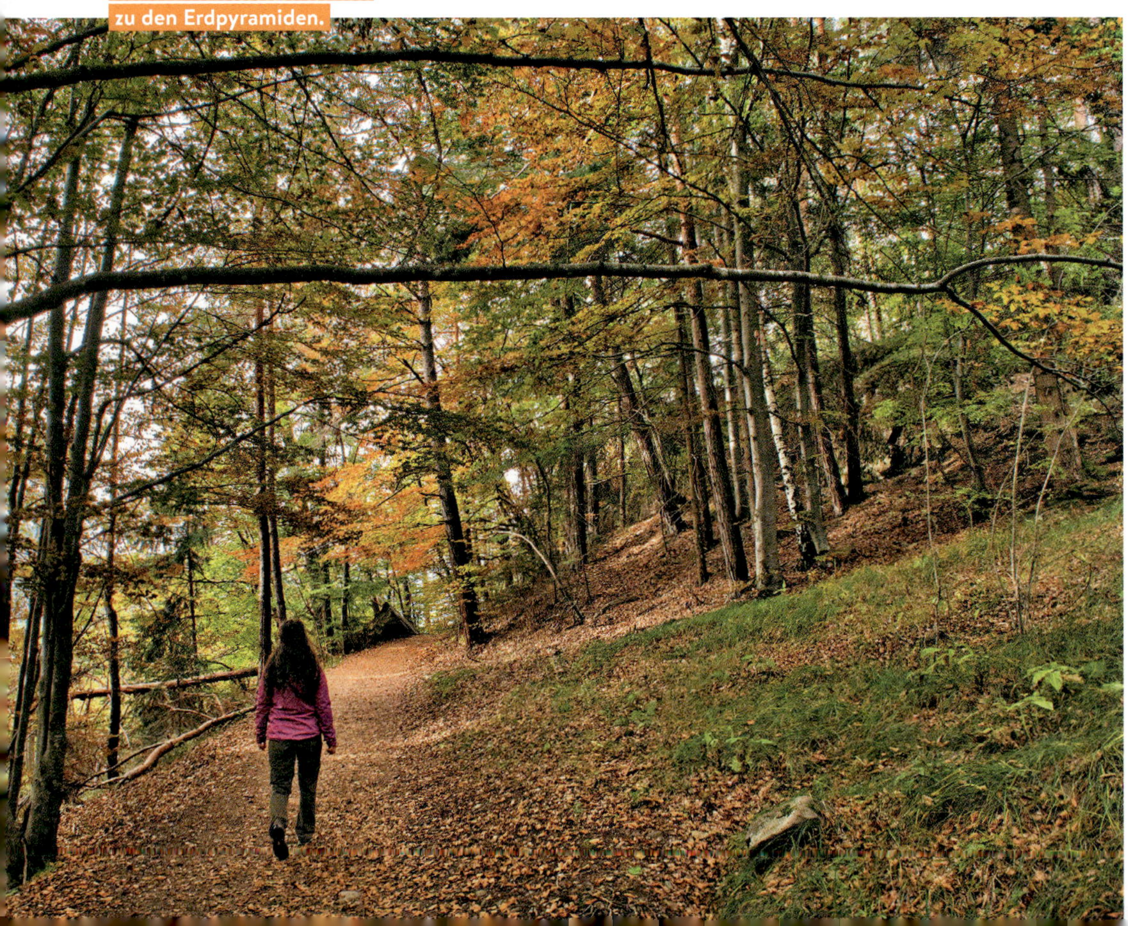

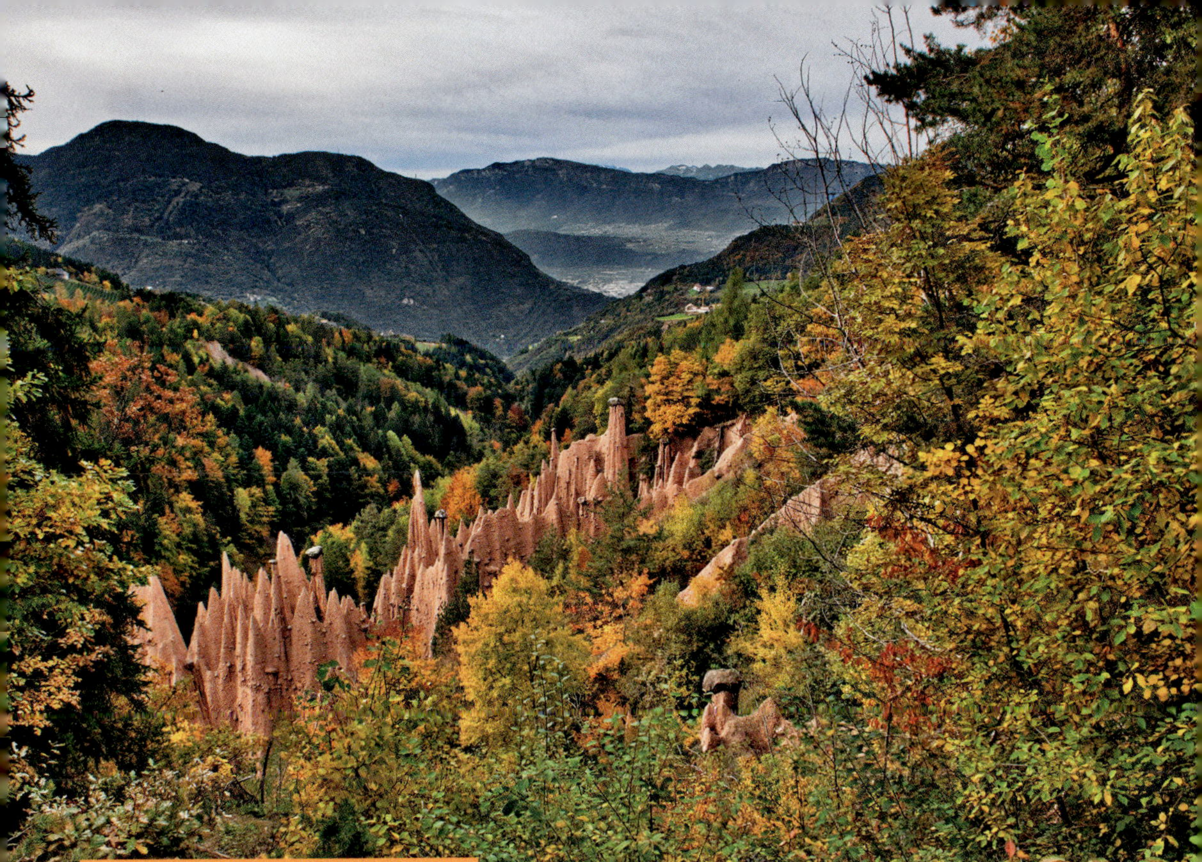

Herbstlicher Blick zu den Erdpyramiden

INFO

AUSGANGS-/ENDPUNKT
Oberbozen, Bergstation Seilbahn

GPS
46.52803, 11.405447

TOURENCHARAKTER
Gute, einfache Wanderwege ohne größere Probleme. Etwas steilerer Weg zu den zweiten Erdpyramiden

ANFAHRT
ÖPNV: Mit dem Zug nach Bozen und mit dem Bus oder der Seilbahn nach Oberbozen. Pkw: Nach Bozen und weiter auf den Ritten bis Oberbozen

EINKEHR
Einkehrmöglichkeiten in Oberbozen. Man kommt direkt am Gasthof Schluff vorbei.

INFO
www.ritten.com

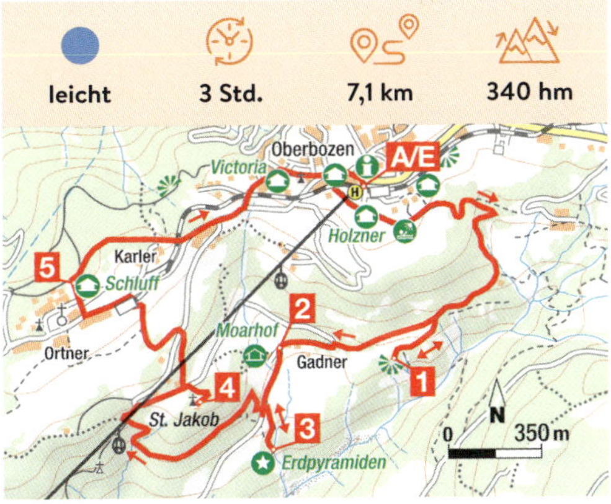

Weite und Aussicht auf der Villanderer Alm

Zum Totenkirchlein

Die Villanderer Alm ist eine weite Hochebene, die sich zwischen dem Ritten und der Latzfonser Alm erstreckt. Die Aussicht nach Osten auf die Dolomitengipfel ist schlichtweg unbeschreiblich. Auch wenn sie durch das Eisacktal von uns getrennt sind, meint man mittendrin zu stecken. Mit der unglaublichen Weite der Almfläche, einem Kirchlein und, wer möchte, sogar einem Bergsee avanciert diese Wanderung zu einer unserer Lieblingstouren.

Das Totenkirchlein ist die Grenze zwischen dem Sarntal und dem Eisacktal.

15

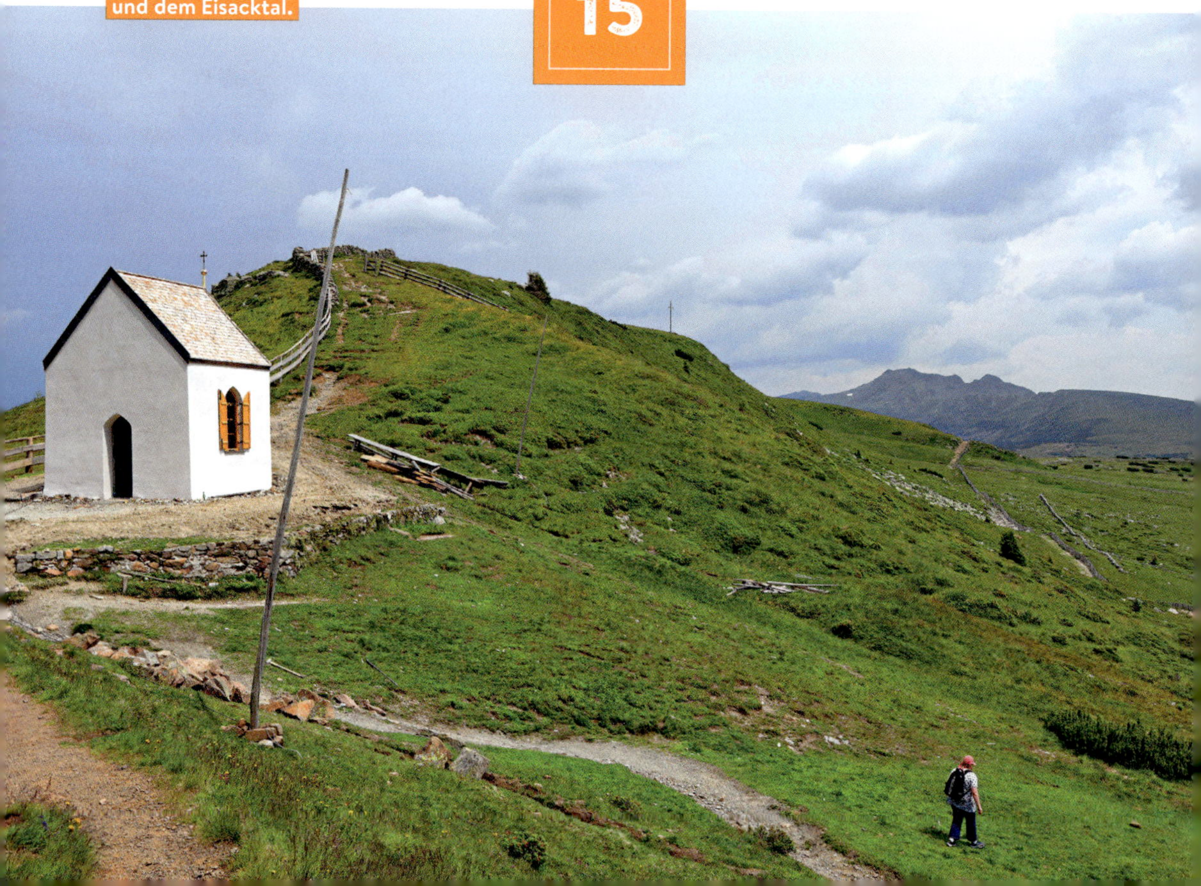

WAS FÜR EINE FLÄCHE Nach der Seiser Alm ist die Villanderer Alm die zweitgrößte Hochalm Südtirols. Hier wachsen kaum hohe Bäume, eher eine einzige weite, sonnige Almfläche, auf der vereinzelt ein paar Latschen Akzente setzen. Dazwischen liegen kleinere Hochmoore und der eine oder andere Bergsee. Auffällig sind die vielen Almhütten, die jedoch nicht mehr alle betrieben werden. Trotzdem sehen wir junge Kühe, Kälber, Schafe und auch Pferde, die zur Sommerfrische auf den Berg gebracht werden. Am höchsten Punkt der Wanderung treffen wir auf das Totenkirchlein, eine alte Pilgerstätte. Es markiert den historischen Übergang zwischen dem Eisacktal und dem Sarntal. Dabei findet sich hier kein Friedhof, wie vielleicht der Name vermuten lässt. Die Bezeichnung ist eher auf die karge, steinige, ertraglose und damit fast tote Landschaft zurückzuführen, von der die Kapelle umgeben ist.

ZUM MOAR IN PLUN Wir starten vom **A Berggasthof Gasserhütte**, wo wir als Erstes einmal einen Blick auf den Speichersee hinter dem Haus werfen. Dann geht es los und wir folgen der Beschilderung »Nr. 6« leicht ansteigend zu einer ersten kleinen Moorfläche. Bereits hier müssen wir uns immer mal umdrehen, denn die schönste Aussicht liegt hinter unserem Rücken. An einem auffälligen Stein können wir rechts einen kleinen Kringel über die **1 Almhütte »Am Rinderplatz«** drehen oder links haltend die kleine Almstraße ansteuern, der wir nach rechts folgen. So passieren wir mit etwas Abstand den **2 Berggasthof »Moar in Plun«**, den wir uns für den Rückweg zur Einkehr vormerken können.

WEITES LAND, WEITE AUSSICHT 250 Meter nach dem Moar in Plun halten wir uns links in Richtung Totenkirchlein. Im weiteren Verlauf teilt sich der Weg nochmals und

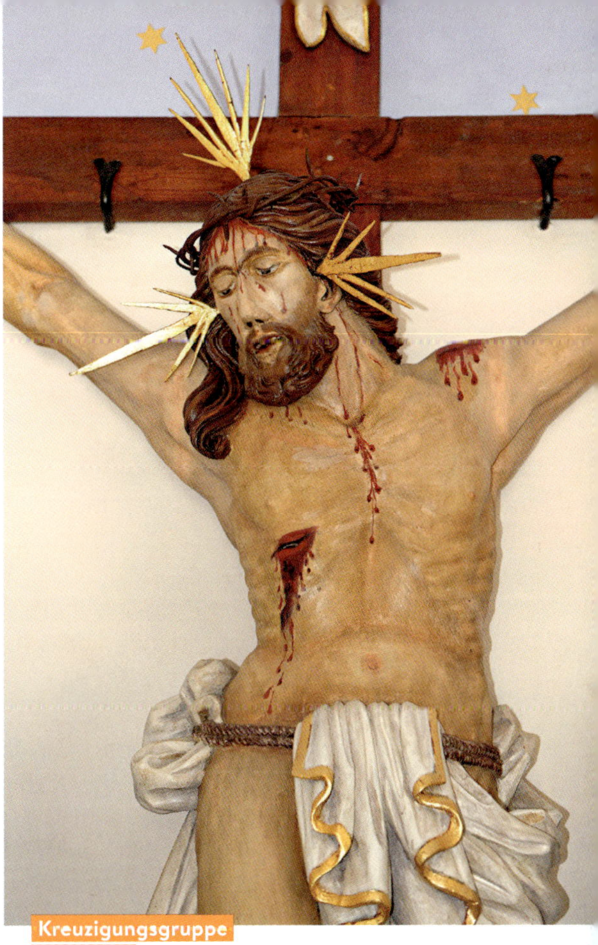

Kreuzigungsgruppe am Berge

Tipp

VILLANDERS

Der Ort mit seinen schönen Ansitzen kann auf eine lange Geschichte zurückblicken. Er war bereits zu vorgeschichtlicher Zeit besiedelt, aber auch die Römer und die Menschen des frühen Mittelalters schätzten die tolle Lage auf der sonnigen Seite, erhöht über dem Eisacktal. Im Archeoparc Villanders kann man die Reste dieser Zeitepochen ansehen (Ende Juni–Anf. Nov. Fr 20.30–22.00 Uhr), perfekt für einen Besuch nach der Wanderung.

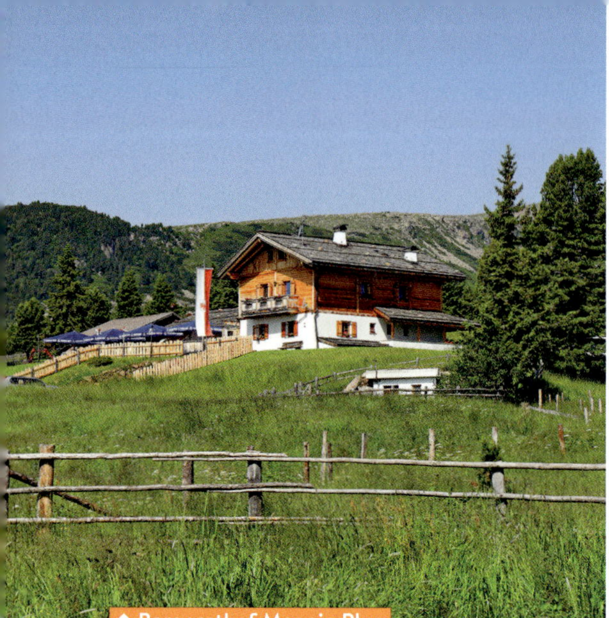

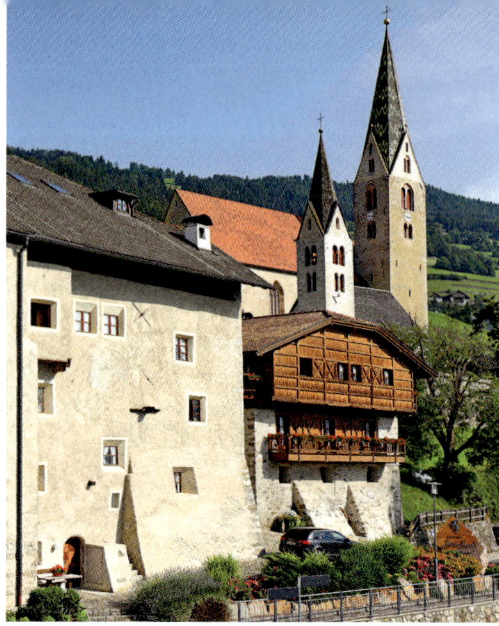

↑ Berggasthof Moar in Plun
↗ Das Dorf Villanders liegt hoch über dem Eisacktal.

wieder gehen wir links. Kein Schatten weit und breit, dafür üppig grüne Almwiesen, die gerade im Frühjahr wunderschön blühen. Dann taucht vor uns an der Bergkuppe schon das Totenkirchlein auf. Das letzte Stück dort hinauf geht es etwas steiler über ein paar Stufen. Stärken könnten wir uns zuvor in der Pfroderalm, die direkt zu Füßen der 3 **Bergkirche** liegt.

TOTENKIRCHLEIN Oben ist der beste Platz für eine mitgebrachte Brotzeit. Die 360-Grad-Sicht ist umwerfend schön. Östlich von uns liegen die Dolomiten mit ihren unzähligen felsigen Bergspitzen, während sich in westlicher Richtung das Sarntal mit seinen Gipfeln öffnet. Im steinigen Talkessel liegen ein paar Seen, darunter der Totensee, ein Bergsee mit glitzerndem Wasser, zu dem man gut mit einem Abstecher hinuntersteigen kann. Mit etwas Glück sind Murmeltiere zu entdecken, ihre schrillen Warnpfiffe sind nicht zu überhören. Nach einer ausgiebigen Rast müssen wir uns entscheiden. Genug gewandert? Dann geht es auf dem gleichen Weg zurück. Er führt nur noch bergab.

ÜBER DEN TOTENRÜCKEN Schöner ist es aber, die Wanderung als Rundweg zu vollenden. So steigen wir am Kirchleich rechts entlang der Klaubsteinmauer weiter bergauf. Diese Mauern wurden mühsam von Almbauern errichtet. Sie zeigen die Grenzen zwischen den einzelnen Grundstücken auf. Aber jeder aufgeklaubte Stein bedeutete auch eine Handvoll Gras mehr für die Kühe. Am Gipfelkreuz haben wir den höchsten Punkt der Wanderung erreicht. Wir stehen auf dem 4 **Totenrücken**. Weiter folgen wir einfach dem Wanderweg 16 in nördlicher Richtung. Es geht bergab und wir stoßen am 5 **Prackfiedererjöchl** auf einen breiteren Almenweg. Diesem folgen wir nach rechts und wandern nun parallel zu unserem Aufstiegsweg, der etwas südlicher verläuft. An den größeren Abzweigungen halten wir uns immer rechts. Wir passieren die Marzurner Schupfe und treffen dann in der Nähe des Moar in Plun wieder auf unseren Aufstiegsweg. Nun ist es nicht mehr weit, und wir sind zurück an der E **Gasserhütte**, wo wir den Nachmittag gemütlich ausklingen lassen können.

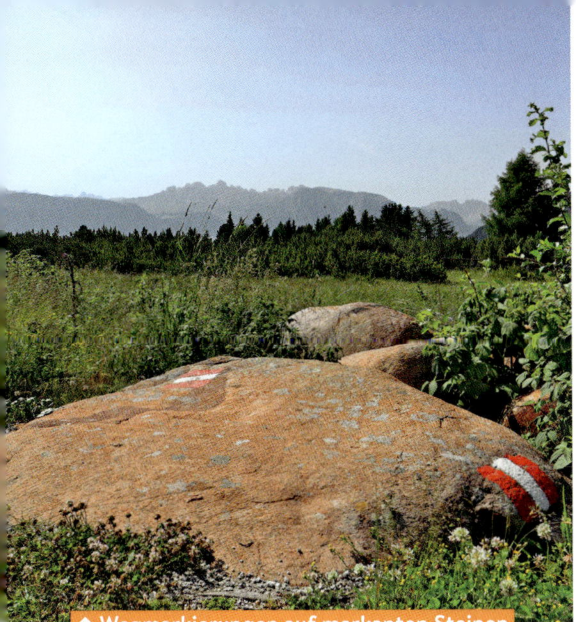

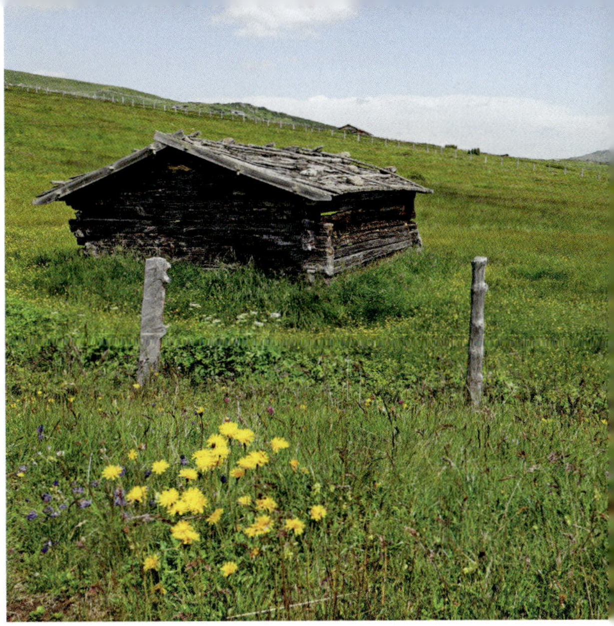

↑ Wegmarkierungen auf markanten Steinen
↗ Auf der Villander Alm

INFO

AUSGANGS-/ENDPUNKT
Gasserhütte oberhalb von Villanders

GPS
46.641336, 11.490150

TOURENCHARAKTER
Technisch sehr einfache, aber längere Wanderung. Verläuft meist auf breiten Almwegen ohne starke Steigungen. Die Tour lässt sich auch abkürzen.

ANFAHRT
ÖPNV: Mit der Bahn bis Klausen, weiter mit dem Bus bis Villanders und weiter zur Gasserhütte. Pkw: Von der A22, der Brennerautobahn, Ausfahrt Klausen, auf der S12 links durch Klausen, dann rechts hinauf nach Villanders. Am Ortsende links weiter lange bergauf bis zur Gasserhütte mit dem großen gebührenpflichtigen Parkplatz

mittel | 3.30 Std. | 12 km | 450 hm

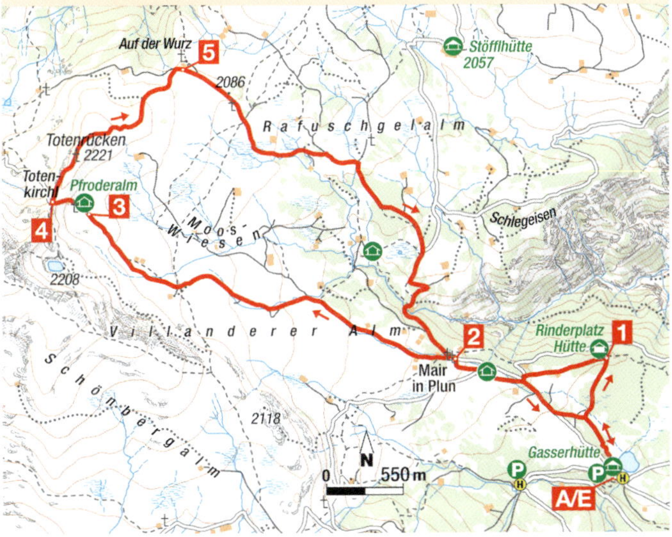

EINKEHR
Die Gasserhütte bietet sich am Ende der Tour an. Unterwegs liegen der Gasthof Moar in Plun und die Pfroderalm auf der Strecke.

INFO
www.klausen.it

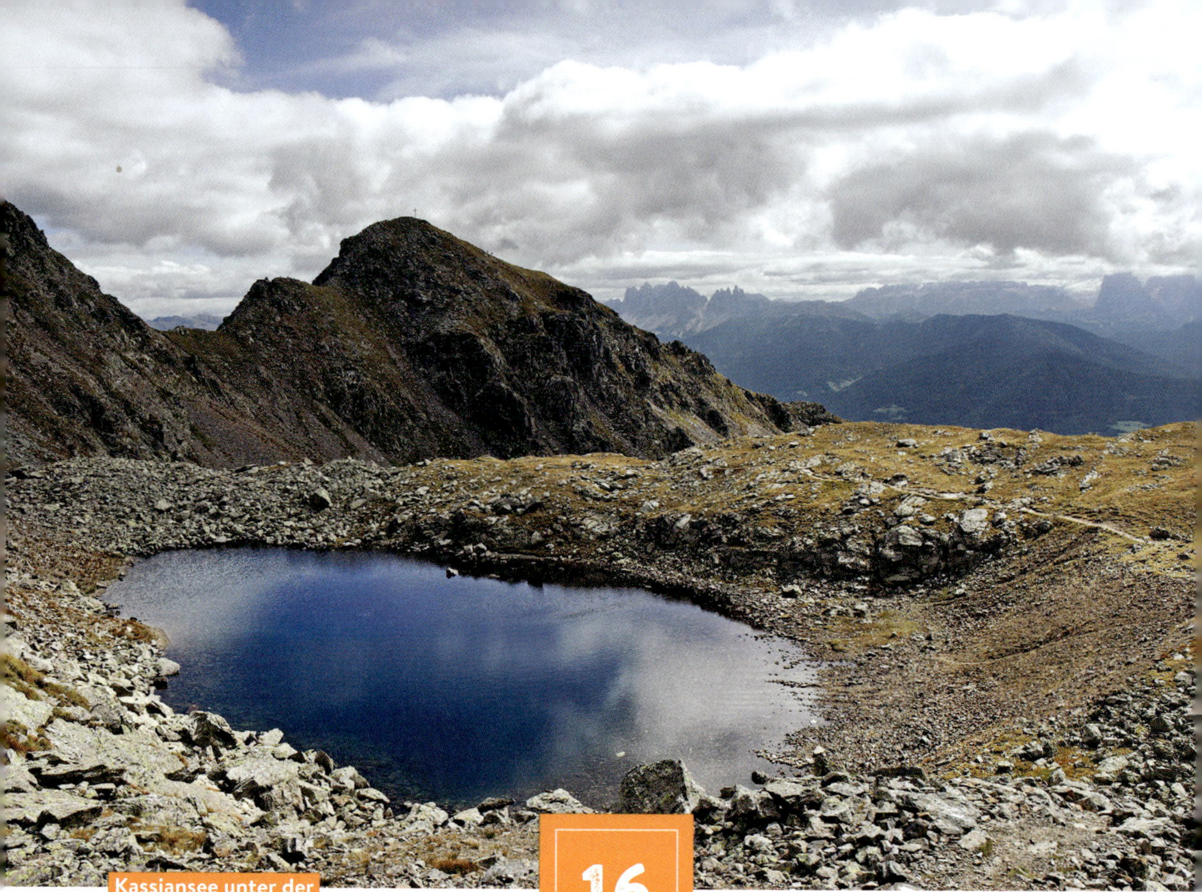

Kassiansee unter der Kassiansspitze

16

Latzfonser Kreuz und Kassianspitze

Zur höchsten Pilgerstätte Südtirols

Dreimal soll der Schwarze Herrgott mit seinem Standort am Berg nicht einverstanden gewesen sein. Jedes Mal schüttelte sich der Kopf der Holzskulptur und zeigt seinen Unmut über den Platz. Erst ganz oben unter dem Gipfel der Kassianspitze blieb das Kreuz still und so fand man den richtigen Platz für eine Kapelle. Ein fantastischer Ort, der bis heute Pilger anzieht und sei es auch nur, weil man dem Himmel dort ein Stück näher ist.

ES BEGANN MIT EINEM KREUZ Das Kirchlein am Latzfonser Kreuz ist eine Wallfahrtskirche. Die Wallfahrt entstand um 1700, als drei Sommer lang jeweils Unwetter die Ernte unten im Tal völlig zerstörten. Gott schien die Latzfonser vergessen zu haben oder, wie der Dorfpfarrer vermutete, die Latzfonser hatten irgendwo ein Christusbild übersehen und vernachlässigt. Er ließ danach suchen und man fand wirklich im hintersten Winkel der Totenkapelle ein vergessenes Kreuz. So alt, dass sogar Christus völlig schwarz darauf war. Dieses vergessene Kreuz schleppten die Latzfonser hoch auf den Berg, um den Himmel gnädig zu stimmen und um den Segen für das Land zu erbitten. Bis heute wird das Kreuz, im Gedenken an die erste Aufstellung, alljährlich im Juni in einer Prozession vom Dorf Latzfons hierhergebracht und im Winter darf der Schwarze Herrgott wieder ins Tal.

ABENTEUER-PARKPLATZ KASERECK Die Auffahrt zum A **Wanderparkplatz Kasereck** gleicht schon einem ersten Abenteuer, aber aus dem Eisacktal spart uns das fast 1400 Höhenmeter Aufstieg. So dürfen wir relativ entspannt starten und folgen dem Weg mit der Beschilderung »Nr. 15 Latzfonser Kreuz« bergauf in nördlicher Richtung. Anfangs geht es noch kurz durch einen Wald, aber dieser endet bald an der Baumgrenze. Es wird etwas flacher, und unser Almweg windet sich über weite, grasbewachsene Flächen in einem leichten Bogen aufwärts. Nach insgesamt einer knappen Stunde stoßen wir auf den europäischen 1 **Fernwanderweg E10**, dem wir nach rechts folgen. Schon hier ist die Aussicht über das Eisacktal nach Osten auf die gewaltige Bergkette der Dolomiten grandios.

AM KESSELBILD Nach wenigen Minuten auf dem E10-Weg erreichen wir ein kleines Wegkreuz, das Kesselbild. Es soll eine der Stellen gewesen sein, die dem »Schwarzen

Tipp

WALLFAHRTEN UND BITTGÄNGE

Am vorletzten Samstag im Juni wird das Kreuz bei einem Bittgang vom Dorf Latzfons zur Kirche auf den Berg getragen. Dabei wird jedoch meist der Weg ab dem Parkplatz Kühhof gewählt, der dann in einen Kreuzweg mündet. Aber auch unter dem Jahr finden viele Bittprozessionen und Messfeiern im kleinen Gotteshaus statt. Vor allem am Sonntag rund um den 22. Juli, dem Magdalena-Tag, wird jedes Jahr der Kirchtag ganz groß gefeiert.

Die Kirche am Latzfonser Kreuz vor den Dolomiten

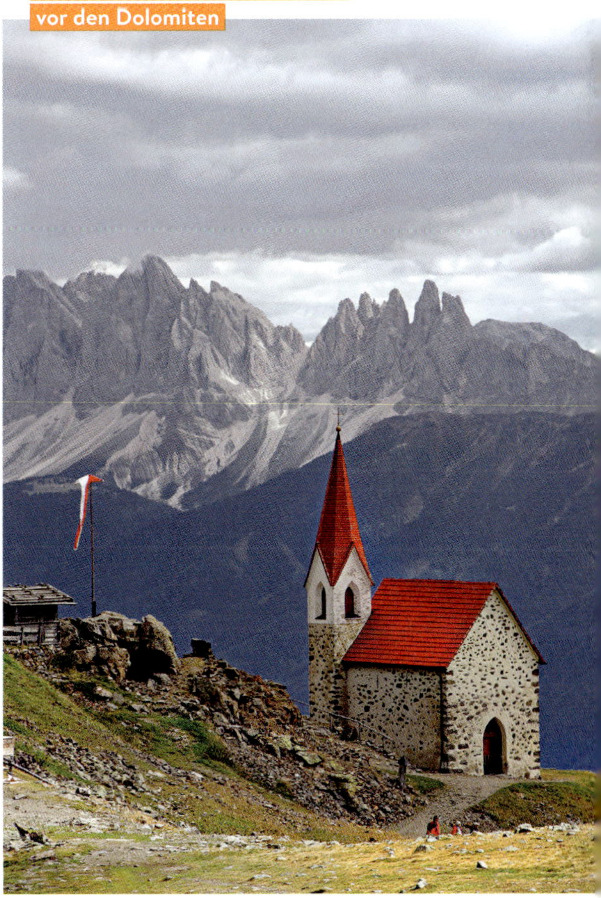

Herrgott« noch nicht als perfekter Platz gefallen haben. Vor uns sehen wir bereits die kleine Wallfahrtskirche, die wir auf dem nun schmalen Bergpfad leicht erreichen. Wer genau hinsieht bzw. die Warnpfiffe hört, kann dabei einige Murmeltiere entdecken, die sich auf den breiten, von der Sonne aufgewärmten Felsblöcken vergnügen. Der Weg ist ein absoluter Traum, was auch am einzigartigen Panorama unter der näher rückenden Einkehrmöglichkeit liegt.

WAR'S DAS SCHON? Die kleine Wallfahrtskirche und das danebenstehende **2 Schutzhaus** sind nun schnell erreicht. Ein Blick in das Gotteshaus ist natürlich ein Muss, und auch die Hütte lockt mit Südtiroler Spezialitäten. Wir möchten aber noch einen Gipfel, die Kassianspitze, besteigen, und so heben wir uns die Einkehr für später auf. Erst einmal motivieren wir uns für weitere 50 Minuten bergauf und dafür brauchen wir nun alle unsere Kräfte, denn die haben es ganz schön in sich.

ZUR KASSIANSPITZE Mit der Kirche im Rücken wandern wir zunächst weiter auf dem breiteren Almweg Richtung Westen bzw. Sarntal, folgen dann aber der Beschilderung zur Kassianspitze nach rechts auf dem steinigen Pfad Nr. 9. Nach dem ersten steilen Anstieg wird uns am dunkelblauen Kassian-

↓ Viele Bergsteiger besuchen den Schwarzen Herrgott.

↘ Karge Bergwelt jenseits der Baumgrenze

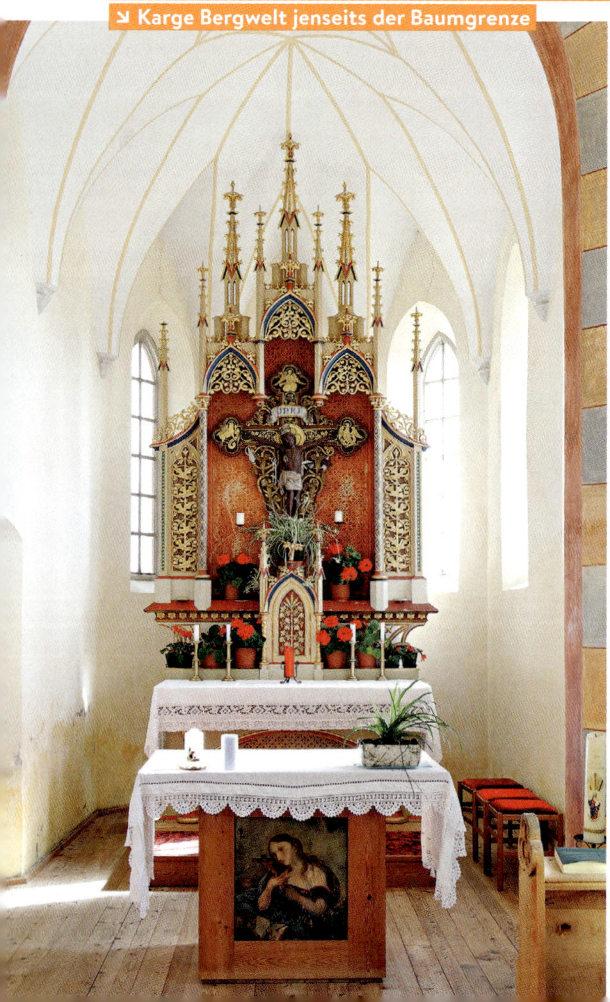

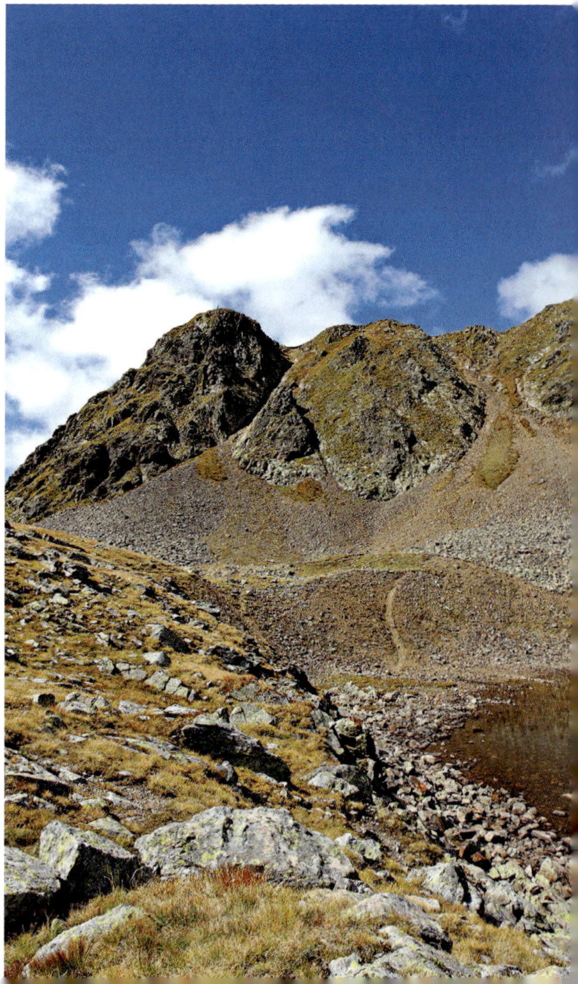

INFO

AUSGANGS-/ENDPUNKT
Parkplatz Kasereck bei Latzfons

GPS
46.675423, 11.499856

TOURENCHARAKTER
Traumhafte Bergtour, zunächst auf breiten Wanderwegen und Bergpfaden bis zum Latzfonser Kreuz. Die Gipfelbesteigung erfolgt auf schmalem, steilem und von Felssteinen übersätem Steig. Keine ausgesetzten Stellen, nur am Gipfelkreuz selbst ist wenig Platz und auf drei Seiten geht es senkrecht nach unten.

ANFAHRT
ÖPNV: Schwierige Anreise! Nach Klausen mit dem Zug, weiter mit dem Bus nach Latzfons. Von dort gibt es in den Sommermonaten einen Wanderbus zum Parkplatz Kasereck. Meist nur zweimal die Woche. Info: www.klausen.it. Pkw: Von der Brennerautobahn A22, Ausfahrt Klausen, für wenige Meter nach links auf die S12, dann rechts nach Feldthurns, weiter über Verdings nach Latzfons. Den Ort durchqueren und nach dem Ortsschild links der Beschilderung nach Kasereck weitere 9 km auf einer sehr schmalen Höfestraße den Berg hinauf folgen. Nur mit kleinen Pkw möglich

EINKEHR
Berggasthof Latzfonserkreuz, nur in den Monaten nach der Schneeschmelze bis zum Winterbeginn. Alternativ liegt am Ende der Tour die 10 Min. entfernte Kaserei Jochalm (nur im Sommer geöffnet).

INFO
www.klausen.it

schwer	4 Std.	10,5 km	750 hm

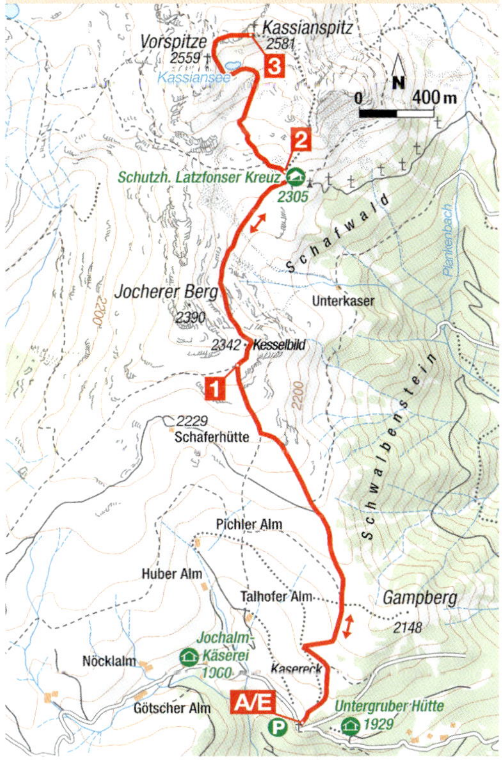

see eine kleine Verschnaufpause gegönnt. Vor uns sehen wir aber schon über den schroffen, felsigen Flanken das 3 **Gipfelkreuz**, das wir nun im finalen Anstieg erklimmen. Oben erwartet uns eine wirklich fantastische Aussicht. Im Osten liegt die gesamte Dolomitenkette vor uns, nach Westen hin erstrecken sich die vielen Gipfel der Sarntaler Alpen, am Horizont ist der schneebedeckte Ortler leicht auszumachen. Zum Glück gibt es sogar eine Panoramakarte, denn die Beschreibung der Gipfel würde hier jeden Rahmen sprengen.

RÜCKWEG AUF DEM HINWEG Der Abstieg erfolgt auf dem Hinweg, was trotzdem nicht für Langeweile sorgt, denn nun haben wir die Aussicht stets vor uns. Spätestens am Latzfonser Kirchlein ist nun noch Zeit für eine Einkehr in der Hütte. Und nicht zu vergessen für eine kurze Andacht in der Kirche, denn in Zeiten des Klimawandels schadet es sicherlich nicht, alle Möglichkeiten für ein gutes gedeihliches Wetter auszuschöpfen. Und der restliche Rückweg bis zum Ausgangspunkt ist dann ebenfalls schnell und einfach auf dem E **Hinweg** erreicht.

Auf alten Wegen von Brixen nach Elvas

Geschichtliche Spuren am Archeopfad

Auf zweitausend Jahre gesehen, was spielt da Zeit für eine Rolle? Bei einer Wanderung von Brixen hinauf nach Elvas wandern wir auf den Spuren längst vergangener Tage. Wir erleben schöne Aussichten, rätselhafte Schalensteine, geheimnisvolle Hexenrutschen und erfahren dabei einiges Wissenswertes über die Gegend von Brixen.

17

Nach der Tour besuchen wir noch Brixen und seinen Dom.

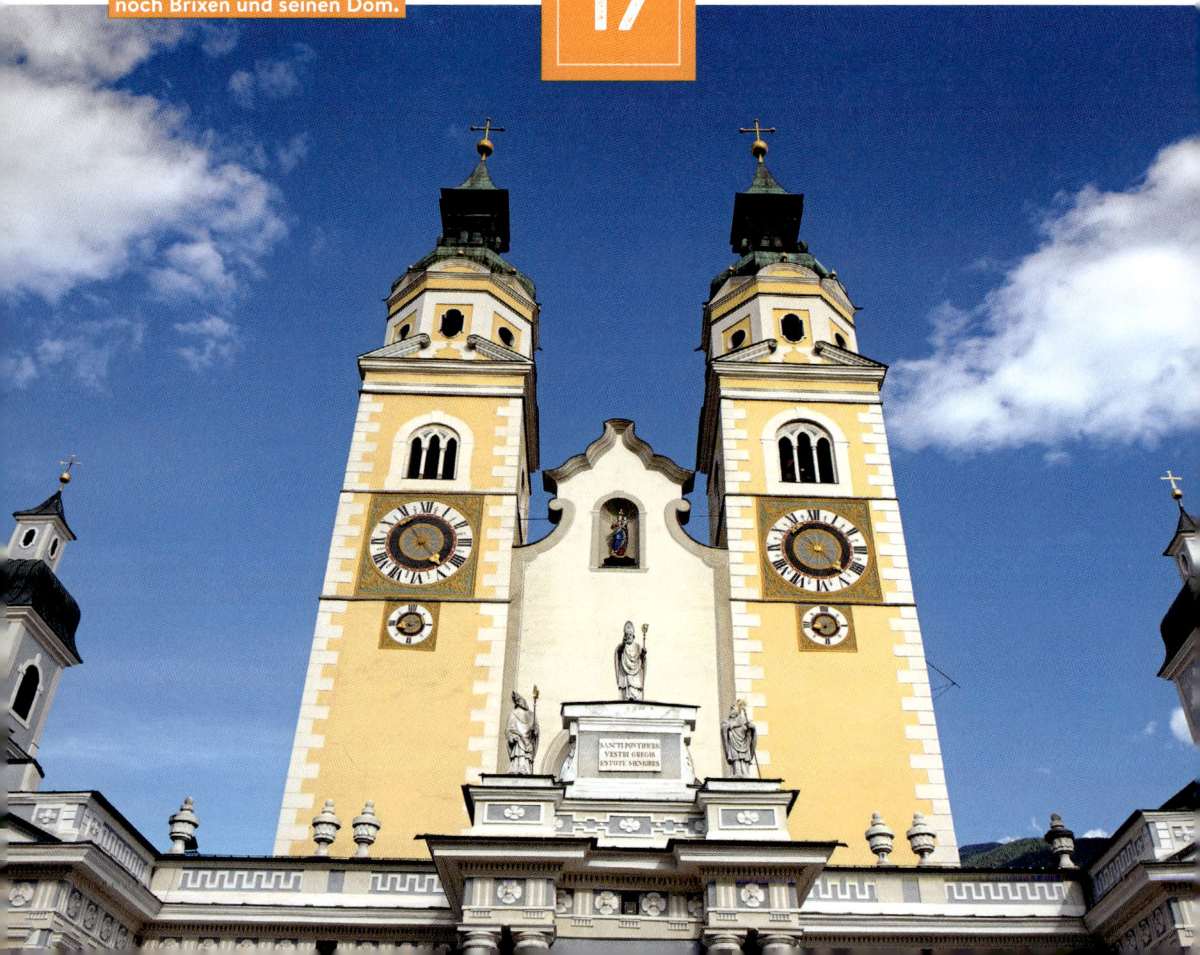

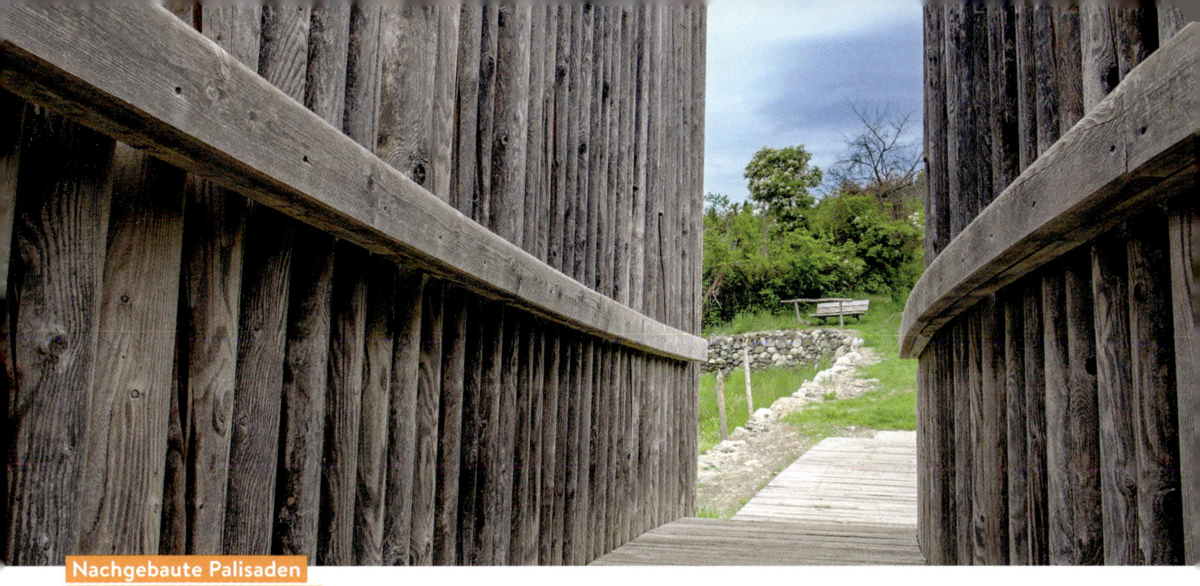

Nachgebaute Palisaden am römischen Wachturm

EHRWÜRDIGE STADT IM EISACKTAL Startplatz ist Brixen, eine der ältesten Siedlungen im Eisacktal. Als jahrhundertealter Bischofssitz strahlt sie aus jeder Gasse und von jedem Platz bereits eine gewisse Ehrwürdigkeit aus. Um all die Sehenswürdigkeiten zu ergründen, bleibt für eine Brixener Stadtbesichtigung nach der Wanderung noch Zeit. Wir beginnen an der A **Adlerbrücke**, die die Altstadt am Hotel Goldener Adler mit dem östlichen Eisacktalufer und damit mit dem Ortsteil Stufels/Kranebitt verbindet.

AUFSTIEG DURCH STUFELS Dort finden wir das erste Wanderschild zum Archeopfad (mit der Nr. 10), und wir folgen dem Weg zwischen den Häusern aufwärts. Der Archeopfad wurde vor einigen Jahren angelegt, um die mannigfaltige Geschichte der Gegend zu zeigen. Denn schon vor mehr als 2000 Jahren legten die Römer Handels- und Transportwege an und erkannten die klimatisch begünstigte Lage der Hügel unterhalb des heutigen Elvas. Sie waren südlich ausgerichtet und somit ideal für den Getreide-, Wein- und Obstanbau, den die Römer hier kultivierten. Aber sie waren nicht die Ersten. Denn weiter oben, im Verlauf unserer Strecke, am Pinatzbühl, konnte man durch den Fund einer mit Palisadenzäunen befestigten Wallburg bereits eine bronzezeitliche Besiedlung nachweisen. Wir gewinnen nun erst einmal rasch an Höhe und queren bald die 1 **Elvasstraße**. Jetzt sind wir kurz im Hartmannweg und halten uns dann gleich rechts in den 2 **Ortnerweg**. Nach dem Biolandbetrieb Marxenhof folgen wir der Rechtskurve, und langsam lichtet sich die Bebauung. Dann queren wir noch einmal die Elvasstraße, und schon wandern wir durch Apfelhaine und Weinfelder.

ZU DEN SCHALENSTEINEN Wir halten uns links und erreichen so die Zufahrtsstraße zum 3 **Buschenschank Guggerhof**, der nach rechts einen Abstecher wert ist. Ansonsten bleiben wir geradeaus und wechseln damit auf den Wanderweg Nr. 1, der nach Elvas beschildert ist. Alte Felsmauern, alle mühsam von Hand errichtet, begleiten unseren Weg. Langsam nähern wir uns der Pinatzhöhe oder dem Pinatzbühl, wie ihn die Einheimischen nennen. Ein Abstecher nach links führt uns zum »Bildstein von Elvas«, einem reichhaltig verzierten und sagenumwobenen Schalenstein. Die genaue Bedeutung dieser

Tipp

RÖMISCHER STRASSENBAU

Unterhalb von Elvas sind noch die Spurrillen der römischen Wagen zu sehen. Diese Furchen wurden von den Römern absichtlich angebracht. Sie erlaubten einen fast schon standardisierten Transport, sowohl über weite Strecken wie über unebenes Weggelände. Die Römer waren berühmt für ihren Straßenbau, denn nur durch die strategisch gut angelegten und gepflegten Straßen war ihnen die Eroberung der Länder gelungen. Viele der großen Straßen haben sich bis in die heutige Zeit erhalten. So führt die Via Claudia Augusta über den Reschenpass bis nach Augsburg, während die Via Raetia im Eisacktal den Brenner hinaufführte, um dann nach Mittenwald ebenfalls zur Via Augusta zu stoßen. Neben diesen großen Straßen unterhielten die Römer auch Querverbindungen, denn ein rasches Vorankommen, egal ob für den Truppennachschub oder für Warentransporte, sicherte ihr Weltreich.

Steine ist bis heute noch nicht geklärt, sie geben immer noch Rätsel auf. Zurück auf dem Hauptweg erreichen wir nun am Fuße der Pinatzhöhe eine Wegeverzweigung.

PINATZHÖHE Hier biegen wir links ein und umrunden den Hügel auf seiner Südseite, also in gleicher Richtung, wie zuvor beim Abstecher zum Schalenstein. Jetzt erreichen wir den **4 Aussichtsturm**, der einem römischen Wachturm nachempfunden wurde. Von oben genießen wir eine herrlich weite Aussicht über das Brixener Talbecken und die umliegenden Berge. Weiter geht es in Wanderrichtung, und wir erreichen den nachgebauten Wall der einstigen bronzezeitlichen Siedlung.

Mit ein paar wenigen Schritten nach rechts können wir noch zum »Gipfel« der Pinatzhöhe aufsteigen. Er ist mit einem Wetterkreuz markiert. Diese Kreuze findet man oft an markanten Stellen hoch über dem Tal. Man erkennt sie an den drei Querbalken. Sie sollen das umliegende Land segnen und vor Unwetter bewahren. Deshalb sind sie immer an exponierten Orten zu finden, ihr Segen soll natürlich möglichst weit reichen.

ELVAS Nun steigen wir abwärts und erreichen dann links haltend das kleine Dorf Elvas. Es liegt am Beginn des Apfelplateaus, wie die Gegend mit den Nachbargemeinden Natz und Schabs gern bezeichnet wird. Im Hofschank Maratscher können wir einkehren, ansonsten steuern wir die kleine Kirche an, wo unser **5 Abstieg** beginnt.

RÖMISCHER STANDARD Kurz vor der Kirche, am Parkplatz, halten wir uns am Bildstock links und gehen dann rechts auf die Kirche zu. Unmittelbar davor beginnt links abwärts ein Wanderweg (Nr. 2), ein alter römischer Verbindungsweg. Infotafeln sowie die Nachbildung eines historischen Streitwagens informieren darüber. Kurz danach queren wir die Autostraße und folgen weiter dem abwärtsführenden Wanderweg. In der Linkskurve können wir noch rechts einen Abstecher zur Hexenrutsche, einer Fruchtbarkeitsrutsche, unternehmen. Ansonsten folgen wir dem nach Brixen ausgeschilderten Weg und wandern bald wieder an aufgeschichteten Steinmauern entlang. Wir nähern uns den Häusern von Stufels, die wir schließlich durch einen wildromantisch überwucherten Hohlweg erreichen. Weiter in Wanderrichtung treffen wir dann auf die Stelle, die wir vom Hinweg bereits kennen. Jetzt geht es auf gleichem Weg zurück nach **E Brixen**, wo wir den Tag mit einer Stadtbesichtigung vollenden können.

INFO

AUSGANGS-/ENDPUNKT

Adlerbrücke Brixen

GPS

46.716897, 11.658918

TOURENCHARAKTER

Eine leichte Wanderung überwiegend auf Feldwegen. Im Stadtbereich wandern wir durch kaum befahrene Gassen.

ANFAHRT

ÖPNV: Nach Brixen mit dem Zug, weiter mit dem Bus in die Altstadt und zu Fuß zur Adlerbrücke, die über die Eisack führt. Pkw: Brixen liegt im Eisacktal. Parkplätze gibt es u. a. am Freibad, von dort in Eisacknähe durch die Altstadt zur Adlerbrücke gehen.

EINKEHR

Unterwegs liegt der Buschenschank Guggerhof (Mo, Di Ruhetag) und in Elvas der Hofschank Maratscher (nur am Wochenende, März–Juni und Sept.–Dez., Fr und Sa ab 17.00 Uhr, So ab 12.00 Uhr)

INFO

www.brixen.org

leicht | 2.30 Std. | 7 km | 280 hm

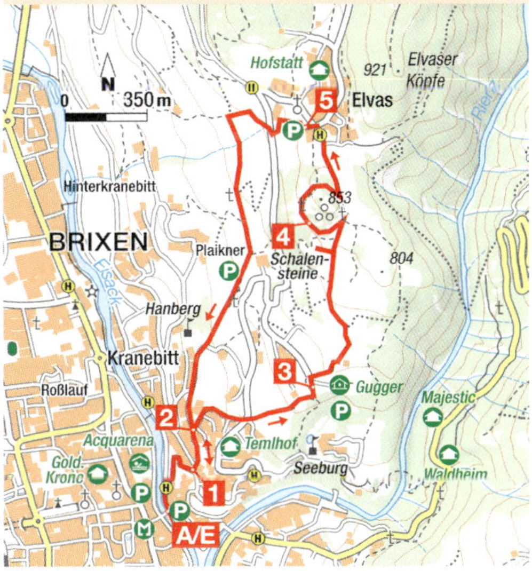

Einsame Wege
zu echten Kultplätzen

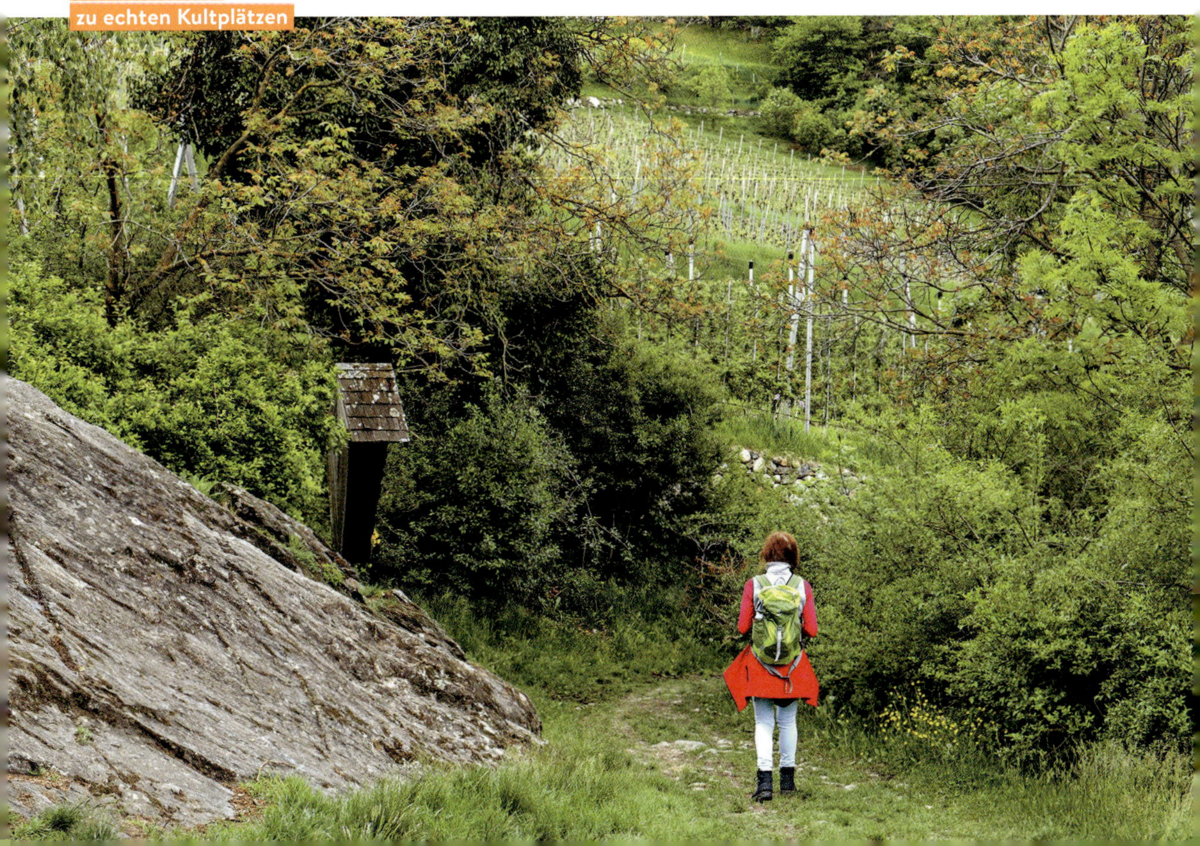

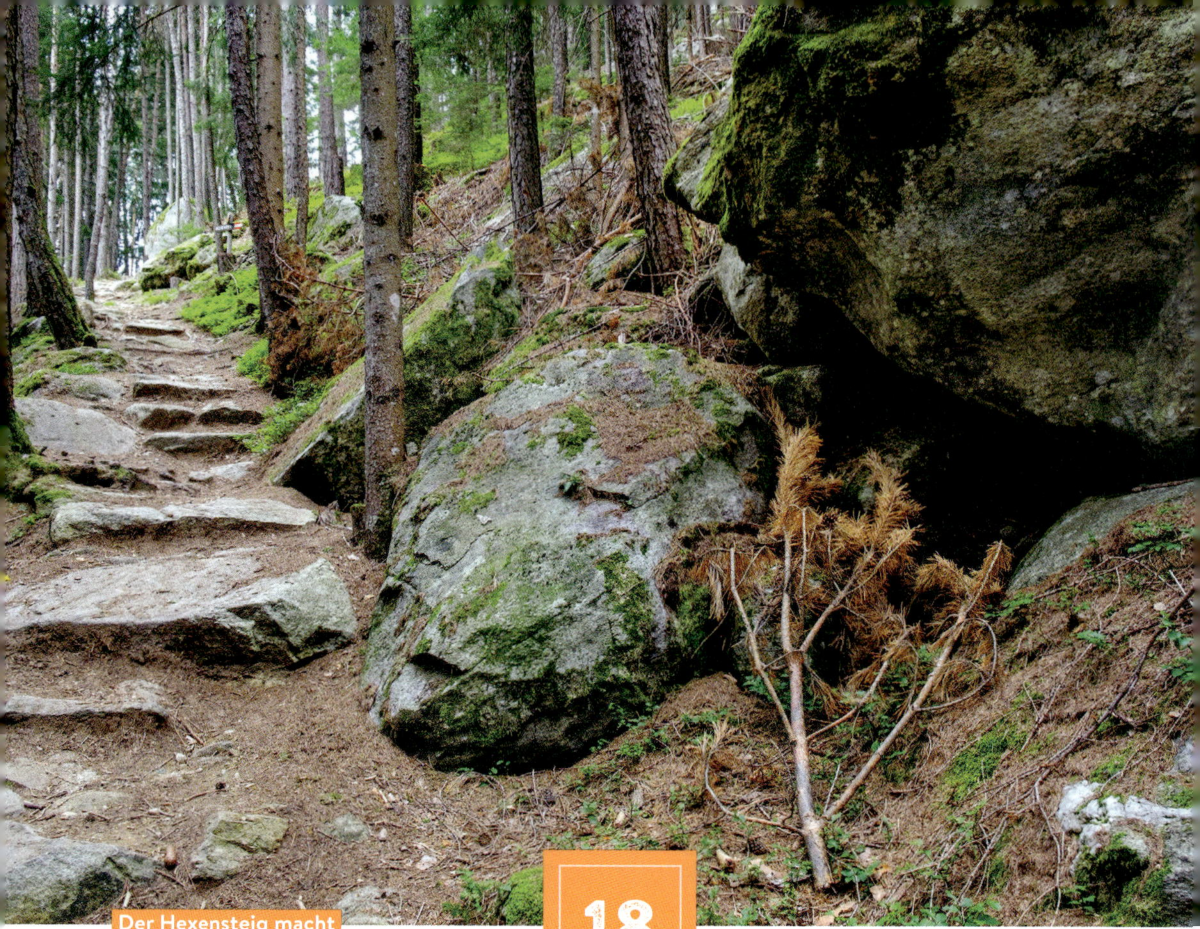

Der Hexensteig macht seinem Namen alle Ehre.

18

Platterwand, Hexensteig und Frankenbachfall

Schriften, Symbole und ein mystischer Wasserfall

Im Ahrntal gibt es neben der Talstraße ein uraltes, weit verzweigtes Wegenetz, das die Bergbauernhöfe und Weiler miteinander verbindet. Dabei sind die Wege auf der Sunsat, auf der nach Süden ausgerichteten Talseite, am schönsten. Mit Sagen und Märchen geht es über einen mystischen Wasserfall zur Platterwand, deren geheimnisvolle Felsritzungen Rätsel aufgeben.

ZU DEN MOARHÖFEN Wir starten an der **A Klausbergbahn** in Steinhaus und wandern zur Ahrbrücke, die wir hier queren. Gleich danach wenden wir uns nach links und wandern zwischen dem Fluss und der Landstraße bis zum nächsten Fußgängerstreifen. Dort queren wir die Straße und gehen am modernen Hotel Amonti in die Straße Hittlfeld (Schild Moarhöfe/Wasserfall). Gleich in die nächste Straße biegen wir links ein und kommen so auf die Rückseite des Wellnesshotels. Dort, wo die Straße nach rechts abbiegt, bleiben wir geradeaus und wandern auf einem Feldweg weiter entlang der Rückseite des Hotels. Der Weg steigt an und schenkt uns schöne Aussichten über das Tal. Wir stoßen auf eine erste Holzskulptur, die »Ahrntaler Sonnenkinder«, die im Rahmen des alljährlichen Holzbildhauer-Symposiums geschaffen wurden. Der Wiesenweg führt uns weiter zu den **1 Mairhöfen**, auch Moarhöfe genannt.

WILDES WASSER An den Moarhöfen treffen wir auf eine kleine geteerte Straße, der wir nur minimal in Wanderrichtung folgen. Unmittelbar nach dem Hof auf der rechten Seite biegen wir rechts ein und steigen hinter dem Hof nach links weiter aufwärts über die Almwiesen und durch ein Waldstück. Wir sind nun auf einem alten Verbindungsweg zwischen den Höfen unterwegs, aber es dauert nicht lange, und wir stoßen auf die nächste Straße. Ihr folgen wir nach links abwärts zu den nächsten Höfen. Unterhalb der Häuser weist uns ein Schild »Fußweg/Bizathütte« nach rechts auf den Zufahrtsweg. Dahinter geht es über die Wiesen und dann links zu einem kleinen Wegkreuz mit Zaun. Sobald wir ihm näherkommen, hören wir es auch schon rauschen: Wir sind am **2 Frankenbach-Wasserfall** angekommen. Der wilde Bergbach wird von den Gletschern der Zillertaler Alpen gespeist und saust hier über eine eindrucksvolle Steilstufe in die Tiefe.

Tipp

LEBENDIGES HOLZ

Die künstlerische Holzverarbeitung hat in Südtirol eine lange Tradition. Deshalb findet jedes Jahr im Juli im Ahrntal das große Holzbildhauer Symposium statt. Dabei hauchen eingeladene Bildhauer aus aller Welt schlichten Lärchenholzklötzen in wenigen Tagen Leben ein. Die Veranstaltungsorte wechseln zwischen den einzelnen Ahrntaler Dörfern, wobei sie immer im Freien stattfinden. Eine tolle Möglichkeit, die Künstler bei ihrer Arbeit zu beobachten. Aber auch wenn man es nicht im Juli ins Ahrntal schafft, findet man überall im Tal die wunderbaren Kunstwerke. Im nahen Luttach gibt es sogar einen richtigen Skulpturenpark.

Schriften aus allen Zeiten in Stein verewigt

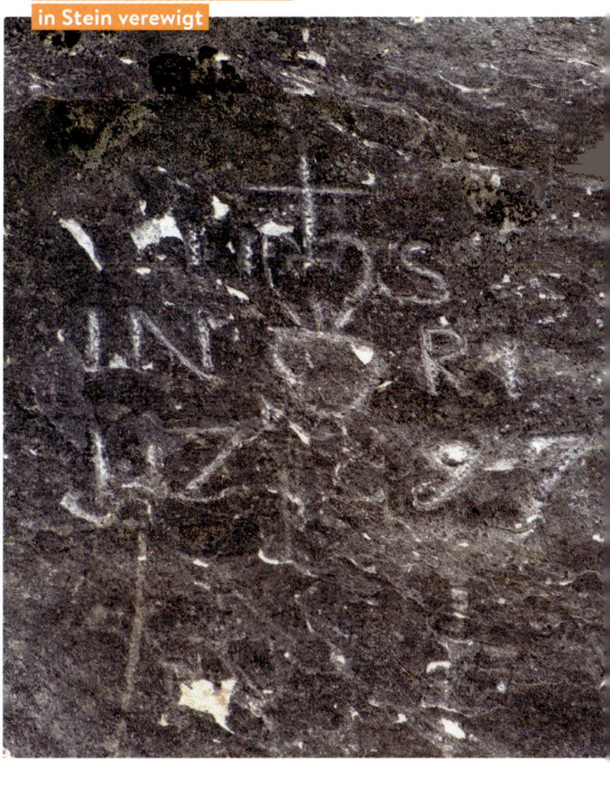

HÄNGEBRÜCKE, WAALWEG UND HEXENSTEIG Nach einer Besichtigungspause steigen wir am Bachlauf entlang abwärts und queren dann den Frankenbach nach rechts über eine Hängebrücke. Auf der anderen Seite setzen wir unseren Weg nach rechts in den Wald fort. Wir sind nun auf dem Hexensteig unterwegs, ein malerischer, von Wurzeln und Steinen durchsetzter Weg, der sich nach wenigen Metern teilt. Wir halten uns links und steigen weiter leicht aufwärts. Ein uralter Waal, ein kleiner Bewässerungskanal kreuzt unseren Weg. Der Wald präsentiert sich ausgesprochen malerisch und gleichzeitig verwunschen. Weiter oben treffen wir dann auf einen Forstweg, nach links ist der Platterhof ausgeschildert.

PLATTERWAND So verlassen wir den Wald und sehen dann schon die große senkrechte **3 Platterwand** über uns. Mit bloßem Auge sind aus der Entfernung bereits einige größere Steinritzungen erkennbar. Eine so große, hohe und fast glatte Wand hat seit jeher Menschen dazu verlockt, sich zu verewigen. Früher natürlich nicht als bunte Graffiti, sondern durch Steinritzungen. An der Platterwand stammen die ältesten Darstellungen wohl aus dem 17. Jahrhundert. Es gibt einen kleinen Trampelpfad, der direkt unterhalb der Wand verläuft. So kann man sich die Zeichnungen näher ansehen. Man erreicht ihn kurz vor dem Berggasthof Platterhof nach rechts, wobei er 2021 wegen Sturmschäden geschlossen war.

↓ Frankenbach-Wasserfall

↘ Wassermann am Wegesrand

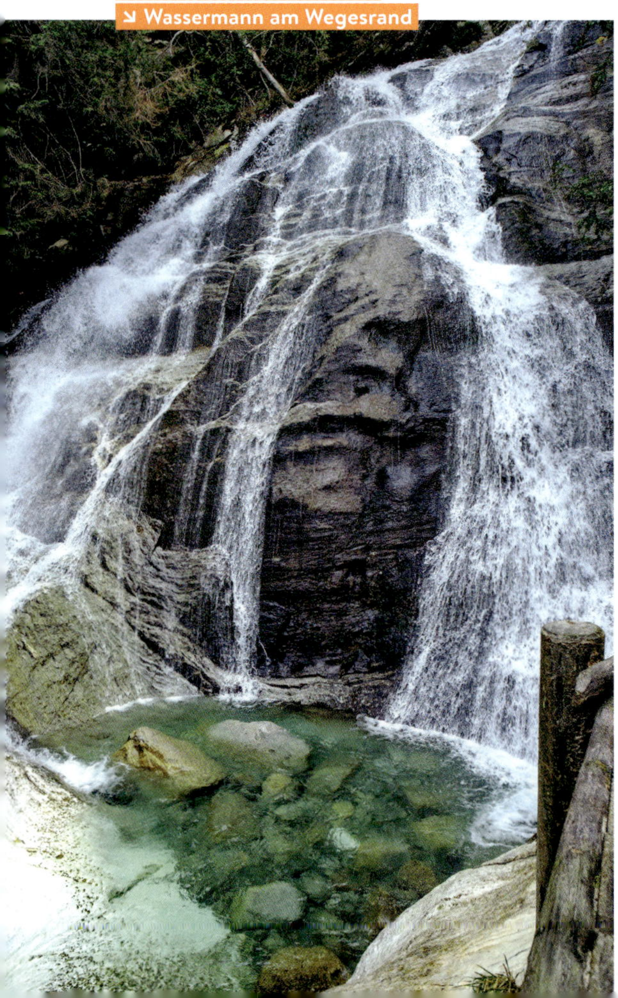

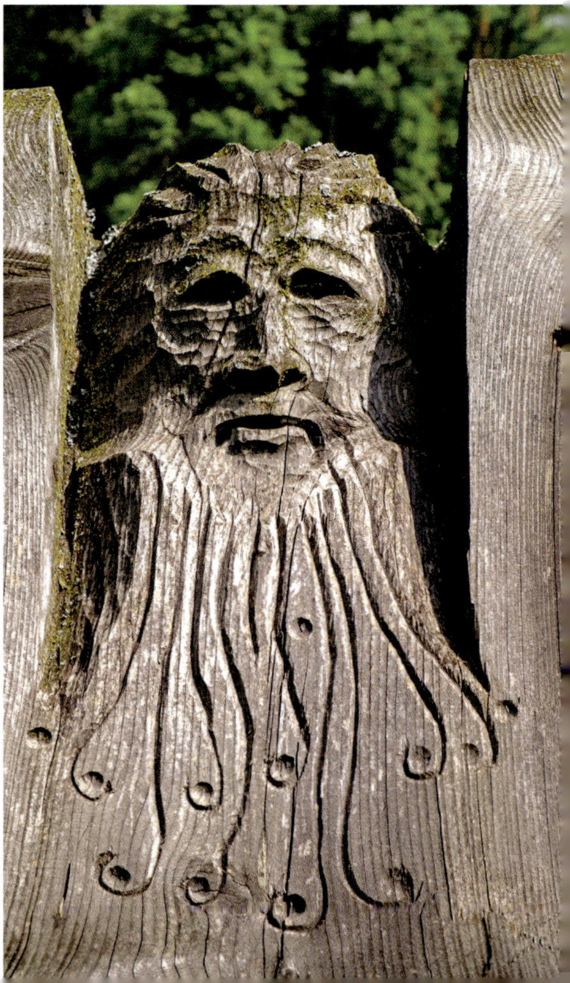

PLATTERHOF UND ABSTIEG Schnell ist dann auch der **4 Platterhof** erreicht. Jetzt ist es Zeit einzukehren und die schöne Aussicht zu genießen. Vor dem Abstieg besichtigen wir noch die kleine Hofkapelle. Vor ihr wendet sich der weitere Weg nach links und ist nun nach Mühlegg ausgeschildert. Wir steigen am Waldrand entlang ab, Steinmauern begleiten uns. Bald treffen wir an den nächsten Häusern auf eine kleine Straße, der wir nach rechts bis zur nächsten Straßengabelung folgen. Hier biegen wir links ein, folgen weiter der Straße zu den Häusern von Mühlegg. Nach der Rechtskurve können wir links wieder in einen kleineren Wanderweg wechseln, der uns zum Frankenbach führt. Wir queren ihn, bleiben geradeaus und folgen der Straße bald vorbei am herrlichen Ansitz Bergrichter, bis wir auf die große **5 Talstraße** stoßen. Diese und den Fluss Ahr queren wir und halten uns gleich links auf dem kleinen Talweg. Vor der Pension Alpenland geht es dann links auf einen kleinen Wiesenweg, der uns parallel zum Fluss taleinwärts führt. Vorbei am modernen Restaurant STOCHAS ist es nun nicht mehr weit und wir sind zurück am Klausberglift, unserem **E Ausgangspunkt**.

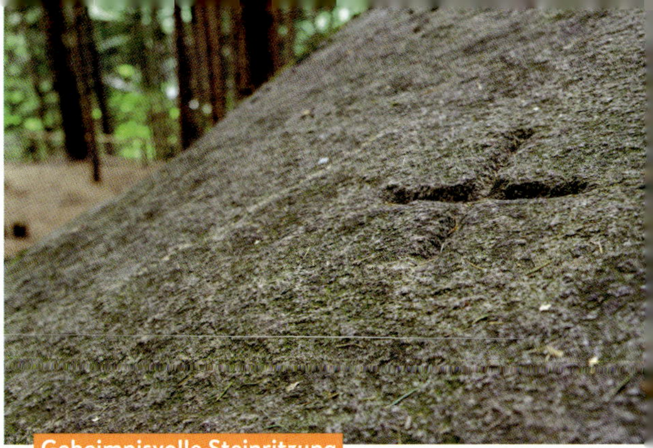

Geheimnisvolle Steinritzung oder Grundstücksgrenzen?

INFO

AUSGANGS-/ ENDPUNKT
Steinhaus Klausbergbahn

GPS
46.993964, 11.978218

TOURENCHARAKTER
Eine leichte Wanderung, überwiegend auf Feld- und Waldwegen und schmalen Wiesenpfaden, leicht zum Hang hinabfallend, etwas Trittsicherheit ist nötig

ANFAHRT
ÖPNV: Nach Bruneck, weiter mit dem Bus ins Ahrntal bis Steinhaus. Zu Fuß wenige Minuten entlang der Straße bis zur Brücke über die Ahr. Pkw: Steinhaus liegt im Ahrntal. Dafür ins Pustertal nach Bruneck fahren und dann nördlich über Sand in Taufers ins Ahrntal bis Steinhaus fahren. An der Talstation des Klausbergliftes gibt es einen großen Parkplatz.

leicht | 2.15 Std. | 6 km | 200 hm

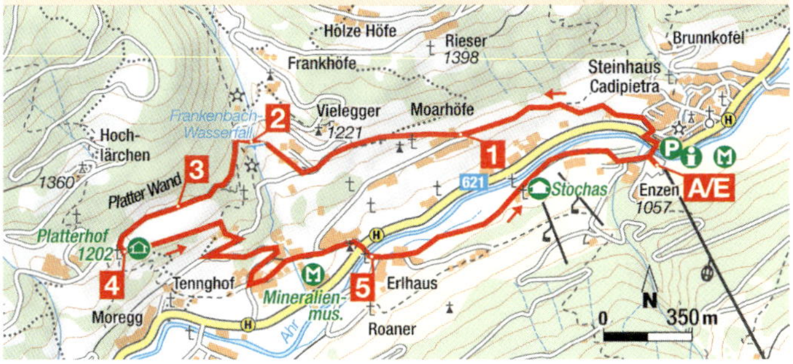

EINKEHR
Unterwegs liegt der Platterhof in aussichtsreicher Lage (Mo Ruhetag). Zum Finale treffen wir auf das stylische und sehr empfehlenswerte Restaurant STOCHAS (Do Ruhetag).

INFO
www.ahrntal.com

Zu den Hexenbänken am Puflatsch

Leichte Panoramarunde an der Seiser Alm

Der Puflatsch ist ein aussichtsreiches Plateau am nordwestlichen Eck der Seiser Alm. Hier befinden sich die Hexenbänke. An dieser Stelle soll die Oberhexe der Schlernhexen gerne gesessen haben, um die gesamte Umgebung im Blick zu halten.

19

Standing Stones an der Dibaita

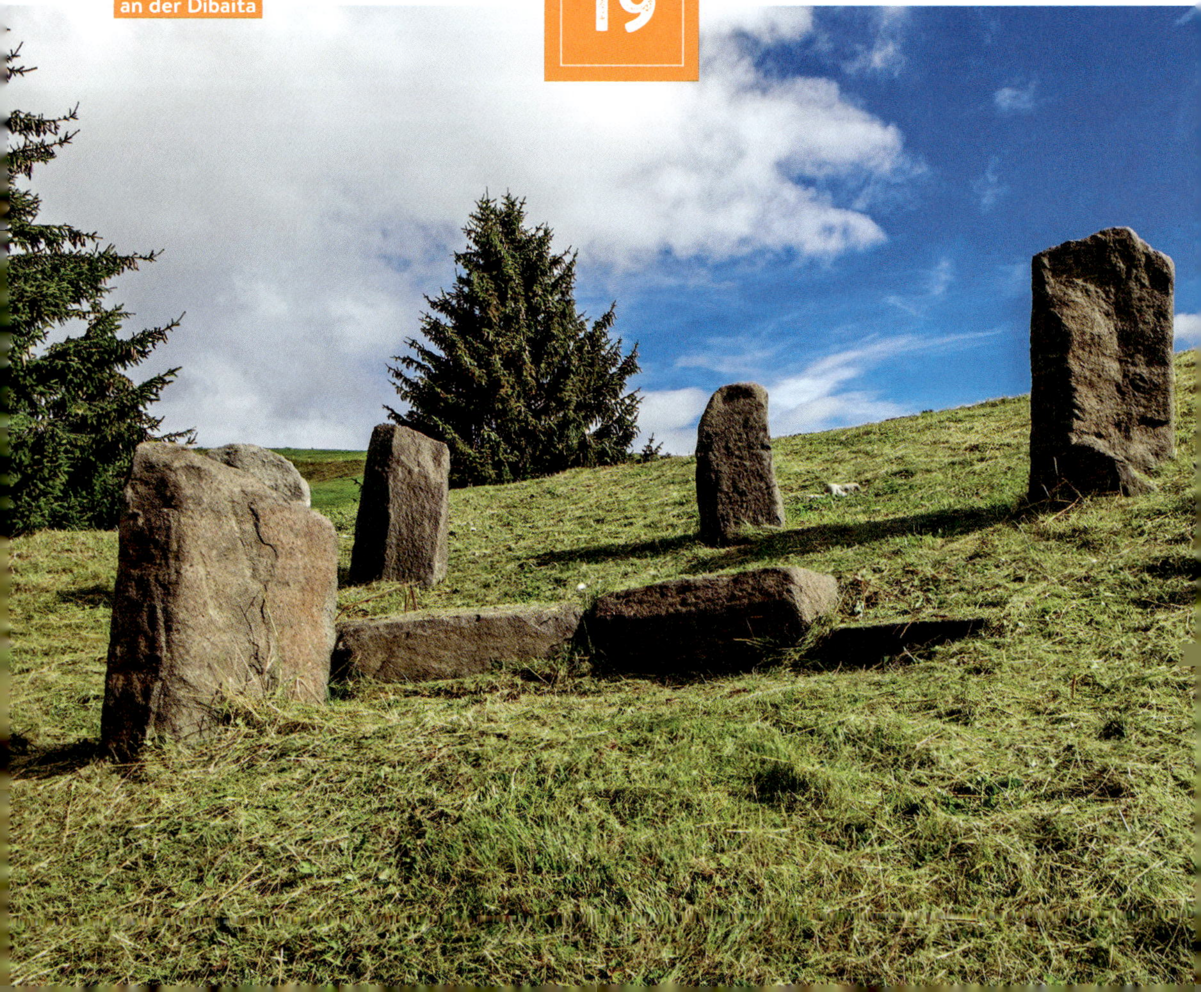

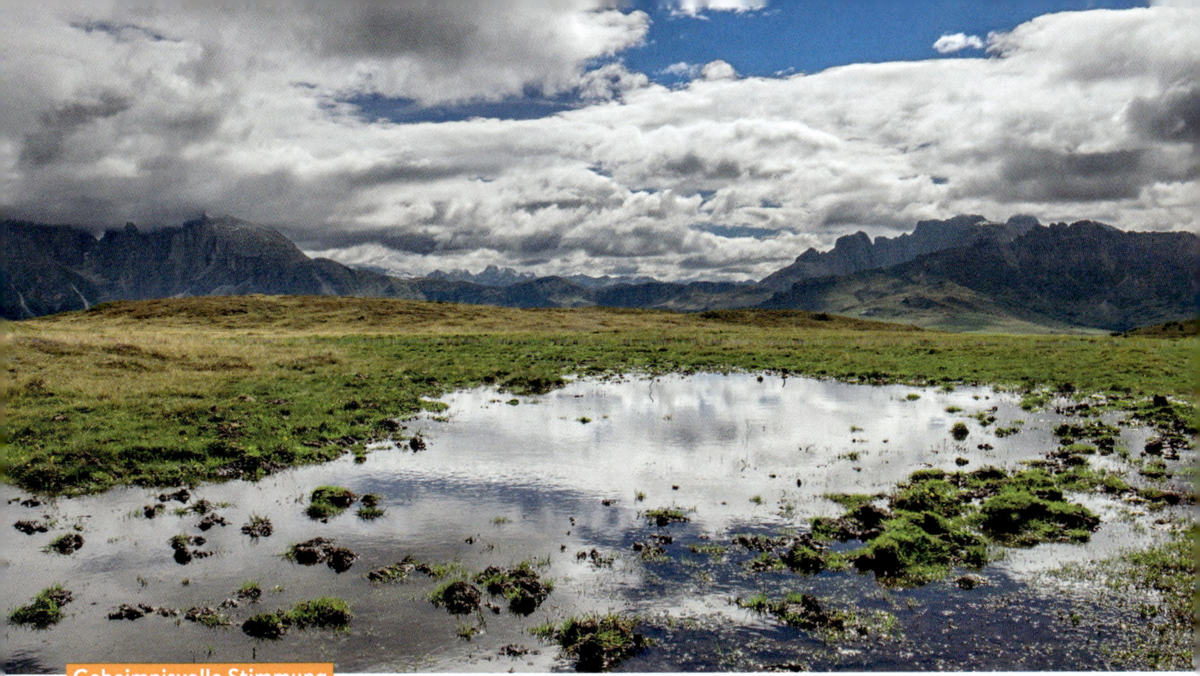

Geheimnisvolle Stimmung

PANORAMA-RUNDWEG ÜBER DEN PUFLATSCH Der Puflatsch bietet sich für einen schönen Rundweg an. Dabei gibt es neben den geheimnisvollen Hexenbänken noch ganz viel Aussicht und gemütliche Hütten. Von der **A Bergstation der Seilbahn bei Kompatsch** folgen wir dem Wegweiser Puflatsch nach links und wandern auf der breiten Teerstraße an einem Hotelkomplex vorbei. Wir gelangen wenig später zu einer **1 Wegverzweigung**, an der wir nach links zur Dibaitahütte gehen, die etwas unterhalb des Weges liegt. Die Einkehr heben wir uns für später auf. Zuerst locken die Aussicht von weiter oben und natürlich die Hexenbänke. Daher wandern wir an der Wegverzweigung nach dem Hotel auf steilem Steig nach rechts zur gemütlichen Tschötschalm, die aussichtsreich am Sonnenhang des Puflatsch liegt. Wir folgen dem Wanderweg weiter hinauf zur Bergstation des Puflatsch-Liftes mit der daneben liegenden **2 Bergstation** (2119 m). Wer sich diese Höhenmeter sparen will, der kann auch mit dem Lift bis hier oben fahren. Hier bietet sich ein Bergrestaurant für eine Einkehr an. Ein paar Meter weiter rechts befindet sich eine Aussichtsplattform, von der wir einen wunderbaren Rundumblick auf Langkofel, Plattkofel, Rosengarten und Schlern genießen. Dann schicken uns die Wegweiser »Puflatschumrun-

Tipp

FÜR DIE GANZE FAMILIE

Die Wanderung ist so schön und gemütlich, dass sie für die ganze Familie geeignet ist. Und wer nicht so weit laufen kann oder will, der wartet einfach an einer der Hütten, bis die Familie zurückkommt. Gemeinsam genießt man dann bei der gemütlichen Einkehr die Leckereien der Südtiroler Küche. Natürlich verkürzt der bereits erwähnte Sessellift auch die Wanderung. Großartig sind das Panorama und die Szenerie allemal, das allein sollte schon Anreiz für diese Wanderung sein.

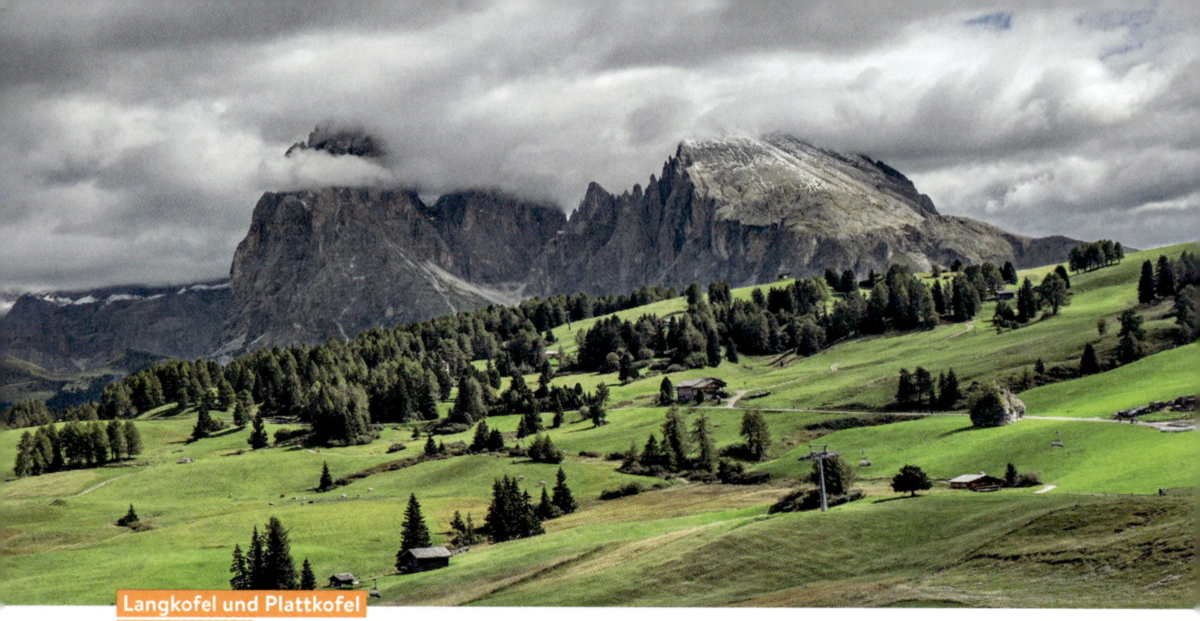

Langkofel und Plattkofel sind umhüllt.

dung« in nordöstlicher Richtung zum Fillner Kreuz, von dem wir einen klasse Tiefblick auf das Grödner Tal bekommen. Nun wandern wir auf dem Steig zum höchsten Punkt des **3 Puflatsch** (2174 m). Hier oben rasten wir ein wenig und bewundern die schöne Dolomitenlandschaft.

DIE HEXENBÄNKE Nach der Rast gehen wir weiter zum Hexenbänkle. Wie schon erwähnt, soll hier auf den Felsen die Oberhexe der Schlernhexen gesessen und mit ihren Zauberkünsten das Gebiet beherrscht haben. Die Steine selbst sind eine natürliche Anordnung des Augit-Porphyr, der wohl schon früh ein heidnischer Kultort war.

Wir gehen weiter zum **4 Göllerkreuz** (2104 m), einem fantastischen Aussichtspunkt. Beeindruckend ist der Tiefblick nach Kastelruth und Lajen. Aber auch die Aussicht nach Westen und hinüber zu den Sarntaler Alpen mit dem Rittner Horn ist sehr schön. Nach einer kleinen Pause hier oben spazieren wir auf dem guten Wanderweg hinunter zur gemütlichen Arnikahütte (2051 m). Hier wenden wir uns nach rechts und schließen unsere Puflatschumrundung mit einer Einkehr in der **5 Dibaita** (1950 m) ab. Dabei genießen wir von der Terrasse den schönen Blick hinüber zum Schlern. Vielleicht können wir ja mal eine der Schlernhexen fliegen sehen.

PUFLATSCHHÜTTE ODER DIBAITA Wunderschön liegt die Dibaita (ehem. Puflatschhütte) am Rand der Seiser Alm. Von der Hüttenterrasse haben wir einen grandiosen Blick hinüber zum Schlern. Die Seiser Alm selbst ist die größte Hochalm Europas. Ein Besuch ist für den Südtirol-Liebhaber fast schon Pflicht. Die Puflatschhütte wurde bereits vor dem Ersten Weltkrieg geplant. Erbaut wurde sie aber erst in den Jahren 1964 bis 1968 von der Sektion Bozen des Alpenvereins Südtirol. 2006 wurde sie verkauft und ist seither in Privatbesitz. An der herrlichen Lage am Rande der Seiser Alm hat sich allerdings nichts geändert. Der restliche Abstieg nach **E Kompatsch** ist dann schnell erledigt. Die Runde ist eine einfache, wunderschöne Wanderung mit grandiosem Dolomitenblick. Vor allem der Blick hinüber zum Plattkofel und Langkofel ist beeindruckend.

INFO

AUSGANGS-/ENDPUNKT
Bergstation der Seilbahn Kompatsch oberhalb von Schleis am Schlern

GPS
46.542288, 11.617689

TOURENCHARAKTER
Leichte Wanderung auf breiten Fahrwegen und schmalen Wanderwegen

ANFAHRT
ÖPNV: Mit dem Zug nach Brixen, weiter nach Seis am Schlern und hinauf nach Kompatsch. Pkw: Auf der Brennerautobahn bis zur Ausfahrt Klausen. Weiter in Richtung Kastelruth, davor nach Süden zur Seilbahn Kompatsch in Seis am Schlern

EINKEHR
Dibaita, Tel. +39 0471 72 90 90, www.dibaita-puflatschhuette.com; Tschötsch Alm, Tel. +39 0471 70 60 13, www.tschoetscherhof.com; Restaurant Bergstation Puflatsch, Tel. +39 333 904 71 82, www.puflatsch.eu; Arnikahütte, Tel. +39 0471 72 78 12, www.arnikahuette.com

INFO
www.seiseralm.it

leicht | 5 Std. | 8,2 km | 330 hm

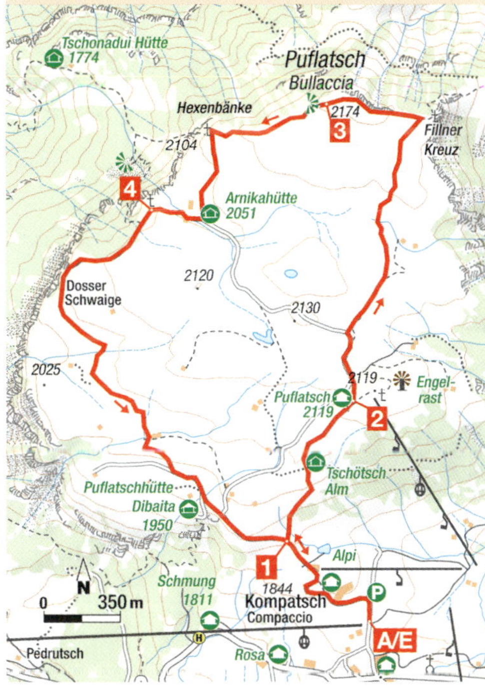

Die Dibaita mit dem Schlern

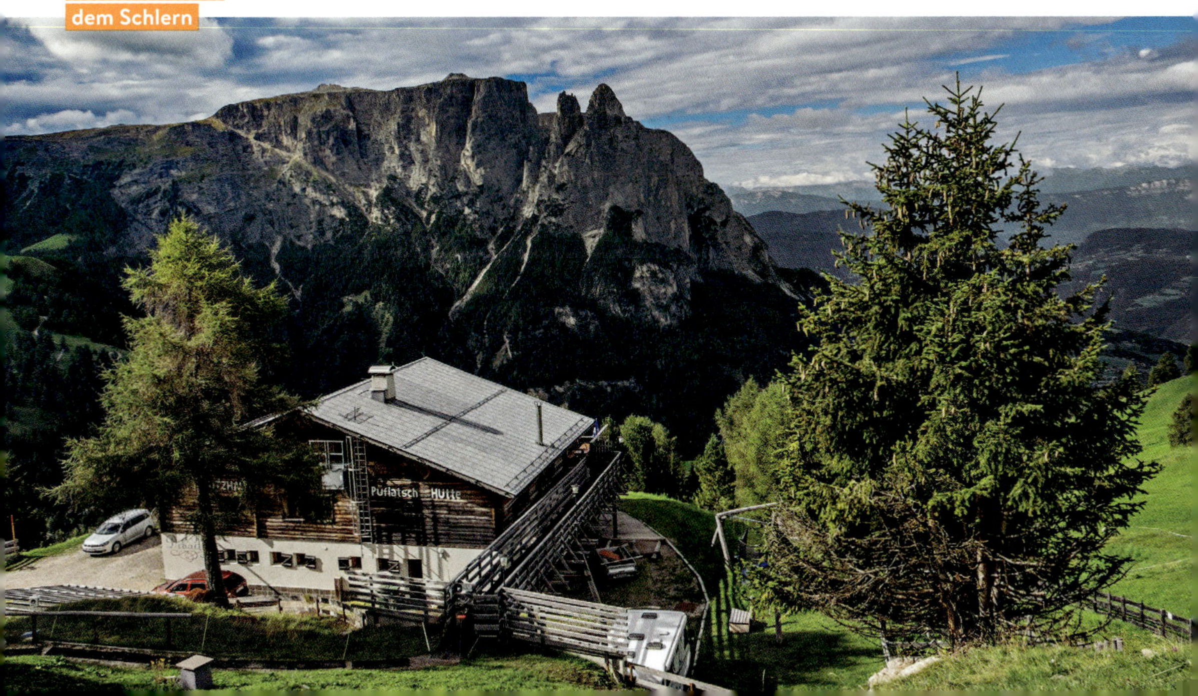

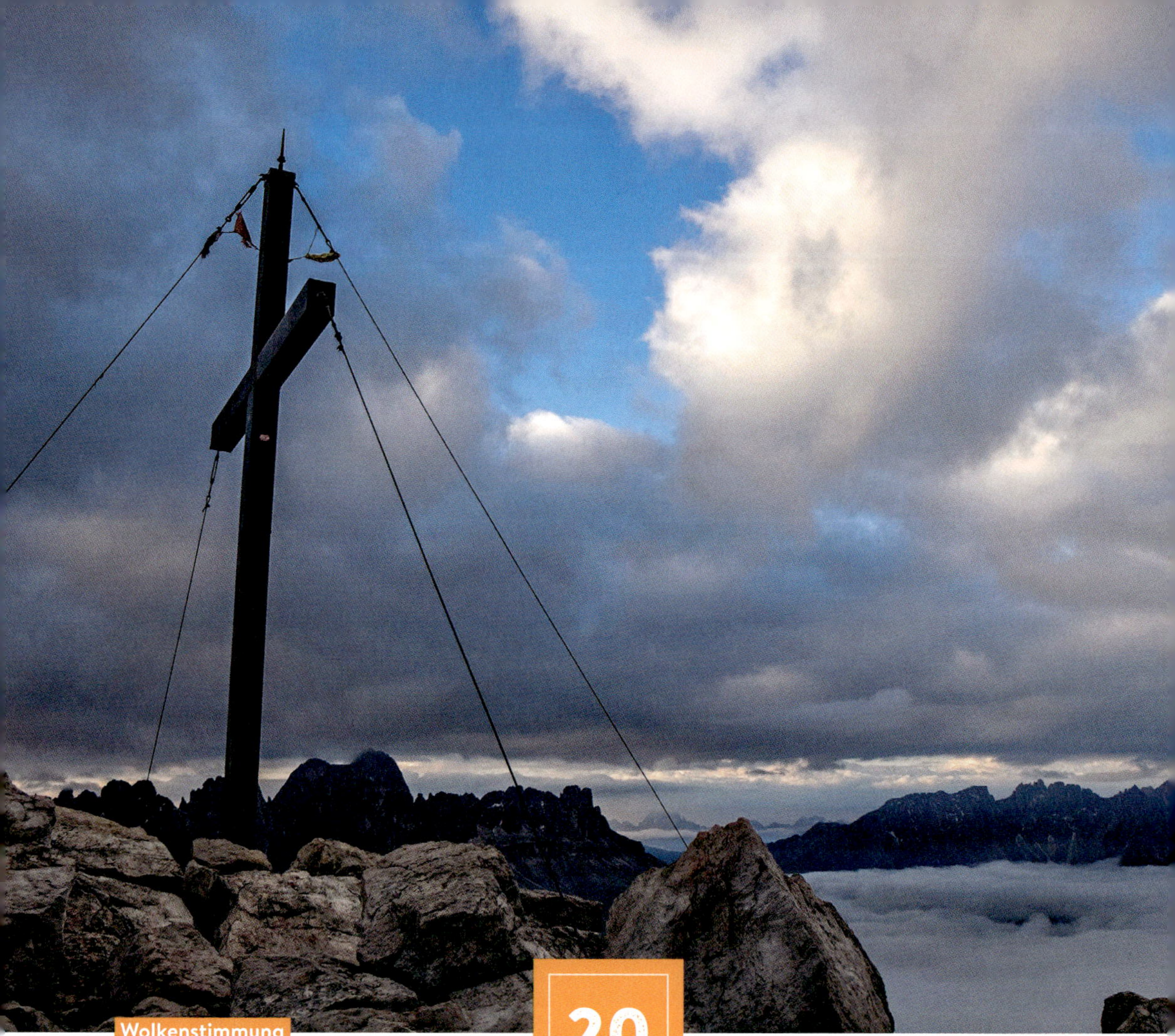

Wolkenstimmung am Petz

20

Zu den Hexen am Petz

Beeindruckende Tour auf tollen Aussichtsgipfel

Seit Jahrhunderten sollen Hexen auf dem höchsten Punkt des Schlern ihr Unwesen treiben. Auch heute noch, wenn ein Unwetter heraufzieht, spricht man davon, dass dies von den Wetterhexen am Schlern hervorgerufen wird.

UNSER ANSTIEG Alle Wege hinauf zum Schlern sind lang – auch dieser verhältnismäßig kurze Anstieg von der Seiser Alm. An einem Wandertag kommen doch fast 1000 Höhenmeter zusammen. Wem das zu lang ist, der teilt die Tour in zwei Tage auf und übernachtet im altehrwürdigen Schlernhaus. Dann können wir auch noch dem Petz, dem Schlerngipfel einen Besuch abstatten.

ZUM SCHLERNHAUS Mit der Seilbahn fahren wir hinauf nach Kompatsch (1850 m) und gehen in 10 Minuten hinüber zum Panoramalift. Mit diesem fahren wir zur **A Bergstation des Sesselliftes** (2009 m). Von hier wandern wir auf dem Weg Nr. 6 und 5 zur **1 Saltner Hütte** (1830 m). Hier können wir bereits eine erste Pause einlegen. An einer Wegkreuzung gehen wir geradeaus und folgen dem Weg Nr. 5 auf die Schlern-Hochfläche. Oben treffen wir auf den **2 Gamssteig**, der von der Schlernbödelehütte heraufkommt. Gemeinsam mit diesem gehen wir zum nahen **3 Schlernhaus**.

DAS SCHLERNHAUS Eine lange Tradition hat die Hütte wenige Meter unterhalb des Schlerngipfels. Bereits 1885 wurde die erste Hütte eröffnet. Früher einmal waren es sogar zwei Hütten auf dem Schlern: eine private und die des Alpenvereins. Heute sind beide Häuser zusammengewachsen und gehören der Sektion Bozen des CAI, der das Haus seit dem Ersten Weltkrieg betreute. Da die Hütte eine gewisse politische Bedeutung für die beiden Sprachgruppen Italiens hat, kam es immer wieder zu Versuchen, das Schlernhaus dem Alpenverein Südtirol zu übergeben. Diese scheiterten aber immer, zuletzt 2012, als die Mitgliederversammlung des CAI Bozen ein Tauschgeschäft durch die Südtiroler Landesregierung ablehnte. Besonders beeindruckend in dem Hüttenbau ist der große Speisesaal.

Tipp

SONNENAUFGANG

Selten hat man eine Hütte so knapp unter dem Gipfel wie am Schlern. Daher empfiehlt es sich, vor Sonnenaufgang auf den Gipfel des Petz zu gehen und diesen von dort oben zu erleben. Besonders beeindruckend ist es, wenn der Rosengarten angestrahlt wird und zu glühen beginnt.

Schlernhäuser im Morgenlicht

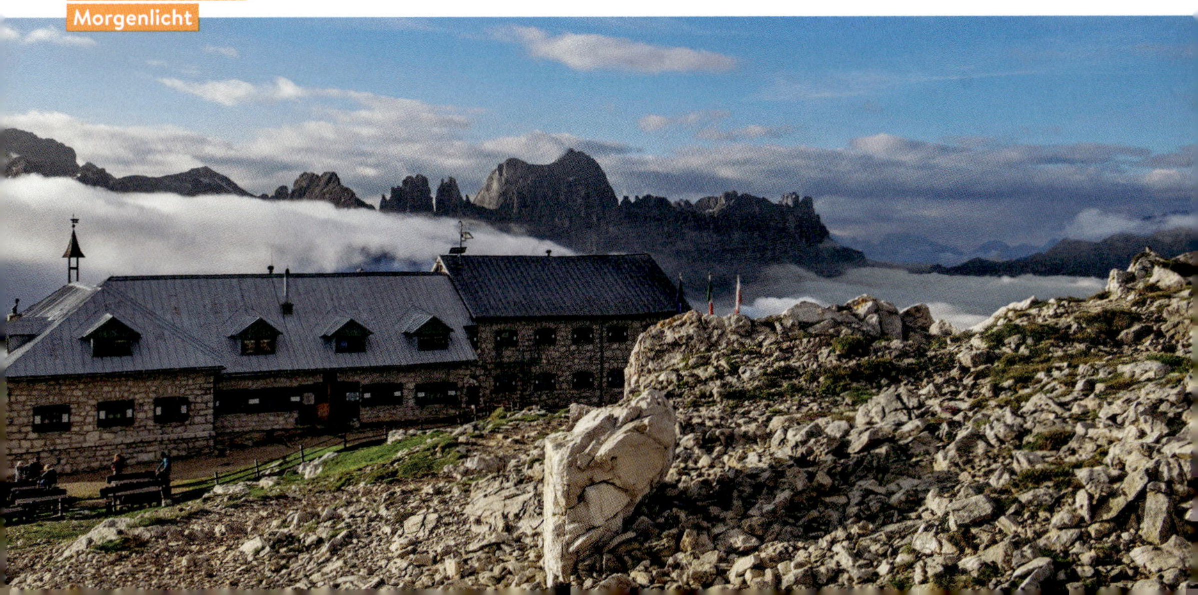

DER TREFFPUNKT DER HEXEN Höchster Punkt auf dem Schlern ist der **4 Petz** (2563 m) mit seinem großen Gipfelkreuz und den Felsblöcken. Hier soll der Treffpunkt der Schlernhexen sein. Der Weg hinauf auf dem guten Wanderweg ist nicht besonders lang, sodass wir während eines Hüttenaufenthalts auch mehrmals zu unterschiedlichen Tageszeiten hinaufsteigen können. Oben bewundern wir einen traumhaften Blick auf den Rosengarten im Süden und das Langkofelmassiv hinter der Seiser Alm. Normalerweise begegnen wir hier oben keinen Hexen. Es sei denn, der Himmel verdunkelt sich ganz plötzlich.

ÜBERGANG ZUR TIERSER ALPLHÜTTE
Übernachtet man auf dem Schlernhaus, so kann man die Wanderung zu einer Hüttentour über die Tierser Alplhütte ausweiten. Vom Schlernhaus wandern wir hierzu in östlicher Richtung über die weite Hochfläche. Der Steig führt südlich an der Roterdspitze vorbei zum Abzweig des Steiges in das Bärenloch. Von hier sind es nur noch 30 Minuten zur bereits sichtbaren Tierser Alplhütte. Wer will, kann in der modernen Hütte eine weitere Nacht verbringen. Wunderschön liegt sie am Fuß der Roßzähne. Ein zackiger Kamm führt hinauf zur Roterdspitze, die die Hütte deutlich überragt. Von der Hütte gehen wir in östlicher Richtung bis kurz vor das Mahlknechtjoch. Wir biegen nach links ab und folgen dem Weg Nr. 8 zu einer Kapelle. Wenige Meter gehen wir auf einem Forstweg weiter, verlassen diesen aber bald wieder und wandern weiter zur schön gelegenen Mahlknechthütte (2054 m). Auf breitem Weg spazieren wir zur Almrosenhütte und weiter zur **E Bergstation des Panorama-Sesselliftes**. Für das letzte Stück benutzen wir statt der Straße wieder einen Wanderweg (Nr. 2).

↓ Das Schlernhaus
↘ Morgendlicher Abstieg vom Petz

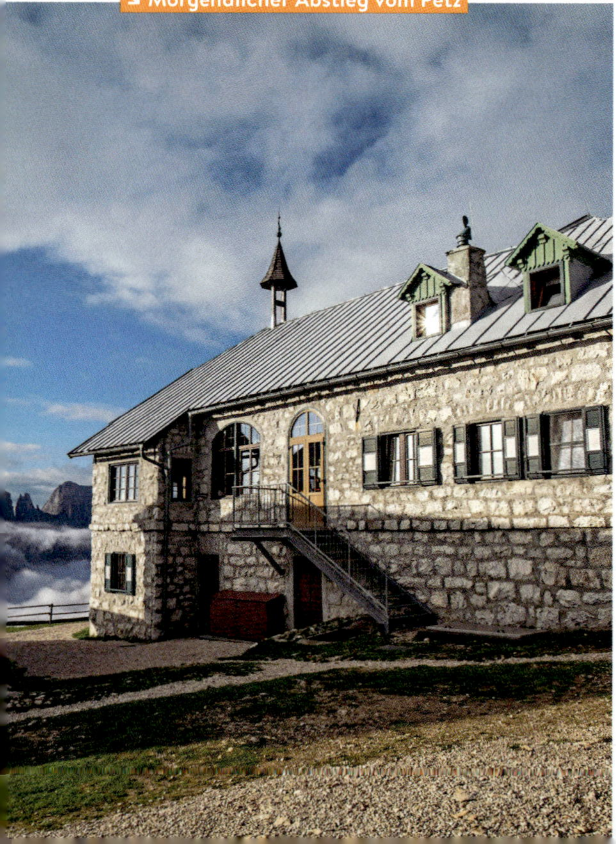

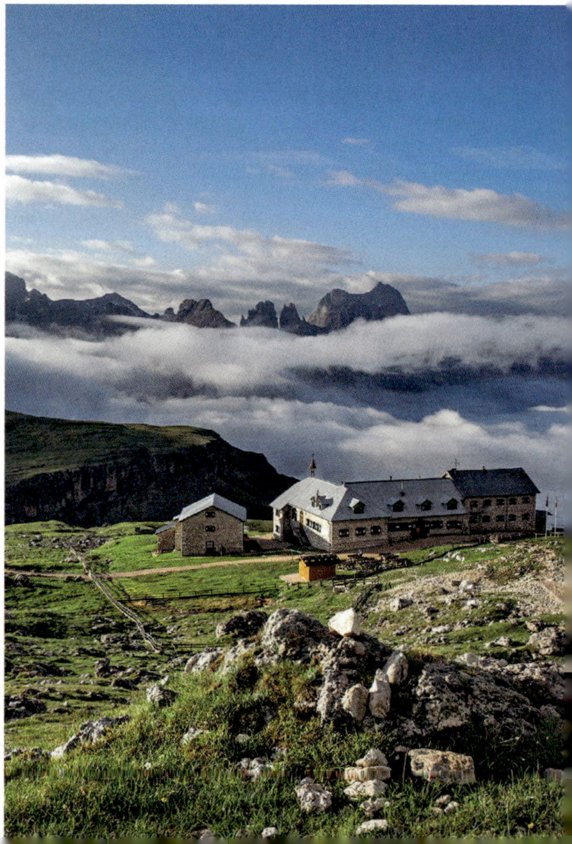

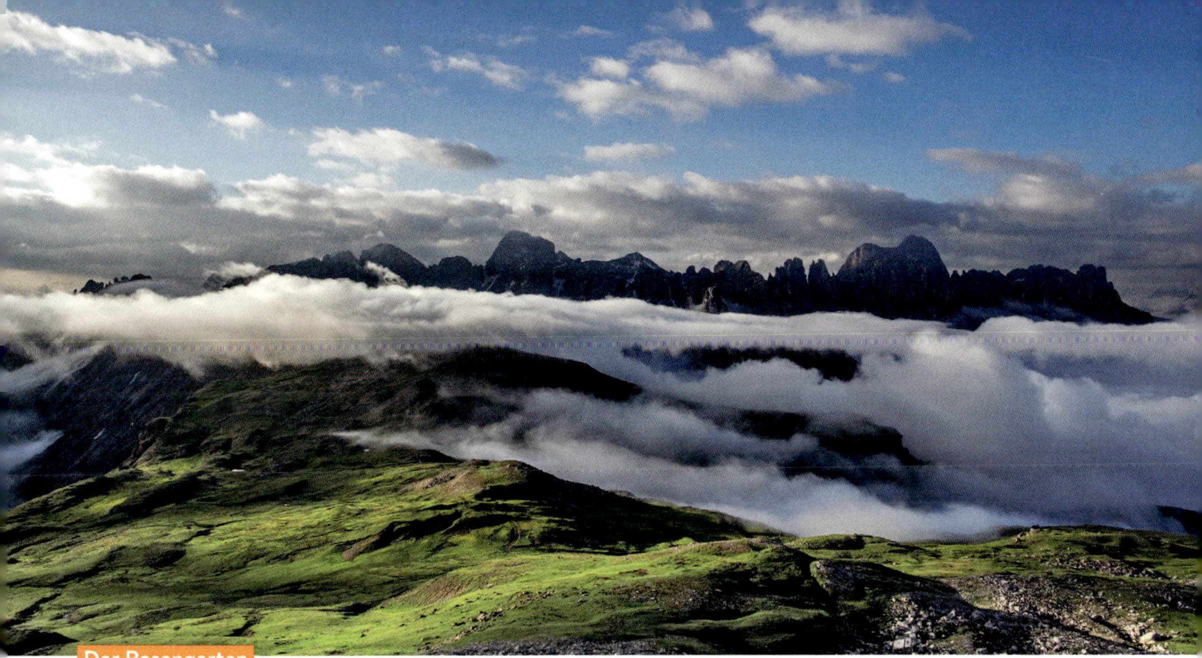

Der Rosengarten
von Wolken umhüllt

INFO

AUSGANGS-/ENDPUNKT

Bergstation des Sesselliftes Panorama (2009 m) auf der Seiser Alm

GPS

46.530713, 11.625235

TOURENCHARAKTER

Lange Wanderung auf mittelschweren Wanderwegen. Kurze steilere Abschnitte

ANFAHRT

ÖPNV: Mit dem Zug nach Brixen, weiter nach Seis am Schlern und hinauf nach Kompatsch. Pkw: Auf der Brennerautobahn bis zur Ausfahrt Klausen. Weiter in Richtung Kastelruth, davor nach Süden zur Seilbahn Kompatsch in Seis am Schlern

EINKEHR

Saltner Hütte, Tel. +39 0471 72 78 04, www.saltner.eu; Schlernhaus, Tel. +39 0471 61 20 24, www.schlernhaus.it; Tierser Alplhütte, Tel. +39 0471 72 79 58, www.tierseralpl.com; Mahlknechthütte, Tel. +39 0471 72 79 12, www.mahlknechthuette.com

mittel	7 Std.	14,9 km	960 hm

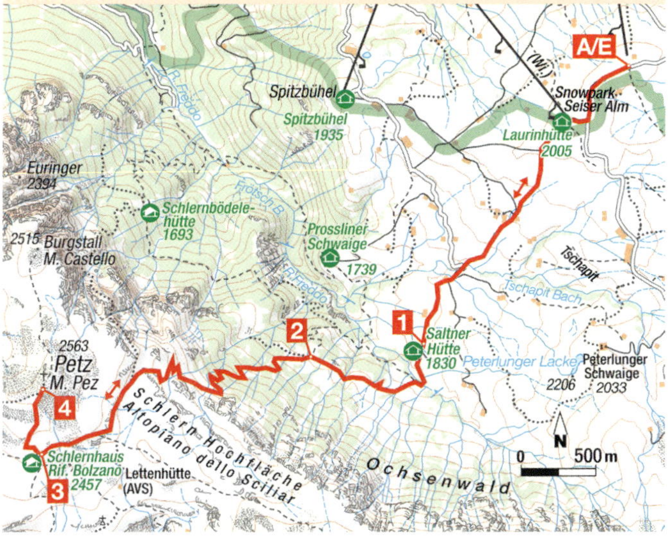

INFO

www.seiseralm.it

Um den Riesen

Umrundung von Plattkofel und Fünffingerspitze

Eine Sage vom Grödner Tal handelt von dem Riesen Langkofel, der ein richtiger Schelm war. Er spielte den Bewohnern Streiche, die er später abstritt. Eine großartige Wanderung führt um den Plattkofel und damit mitten durch den Langkofelstock.

21

Fritz-August-Hütte mit der Grohmannspitze

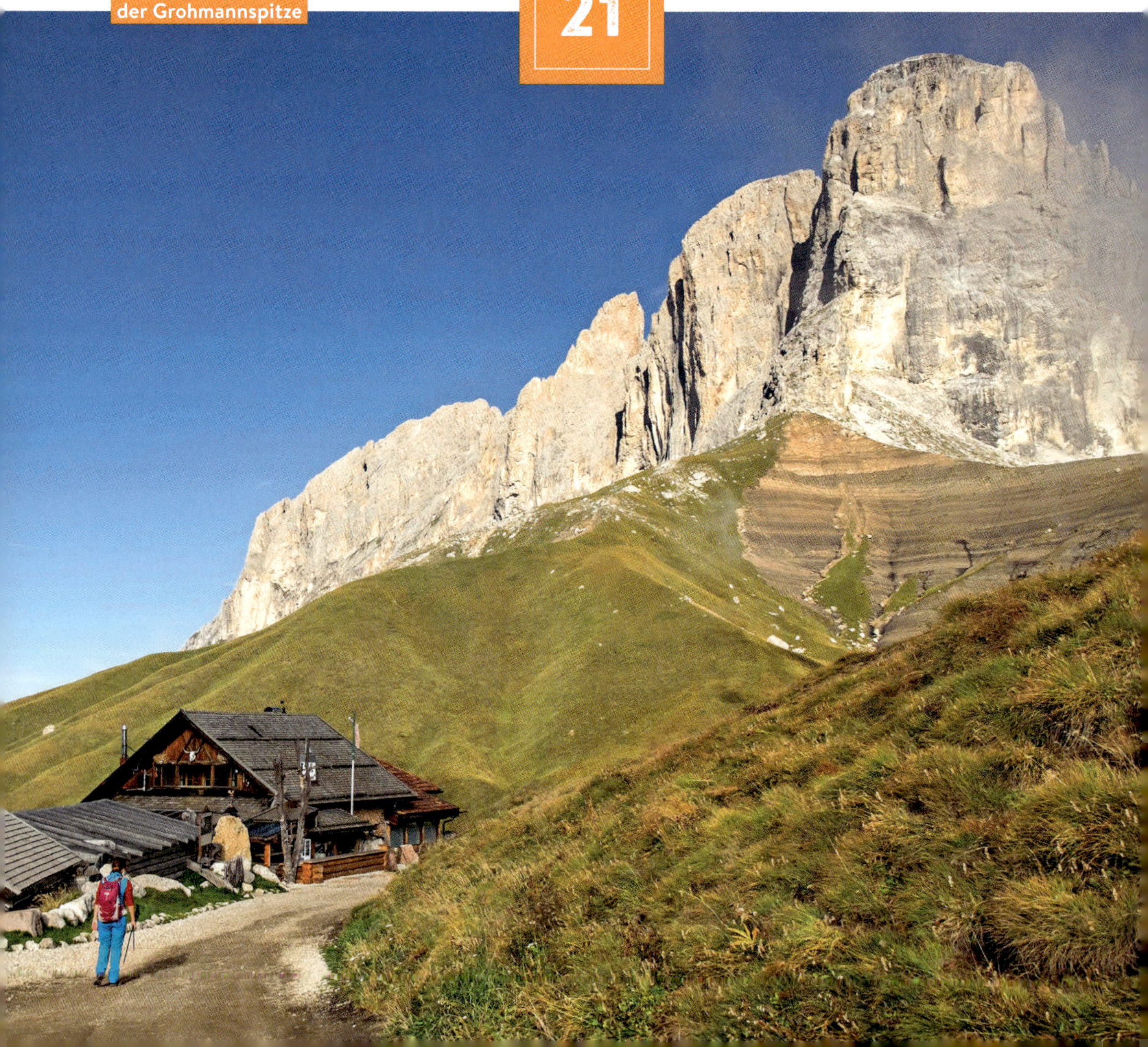

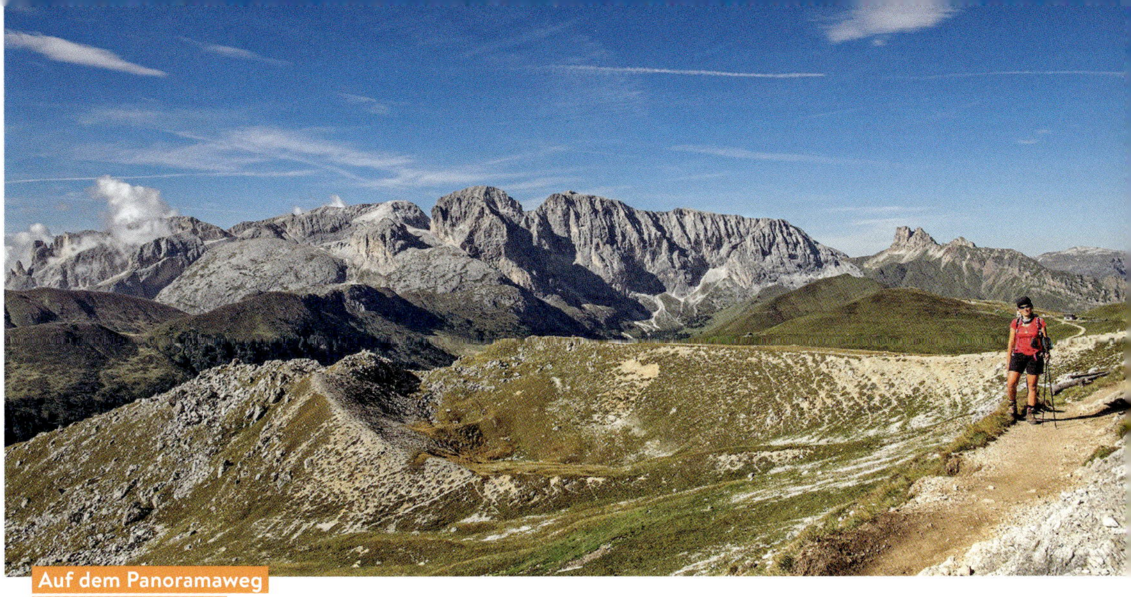

Auf dem Panoramaweg zur Plattkofelhütte

DIE HAND DES RIESEN Der schönste Zustieg zur Plattkofelhütte verläuft auf dem aussichtsreichen Friedrich-August-Weg. Wir starten am **A Sellajoch** und folgen dem Weg in südwestlicher Richtung zu einer Wegkreuzung. Hier folgen wir dem Friedrich-August-Weg nach Westen. Nach wenigen Metern erreichen wir die **1 Friedrich-August-Hütte** (2298 m). Wir befinden uns hier bereits unter der eindrucksvollen Südseite der Grohmannspitze. Hinter der Grohmannspitze steht die Fünffingerspitze. Als der Riese Langkofel seine Streiche mehrfach leugnete, musste er zur Strafe im Erdboden versinken. Die Fünffingerspitze als seine rechte Hand ist als letzte Erinnerung von ihm sichtbar. Hier beginnt der aussichtsreiche Höhenweg unter den Südwänden von Grohmannspitze, Zahnkofel und Plattkofel. Zwischendurch kommen wir am kleinen Rifugio Sandro Pertini (2300 m) vorbei. Hier könnten wir bereits eine erste Rast einlegen. Wir möchten aber noch weiter zur Plattkofelhütte. Daher gehen wir am Höhenweg weiter in Richtung **2 Plattkofelhütte** bis zu einem Sattel. Hier steigen wir ein wenig bergab und gehen hinüber zur nahen Hütte. Wunderschön ist die Rast auf der sonnigen Terrasse, auch wenn die Hütte häufig sehr gut besucht ist. Der Name des Weges geht übrigens auf den ehemaligen König von Sachsen zurück. Dieser residierte zehn Jahre in Seis und war sehr gern in den Dolomiten unterwegs.

PLATTKOFELHÜTTE Die private Plattkofelhütte wurde 1935 von Anton Kasseroler erbaut. Die Familie entschloss sich in den

Tipp

HÜTTENNACHT UND GIPFEL

Wer das Erlebnis Langkofelgruppe noch ein wenig ausdehnen möchte, dem empfehlen wir eine Nacht auf der Plattkofelhütte. Dann kann man noch dem mächtigen Plattkofel aufs Haupt steigen. Über einen gut markierten, schmalen Steig wandert man über die schrofige Südflanke hinauf zum großen Gipfelkreuz. Durch seine Höhe von fast 3000 Metern genießt man eine wunderbare Aussicht von hier oben. Richtig schwierig ist der Anstieg nicht, Trittsicherheit benötigt man aber unbedingt (2 Std. Aufstiegszeit von der Hütte, 600 Höhenmeter).

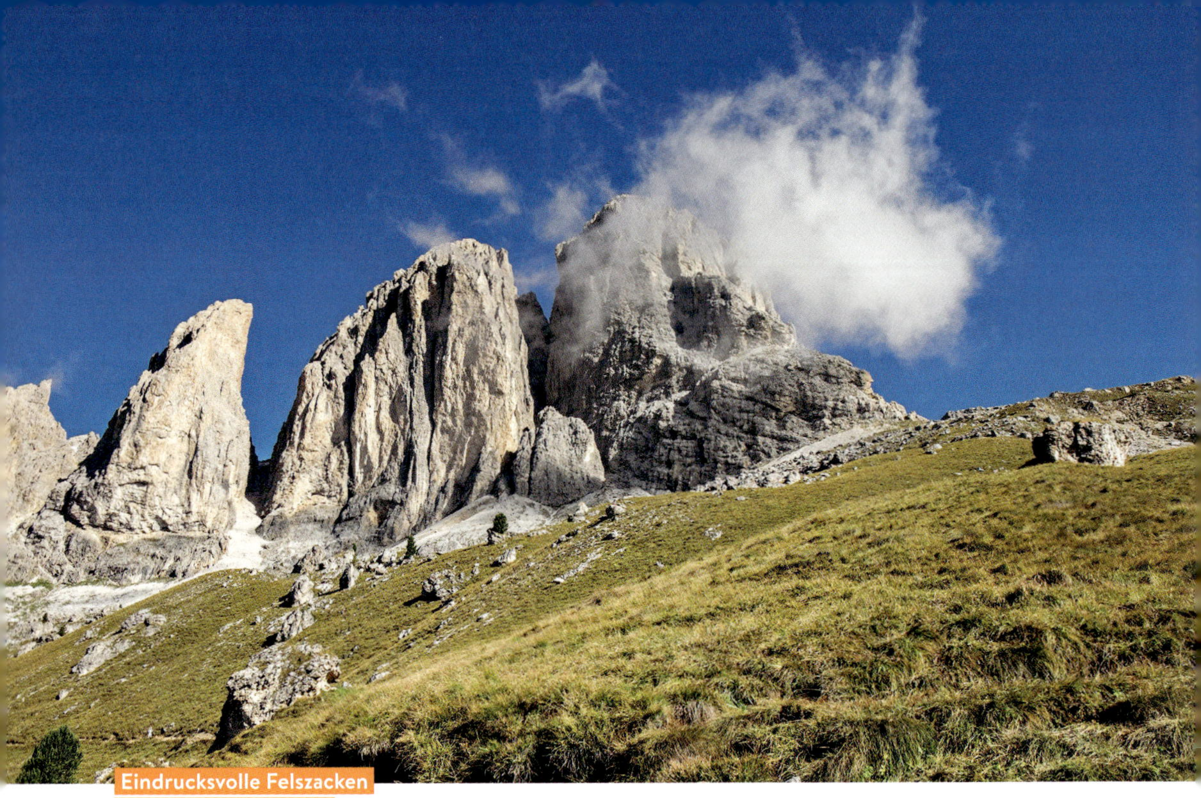

Eindrucksvolle Felszacken säumen unseren Weg.

1950er-Jahren zu einem Neubau, der 1971 erweitert wurde. Inzwischen hat sich die Plattkofelhütte zu einer modernen, komfortablen Hütte gemausert, die bei Wanderern sehr beliebt ist. Neben der wunderbaren Umgebung liegt dies vor allem an der leichten Erreichbarkeit über den Friedrich-August-Weg. Traumhaft ist die Lage der Plattkofelhütte am Fuße des namengebenden Gipfels. Das hat aber weniger mit dem Plattkofel zu tun als mit der grandiosen Aussicht zur Dolomiten-Königin Marmolada. Der Gegenpol dazu befindet sich auf der gegenüberliegenden Seite mit dem saftigen Grün der Seiser Alm.

IN DIE LANGKOFELSCHARTE Von der Plattkofelhütte gehen wir kurz ein Stück in Richtung Seiser Alm, biegen aber bald nach rechts ab. Der Steig führt unter den felsigen Westhängen des Plattkofels entlang. Wir erreichen **3 Piz da Uridl**, eine schöne grasige Hochfläche, auf der wir gemütlich rasten können. Anschließend gehen wir unter den felsigen Nordabstürzen des Plattkofels zu einer Wegkreuzung. Direkt über uns steht die **4 Langkofelhütte**. In vielen Serpentinen steigen wir hinauf zur Hütte, die zwischen Langkofel und Plattkofel liegt. Wir befinden uns nun mitten im Herzen der Langkofelgruppe. Auch wenn wir schon lange unterwegs sind, so wartet noch ein letzter Anstieg auf uns. Über ein Schuttkar und einige Serpentinen erreichen wir die **E Langkofelscharte** mit der Toni-Demetz-Hütte. Hier können wir noch einmal einkehren, bevor wir unsere Wanderung mit der Talfahrt der Seilbahn beenden. Direkt oberhalb der Scharte steht die Fünffingerspitze, wir sind der Hand des Riesen nun ganz nah. Die Überkletterung der Finger ist eine beliebte Klettertour, hätte er nur sein Schicksal geahnt, wer weiß, ob er seine Streiche nicht einfach gelassen hätte.

INFO

mittel | 6.30 Std. | 12,6 km | 1060/560 hm

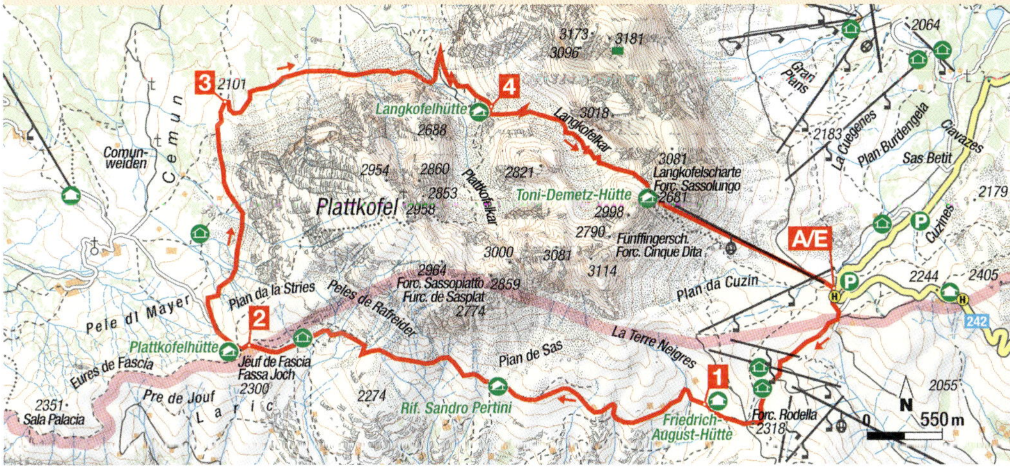

AUSGANGSPUNKT
Sellajoch

GPS
46.508682, 11.757083

ENDPUNKT
Langkofelscharte

GPS
46.514684, 11.739219

TOURENCHARAKTER
Friedrich-August-Weg zur Plattkofelhütte: einfache, gut zu begehende Wanderwege. Danach schmale Steige, die bis zur Langkofelhütte teilweise steinig und steil sind

ANFAHRT
ÖPNV: Mit dem Zug nach Klausen und weiter mit dem Bus über das Grödnertal zum Sellajoch. Pkw: Über das Grödnertal mit Wolkenstein zum Sellajoch, parken am Joch

EINKEHR
Friedrich-August-Hütte, Tel. +39 0462 76 49 19, www.fassa.com/DE/RifugioFriedrichAugust; Rifugio Sandro Pertini, Tel. +39 328 865 19 93, www.rifugiopertini.com; Plattkofelhütte, Tel. +39 0462 60 17 21, www.plattkofel.com; Langkofelhütte, Tel. +39 0471 79 23 23, www.rifugiovicenza.com; Toni-Demetz-Hütte, Tel. +39 335 658 67 96, www.tonidemetz.it

INFO
www.valgardena.it

Die gemütliche Plattkofelhütte

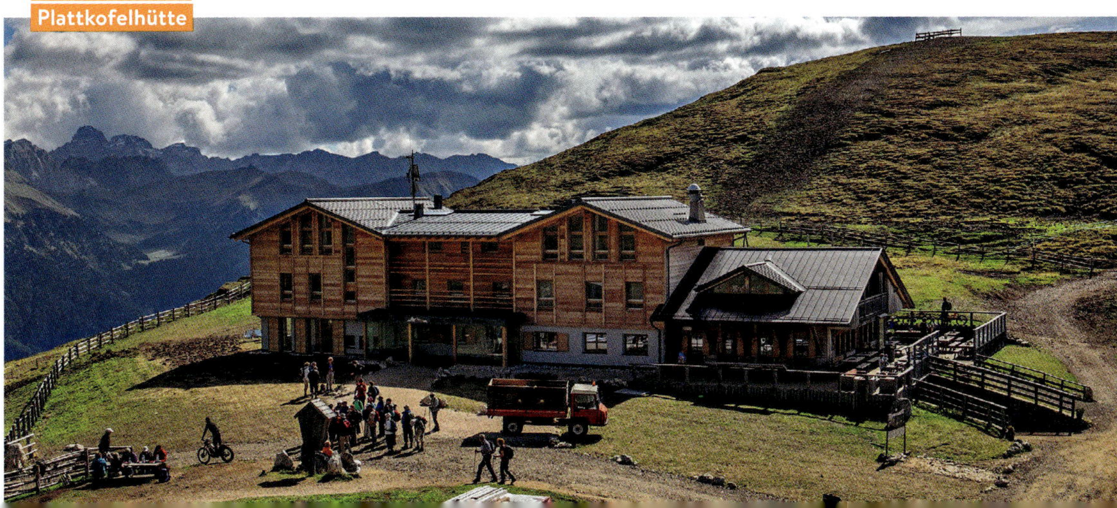

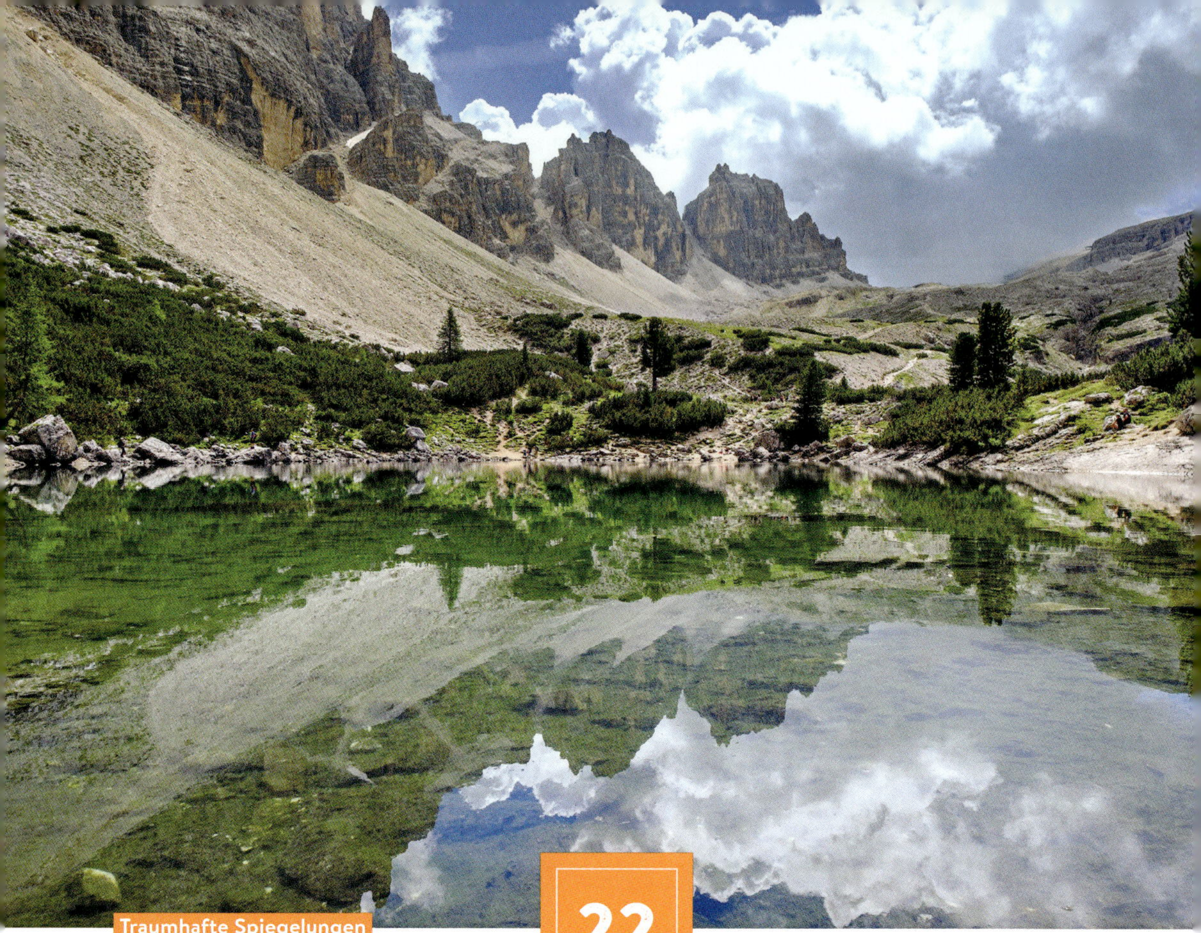

Traumhafte Spiegelungen am Lago di Lagazuoi

22

Über den Col de Locia zum Lago di Lagazuoi

Dolasilla und das Königreich Fanes

Lavarella und Conturines auf der einen Seite, auf der anderen der Ciaval. Steinerne und eindrucksvolle Felsgipfel mitten im Naturpark Fanes-Sennes-Prags. Almwiesen, Wasserfälle, schmale Steige, dramatische Felswände und beeindruckende Panoramen, dazu ein grün schimmernder Bergsee und eine nette Hütte – mehr Magie am Berg ist kaum möglich.

ZUR CAPANNA ALPINA Am Waldrand des **A Parkplatzes Sciarè** beginnt der Aufstieg zur ausgeschilderten Capanna Alpina. Der Weg führt auf der linken Seite am Campingplatz vorbei und folgt anfangs mit etwas Abstand dem breiten Kiesbett des Bergbachs Sciarè. Kurz vor dem Parkplatz Capanna Alpina queren wir den Bach und erreichen dann den gleichnamigen **1 Berggasthof**. Hier endet auch für alle Pkw-Fahrer die öffentliche Straße, und so wandern wir nun wirklich alle zu Fuß weiter.

NATURPARK FANES-SENNES-PRAGS
Hinter dem Gasthaus folgen wir dem breiten Weg durch eine Schranke und sind nun im Naturpark Fanes-Sennes-Prags. Die weitläufige Schutzzone umfasst ein großes Gebiet zwischen den Gemeinden Abtei, Enneberg, Wengen, Olang, Toblach und Prags. Der Weg führt gleich zu Beginn über ein Bachbett. Dahinter finden wir den Wegweiser, der uns nach links auf den Weg Nr. 11 zum Col de Locia schickt. Anfangs wandern wir noch relativ eben über eine Almwiese mit lockerem Baumbestand und queren kleine Bäche, aber dann ist es mit der Gemütlichkeit vorbei. Der Weg steigt nun an und wird im weiteren Verlauf noch steiler. Aber angesichts der dramatischen Bergwelt kommen wir aus dem Staunen nicht heraus und haben schon deswegen einen erhöhten Pulsschlag. Schließlich nähern wir uns Felsen und steigen zum Finale mit ein paar Stufen hinauf zum 2069 Meter hohen **2 Col de Locia**, dem Übergang zur Hochebene des Gran Fanes.

HOCHEBENE VOM FEINSTEN Nun liegt ein landschaftlich äußerst reizvolles Stück Weg vor uns. Fast eben wandern wir Richtung Norden. Geröll, Steine und grüne Flächen wechseln sich ab. Vereinzelt kämpfen Zirben gegen die Naturwidrigkeiten und versuchen zu überleben. Die Berge links und rechts von uns schrappen kurz unter

↓ Aufstieg in den Naturpark
↘ Felstürme in allen Formen über dem See

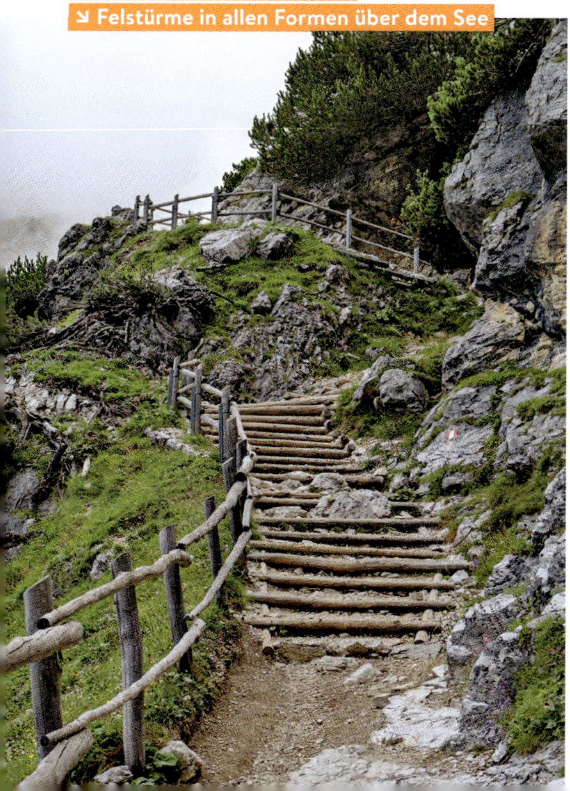

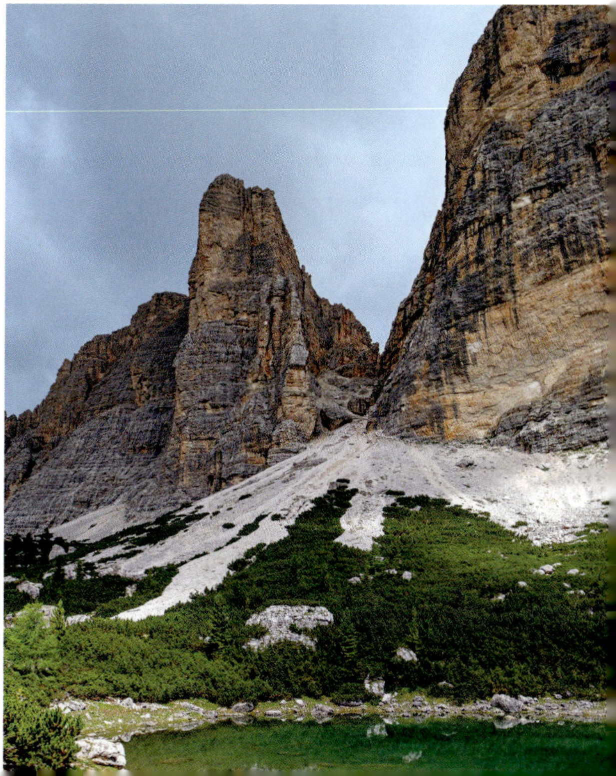

der 3000er-Marke. Ein Bergbach plätschert fröhlich neben unserem Weg und rundet dieses magische Fleckchen Erde gekonnt ab.

ZUM FORCELLA DL LECH Wenn die Geröllhaufen näherkommen, dauert es nicht mehr lang und wir biegen scharf rechts auf den Wanderweg 20B ab, der nun bereits zum **3 Lagazuoi-See** beschildert ist. Jetzt steht uns noch ein weiterer anstrengender Anstieg bevor. Schatten gibt es keinen mehr, und die Sonne wird von den hellen Steinen der Dolomiten gnadenlos reflektiert. Der schmale Weg windet sich immer höher, und dann sehen wir auch schon vor uns die Scharte, Forcella dl Lech. Einen Einschnitt zwischen den Felsen des Piz dl Lech und der Piz Scotoni. Mit einem letzten Aufschwung stehen wir im felsigen Sattel der **4 Scharte**. Unglaublich imposant ist die Bergwelt, nirgendwo kommen wir den Felsen näher als bei dieser Tour. Jetzt ist Zeit für eine Pause, denn den Abstieg sollten wir ausgeruht angehen.

Karg präsentiert sich die Landschaft auf der Hochebene.

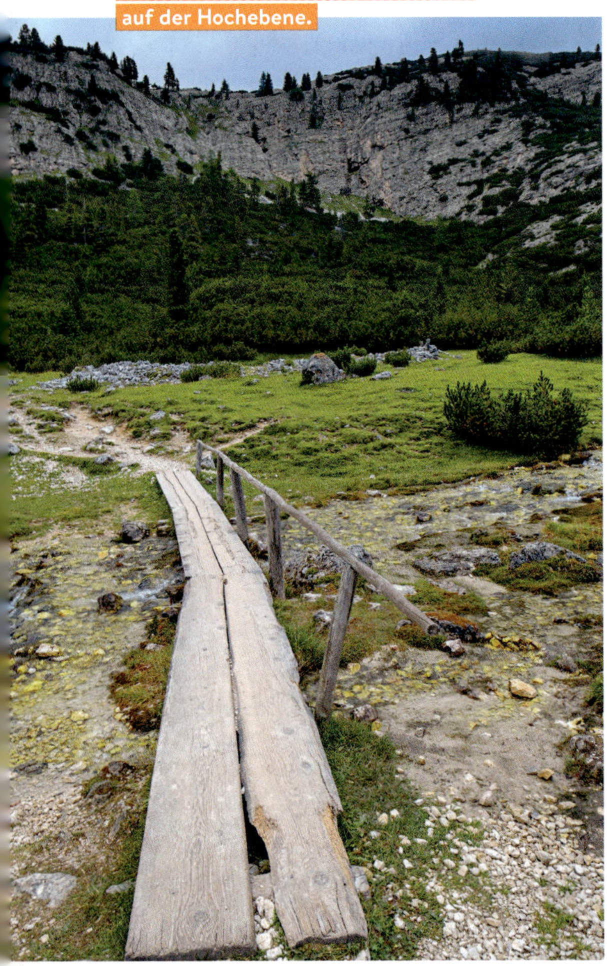

Tipp

DOLASILLA UND DAS REICH DER FANES

Eine der wichtigsten Südtiroler Legenden handelt vom Reich der Fanes, dem sagenumwobenen Königreich Ladiniens, zu dem die berühmte Königstochter Dolasilla gehörte. Sie besaß übernatürliche Kräfte, unterstützt von unfehlbaren Pfeilen und einem weißen Panzer. Ihrem machtgierigen Vater unterstanden Adler zur Ausdehnung des Reiches, während Dolasilla von Murmeltieren und Zwergen sowie dem Kriegsheld Ey de Net (Nachtauge) unterstützt wurde. Gegenspieler war der Zauberer Spina de Mul, ein halb verwestes Maultiergerippe, und am Ende auch ihr Vater, der zum Verräter wurde. Das ganze Epos spielt sich im Fanesgebiet ab, zwischen dem Pragser Wildsee, den Armentarawiesen und dem nahen Falza-Rego-Pass, der nach dem falschen König benannt wurde. Mit viel Fantasie kann man sich auch auf dieser Wanderung von dem ladinischen Nationalepos vom Reich der Fanes beflügeln lassen: Murmeltiere gibt es sicherlich, und mit etwas Glück kann man sogar einen Adler sehen.

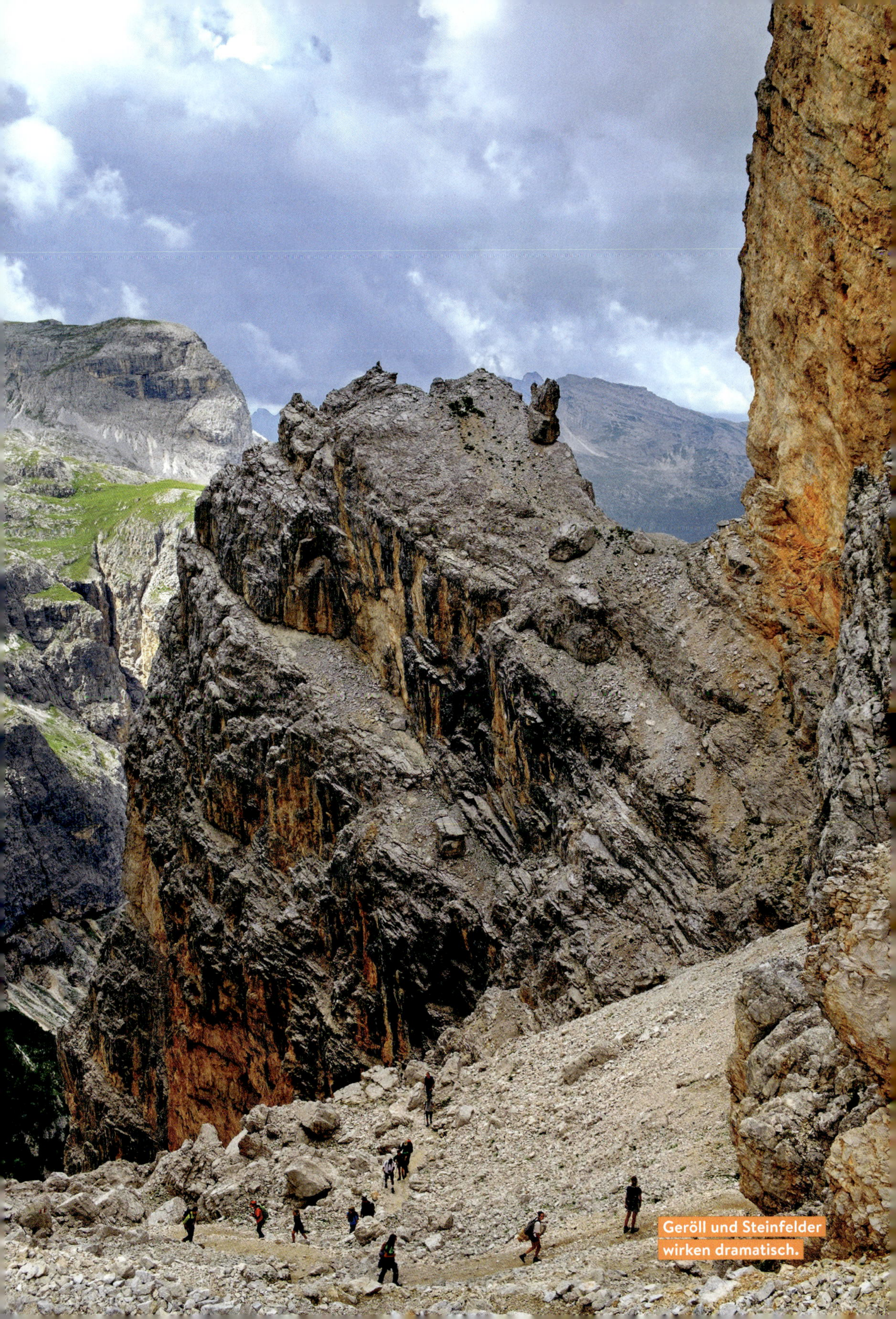

Geröll und Steinfelder wirken dramatisch.

ABSTIEG ZUM GRÜNEN SEE Von der Scharte windet sich ein winziger Weg abwärts. Er ist so geschickt zwischen den Felsen angelegt, dass man ihn anfangs kaum ausmachen kann. Nach den ersten Höhenmetern liegt dann der Lagazuoisee, wie ein grünes Auge zwischen den Steinen unter uns. Fast senkrecht stehen wir hoch über dem Wasser, während wir in südlicher Richtung das flache Gipfelplateau des Lagazuoi ausmachen (Tour 24). Konzentration ist gefragt, denn der Weg führt wirklich sehr steil und in unglaublich vielen Zickzacks bergab. Aber dann haben wir den wunderschönen Bergsee auch schon erreicht, und spätestens jetzt ist Zeit für eine Pause an seinem **5 Ufer**.

SCOTONI-HÜTTE Zum Finale wandern wir ein Stück am Ufer entlang und folgen dann am Ende des Sees der Beschilderung zur Scotoni-Hütte auf den Weg Nr. 20. Immer noch steil bergab, verlieren wir rasch an Höhe. Ein wilder Bergbach begleitet uns über ein paar Kaskaden. Die Bergwelt ist dramatisch, felsig und karg. Umso mehr überrascht dann die grüne Almwiese, an deren Ende die beliebte **6 Scotoni-Hütte** steht. Gerne lassen wir uns von den Kochkünsten etwas ausbremsen, bevor wir für das letzte Stück zurück der kleinen Almzufahrtsstraße folgen. Auch sie führt steil abwärts, und so dauert es nicht lange, und wir erreichen unseren Aufstiegsweg unweit der Capanna Alpina. Zum Abschluss folgen wir dem Hinweg zurück bis nach **E Sciarè**.

Wolken und Nebel passend zur Stimmung

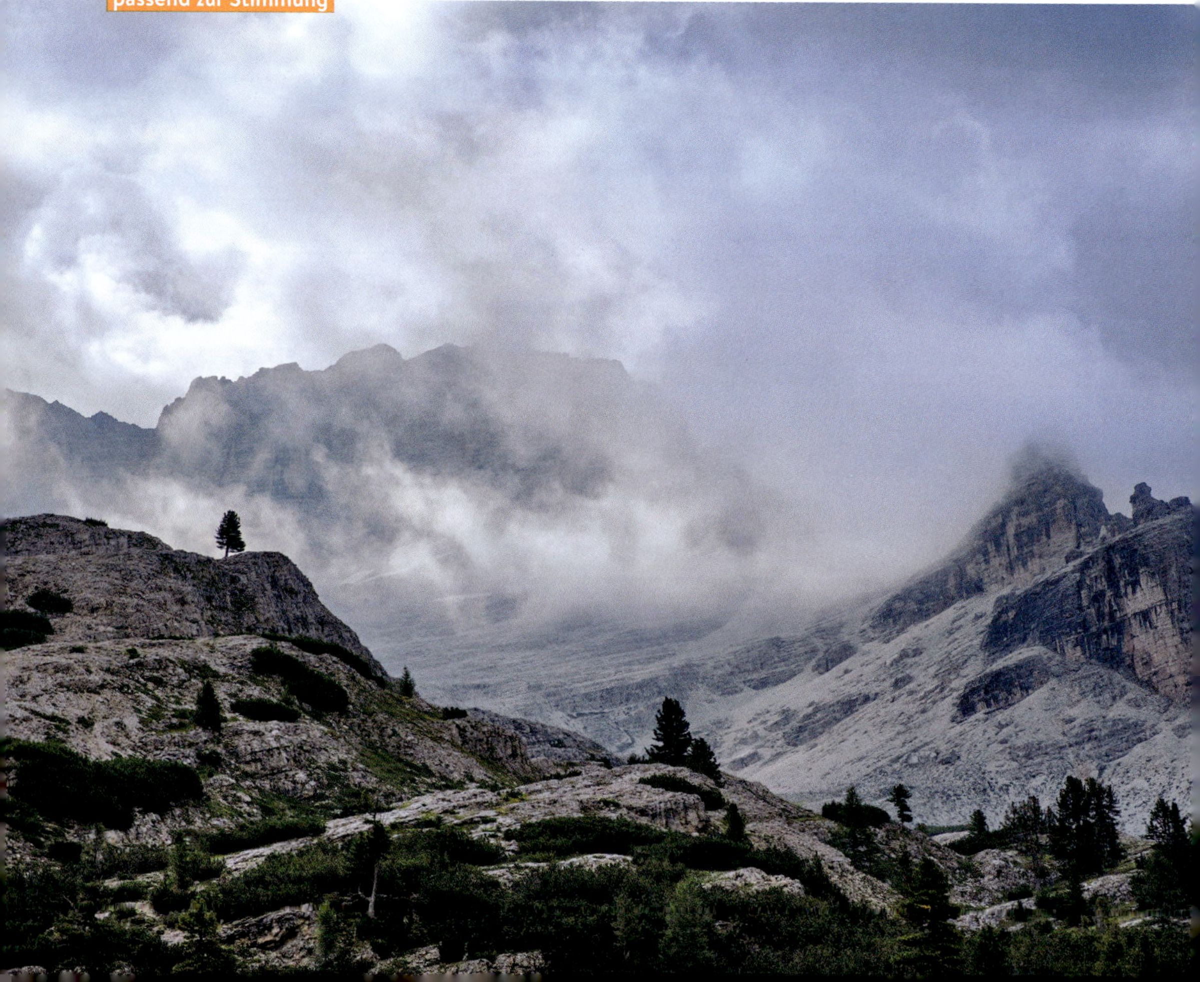

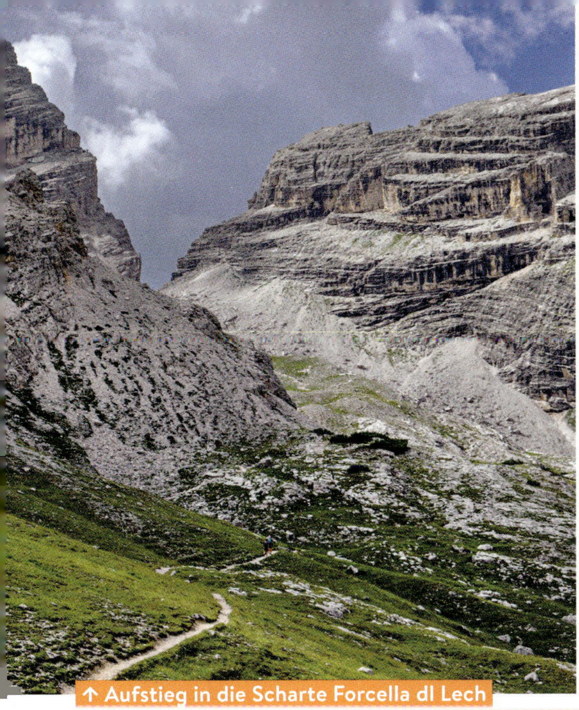

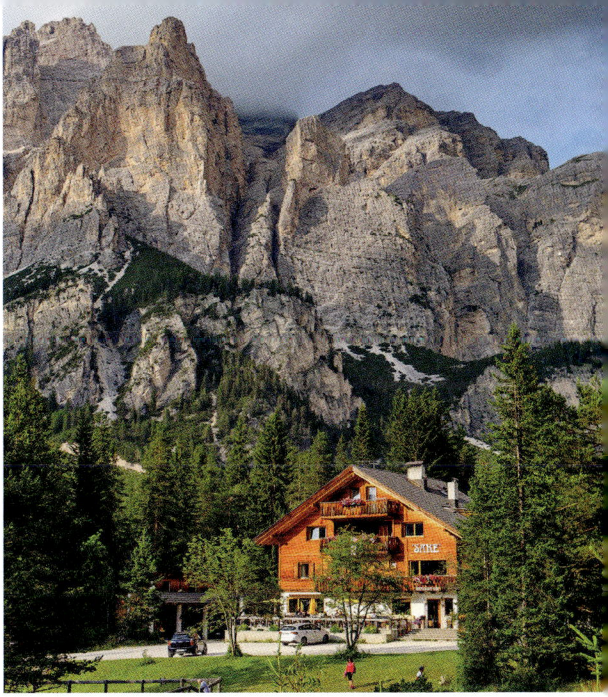

↑ Aufstieg in die Scharte Forcella dl Lech
↗ Am Berggasthof Sare bei St. Kassian ist der Startplatz.

INFO

AUSGANGS-/ENDPUNKT
Parkplatz Sciarè

GPS-DATEN
46.553528, 11.968231

TOURENCHARAKTER
Eine längere Wanderung auf Wanderwegen und Bergpfaden. Trittsicherheit ist notwendig, technisch jedoch keine Schwierigkeiten. Nur der Abstieg zum Lago di Lagazuoi ist sehr steil und führt über viele lose Steine.

ANFAHRT
ÖPNV: Mit dem Zug nach Bruneck, weiter mit dem Bus ins Gadertal über St. Kassian bis zur Haltestelle Sciarè. Pkw: Über Bruneck oder Corvara ins Gadertal nach St. Kassian. Von dort weiter Richtung Valparolapass aber nur bis Sciarè/Campingplatz Sass Dlacia. Direkt an der Straße gibt es einen großen Parkplatz. Wer möchte, kann die Tour abkürzen. Dafür kurz vor dem Parkplatz links bergauf zum Parkplatz an der Capanna Alpina fahren (spart ca. 100 hm und 40 Min. Gehzeit).

EINKEHR
Unterwegs erreichen wir beim Abstieg die Ütia Scotoni, die Scotoni-Hütte. Nur während der Sommermonate geöffnet (im Winter nur auf Skiern erreichbar).

schwer	4.45 Std.	13 km	800 hm

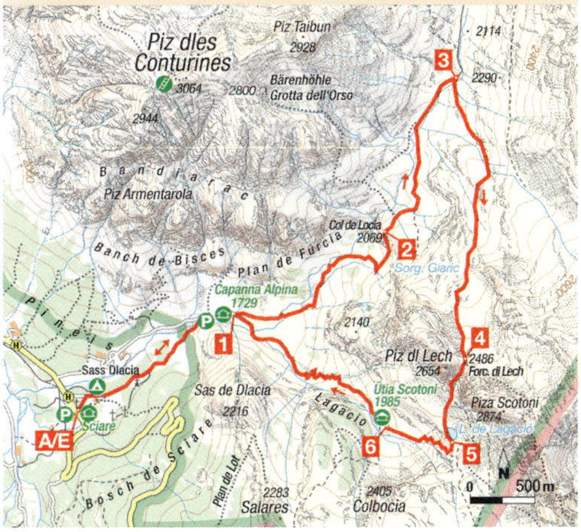

INFO
www.altabadia.org

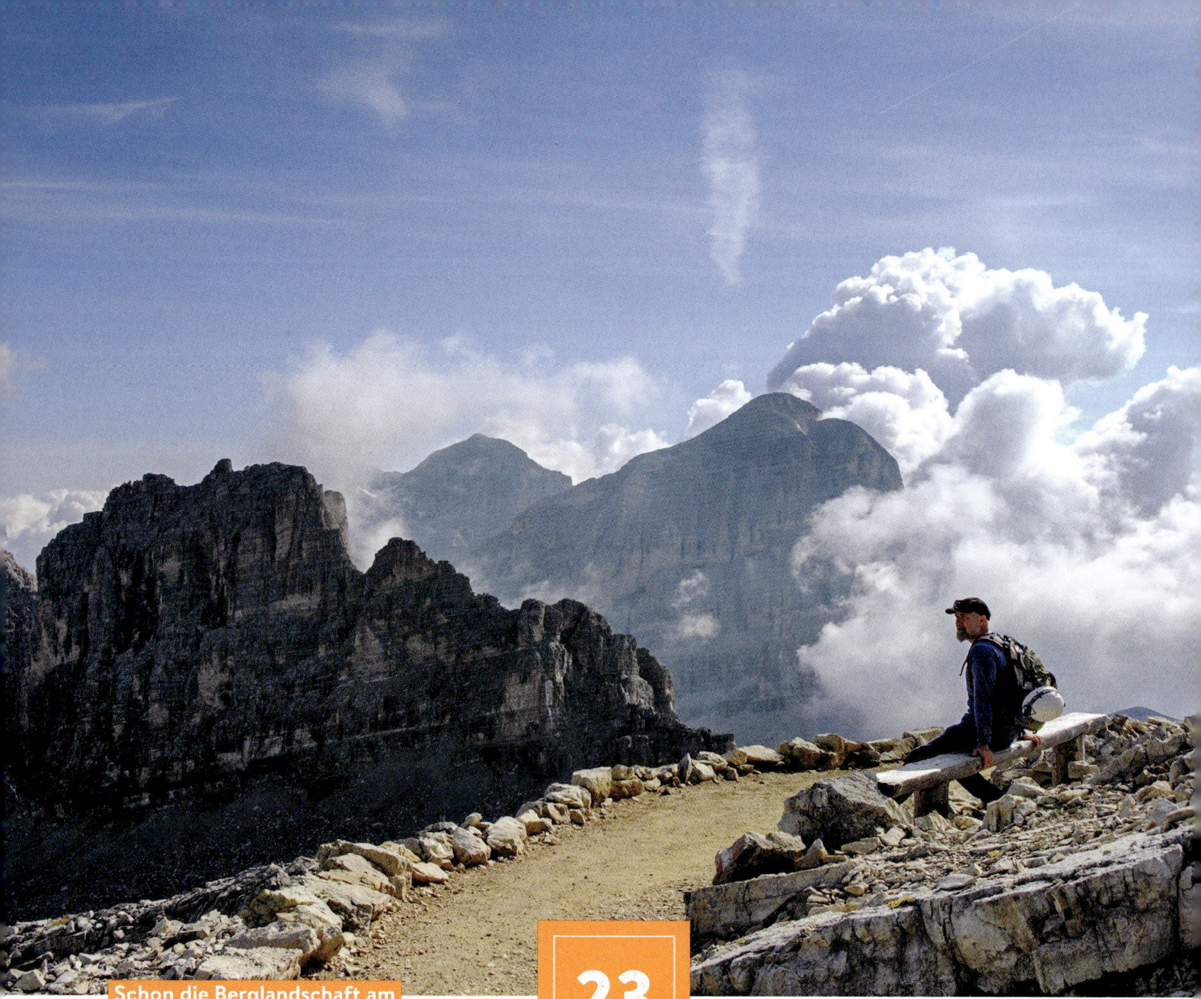

Schon die Berglandschaft am Kleinen Lagazuoi wirkt dramatisch.

23

Am Lagazuoi in den Dolomiten

Schicksalhafter, dramatischer Tunnelweg

Am Falzaregopass ragt der Dolomitengipfel des Kleinen Lagazuois in den blauen Himmel. Idylle pur, wäre da nicht das Wissen um die schreckliche Vergangenheit. Über das Gipfelplateau verlief die hart umkämpfte Frontlinie im Ersten Weltkrieg, mit dramatischen Folgen für den Berg: Schützengräben und Tunnelsysteme durchziehen ihn bis heute.

ZWISCHEN DEN FRONTEN Genaugenommen liegen der Falzaregopass und damit auch der Kleine Lagazuoi nicht mehr in Südtirol, sondern im Trentino. Aber er befindet sich ganz nah an der Grenze, sodass wir den Schicksalsberg gut besuchen können. Dabei war genau diese Grenze für den erbitterten Kampf um den strategisch wichtigen Gipfel verantwortlich. Als Italien im Mai 1915 Österreich-Ungarn den Krieg erklärte, weitete sich der Konflikt des Ersten Weltkriegs aus und überall in den Bergen wurde gekämpft. Das Gipfelplateau des Lagazuoi war eine der Frontlinien. Oben harrten die Österreicher sogar im Winter bei Eiseskälte aus und verteidigten den Berg, während aus dem Tal die Italiener versuchten, Territorium zu gewinnen. Dabei war der Lagazuoi von der italienischen Seite durch seine Steilheit kaum einnehmbar. Bewegung an der Front gab es erst, als sich die Italiener einen Tunnel von unten durch den ganzen Berg bohrten, um die österreichische Stellung zu unterminieren. Er führte vom Martini-Felsband, auf dem die Italiener ihre Stellung in einem natürlich geschützten Bereich errichtet hatten, bis zur Vorkuppe des Kleinen Lagazuoi und wurde in Rekordzeit errichtet. Dieser Stollen ist das kühnste Tunnelsystem, das während des Ersten Weltkriegs realisiert wurde. Er ist fast einen Kilometer lang, begehbar und wurde komplett restauriert.

AUSSICHTSFLASH Ausgestattet mit Helm und Stirnlampe, die wir neben der Seilbahnkasse an einem Kiosk erhalten, fahren wir mit der **A Seilbahn** in weniger als drei Minuten auf den Berg. Das ist allein schon ein spannendes Erlebnis, gibt es doch keine einzige Seilbahnstütze zwischen der Tal- und Bergstation. 630 Höhenmeter Aufstieg haben wir uns gespart und sind überwältigt von dem einzigartigen Panorama, das sich uns nun bietet. Die Crème de la Crème der Dolomitengipfel umringt uns. Wohin das Auge auch blickt, steile Felsnadeln, wilde Abbruchkanten und ein unendliches Meer an weiteren Gipfeln. Der Tofane ist zum Greifen nah und erstaunlich ist die Aussicht nach Norden, wo der Lagazoui fast schon sachte in einem Geröll aus Steinen abfällt, um zur Ebene am Lago di Lagazuoi zu führen (Tour 22).

Das Dolomiten-Fingerkraut stimmt uns friedlich in dieser historischen Umgebung.

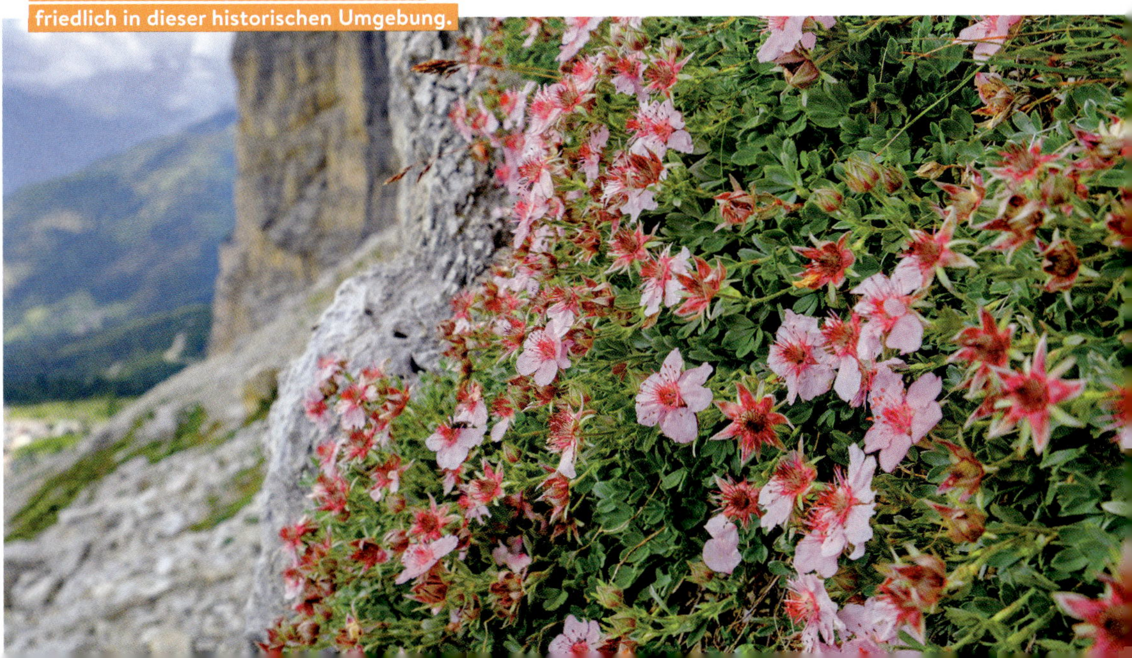

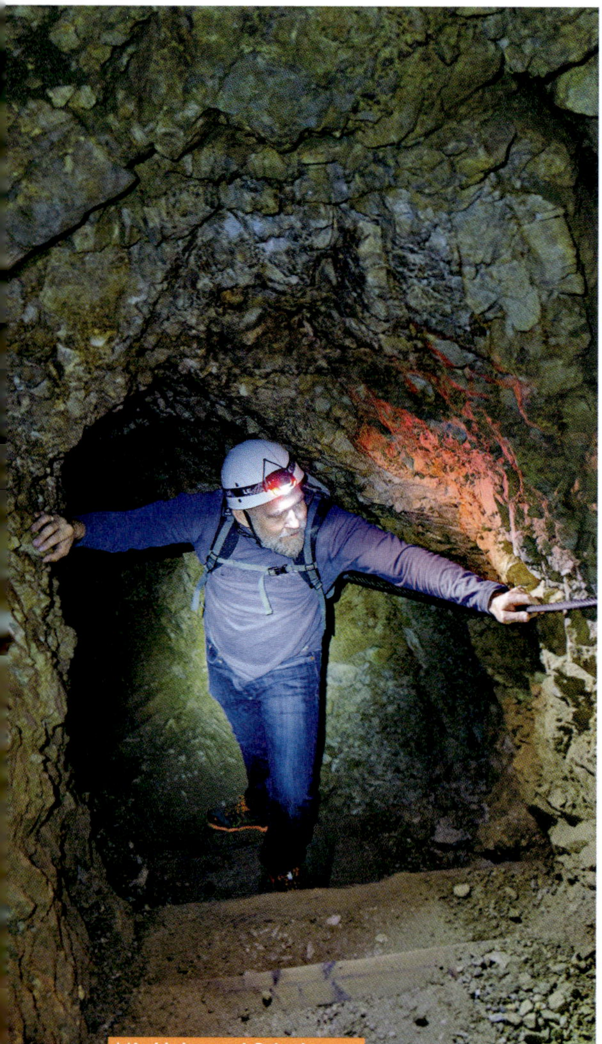

Mit Helm und Stirnlampe geht es in den Tunnel.

Tipp

FREILICHTMUSEUM, KLETTERSTEIGE UND WANDERWEGE

Der Lagazoui ist wirklich ein Berg für Jedermann. Von der Bergstation führt ein einzigartiger, barrierefreier und behindertengerechter Wanderweg zum Gipfel. Das Freilichtmuseum lässt sich das ganze Jahr über kostenfrei besichtigen. Besonders interessant sind die sommerlichen Führungen (Spende), die mehrmals täglich stattfinden und die ungemein viel über die Geschichte erzählen, denn in diesem Buch reicht der Platz bei Weitem nicht dafür aus. Zudem ist das ganze Bergmassiv ein beliebtes Klettergebiet. Es gibt einen berühmten Klettersteig, den Kaiserjägersteig, der aus dem Tal über schwindelerregende Stellen zum Gipfel führt. Aber auch unser Abstieg hat es in sich. Am besten leiht man sich an der Talstation einen Helm samt Stirnlampe für die Tunnel aus. Der Weg führt über einen Kilometer steil durch das Berginnere. Die Stufen können feucht und rutschig sein und die Decke niedrig. Wer als Familie unterwegs ist, sollte auch für den Tunnelabstieg ein Klettersteigset in Erwägung ziehen. Bevor man den Tunnel erreicht, und auch an seinem Ende, muss man jedes Mal einige hundert Meter einen sehr ausgesetzten Steig gehen.

KLEINER LAGAZUOI Wir müssen uns noch gar nicht satt sehen, denn bevor wir uns in das Tunnelsystem begeben, besuchen wir noch den Gipfel des **1 Kleinen Lagazuois**. Dorthin führt ein gut ausgebauter breiter Wanderweg, der völlig barrierefrei ist. Vorbei am Berggasthof, dem Rifugio di Lagazuoi, können wir dann über den spannenden Skywalk, der einem Balkon gleicht und über dem Abgrund schwebt, spazieren. Dahinter verläuft der Weg weiter im leichten Aufstieg und mit einigem Zickzack bis zum Gipfel, bei dem sich neue Aussichten auftun. Zurück geht es dann auf gleichem Weg zur Bergstation, wo wir ein letztes Mal Sonne tanken, oder die Ausstellung besuchen, bevor wir uns an den Abstieg machen.

TUNNEL Der ausgeschilderte Zugang zum Tunnel liegt unterhalb der **2 Bergstation**.

Genau da, wo man sich fragt, wie denn, um alles in der Welt, hier ein Weg abwärtsführen sollte. Ein nur mit einem dünnen Stahlseil gesicherter Bergpfad windet sich mit einigen Stufen im Zickzack abwärts. Bald wendet sich der Weg nach links und bringt uns zu einigen Stellungsschächten. Von dort ist es nur noch ein kurzes Stück über einen Grat bis zum **3 Eingang der Stollen an der Vorkuppe**. Ab jetzt gibt der Tunnel den Weg vor, und wir machen uns auf den langen, dunklen und spannenden Abstieg. Der Weg ist in seiner ganzen Länge mit Drahtseilen gesichert. Nur an wenigen Stellen dringt etwas Tageslicht durch die in den Felsen gehauenen Fenster und schenkt uns grandiose Aussichten. Hinweisschilder erklären die Geschichte des Baus. Nach einer gefühlten Ewigkeit nähern wir uns dem Ausgang.

ES WERDE LICHT Wir treten am **4 Martiniband**, dem horizontalen Verbindungsstollen, wieder ins Freie. Dort heißt es kurz verschnaufen und ein letztes Mal konzentrieren, denn bis zum bequemen Wanderweg geht es noch einmal steil und etwas ausgesetzt bergab. Immer noch sind wir mitten zwischen den Felsen und an zwei Stellen brauchen wir sogar unsere Hände. Aber dann haben wir es geschafft, und der Weg führt wieder auf völlig sicheres Terrain. In kleinen Kurven verlieren wir weiter an Höhe, nähern uns den Latschen und erreichen schließlich nach rechts wieder die Talstation und somit den **E Ausgangspunkt** unserer Tour.

INFO

AUSGANGS-/ENDPUNKT
Falzaregopass

GPS-DATEN
46.519328, 12.008332

TOURENCHARAKTER
Konditionell keine schwierige Wanderung, wir nutzen die Gondelbahn für die Auffahrt. Der Abstieg führt jedoch durch das steile Tunnelsystem mit zigtausend Treppenstufen. Absolute Trittsicherheit nötig. Zudem muss man für den Zugang zum Tunnel schwindelfrei sein. Der Weg ist ausgesetzt.

ANFAHRT
ÖPNV: Komplizierte Anreise: Mit dem Zug nach Bruneck, weiter mit dem Bus ins Gadertal nach St. Kassian und von dort weiter mit dem Bus zum Falzaregopass. Pkw: Über Corvara oder Abtei ins Gadertal und von dort Richtung Cortina d'Ampezzo zunächst über den Valparolapass zum Falzaregopass. Großer Parkplatz an der Seilbahn vorhanden

EINKEHR
Am Gipfel liegt das Rifugio Lagazuoi in einzigartiger Panorama-Aussicht. Beim Abstieg ist keine Brotzeitpause möglich. Erst fast im Tal gibt es schöne Rastplätze.

schwer	3.30 Std.	5 km	80/700 hm

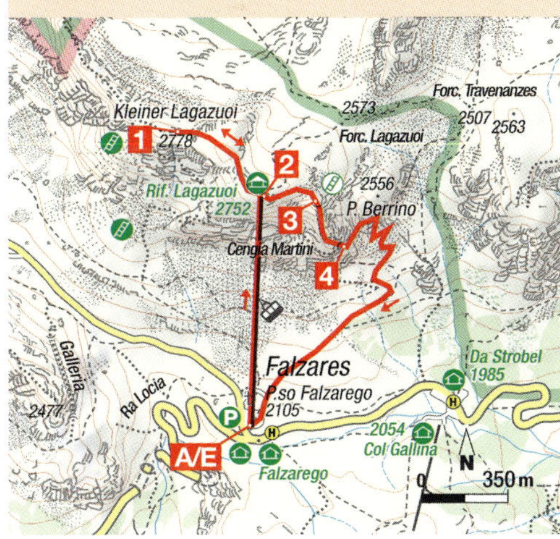

INFO
www.castelfeder.info

In König Laurins Reich

Durch den wilden Rosengarten

Der Rosengarten ist verknüpft mit der Sage über König Laurin. Wir besuchen auf dieser Wanderung nicht das Gartl, wo er seinen Garten hatte. Stattdessen unternehmen wir eine spannende Tagestour über den Vajolonpass.

24

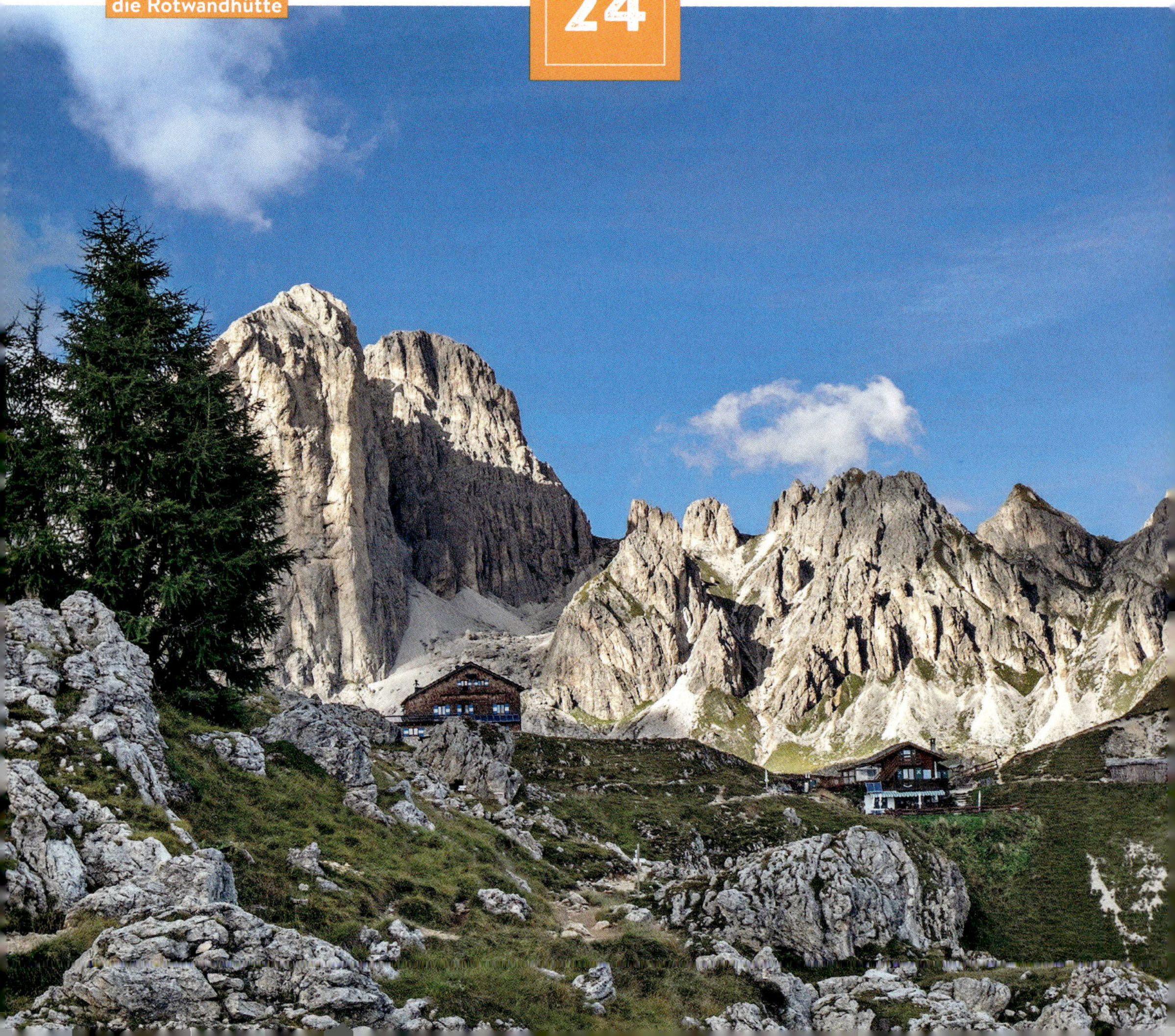

Bald erreichen wir die Rotwandhütte

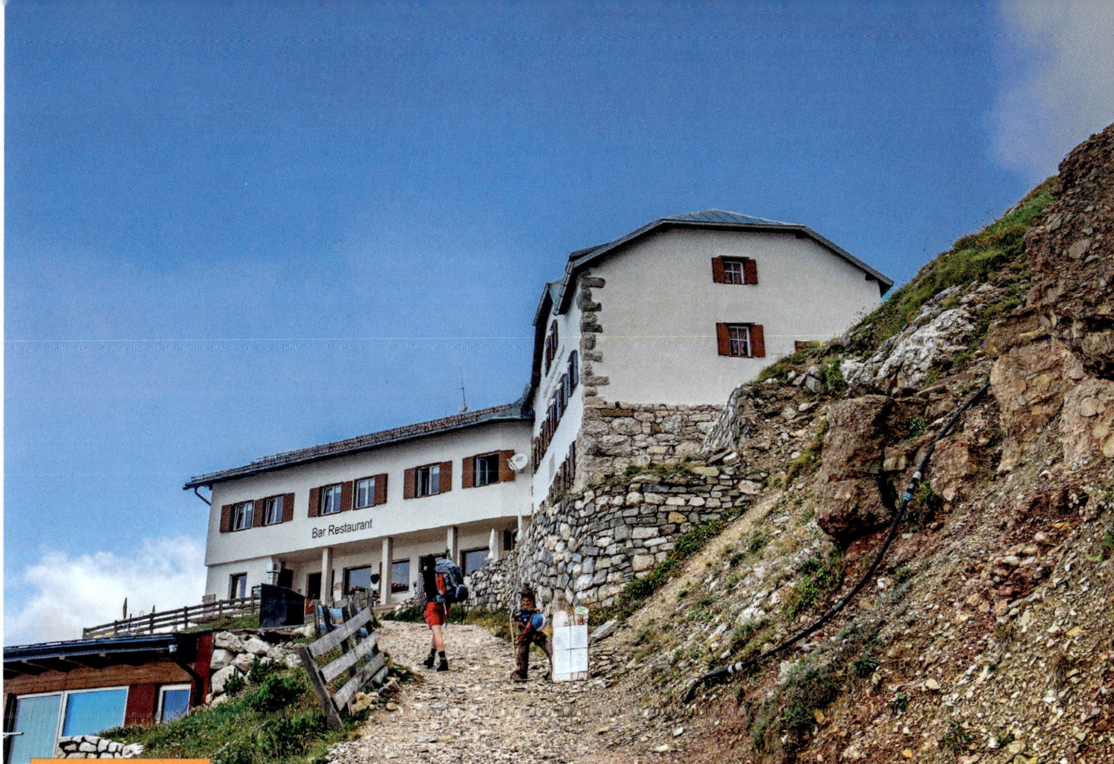

Die Kölner Hütte

EINFACHER BEGINN Der Sessellift bringt uns zur Bergstation an der **A Paolinahütte** (2125 m). Über den Wanderweg Nr. 539 gehen wir gemütlich hinauf zum **1 Christomannosdenkmal**. Es steht hier zu Ehren von Theodor Christomannos, der als Begründer und Pionier des Fremdenverkehrs in Südtirol gilt. Insbesondere am Ausbau des Verkehrsnetzes hatte er großen Anteil. Vom Denkmal wandern wir auf einem schönen Höhenweg zur bewirtschafteten **2 Rotwandhütte** (2283 m), die sich für eine erste kleine Stärkung anbietet, bevor es anstrengender wird. Die Hütte wurde 1906 von der Sektion Welschnofen-Karersee des Deutschen und Österreichischen Alpenvereins erbaut. Einer der Treiber des Hüttenbaus war Christomannos. Durch eine Spende des Ludwigsburger Unternehmers Stockholm Karl Ostertag-Siegle wurde der Bau finanziert. Daher erhielt die Hütte zu Beginn den Namen Ostertag-Hütte. Auf der Speisekarte der Hütte finden wir leckere ladinische Köstlichkeiten.

DER VAJOLONPASS Nach der Pause folgen wir dem Weg Nr. 541 in nördlicher Richtung. Er führt auf der Ostseite der Rotwand entlang. Bevor der Hauptweg zum Cigoladepass ansteigt, biegt unser Weg nach links ab. Wir

Tipp

HANICKER-SCHWAIGE

Die Hanicker-Schwaige ist eine beliebte Almhütte unterhalb der berühmten Vajolettürme. Man kommt damit dem Gartl schon deutlich näher. Es handelt sich um eine einfache Almenwanderung für die ganze Familie. Startpunkt ist die Frommeralm zwischen Karerpass und Nigerpass.

folgen nun der Markierung 551 in Richtung Rotwand. In einem weiten Bogen führt der Steig durch steiles Gelände aufwärts. Oben im **3 Vajolonpass** gönnen wir uns eine kurze Verschnaufpause und genießen die eindrucksvolle Landschaft. Von hier blicken wir hinauf zum Gipfel der Rotwand, der über einen leichten Klettersteig erreicht werden kann.

ABSTIEG ZUR PAOLINAHÜTTE Wir aber machen uns an den Abstieg in Richtung Westen zur Paolinahütte. Der Weg ist teilweise steil und felsig. Deshalb benötigt man unbedingt Trittsicherheit. Die schwierigsten Stellen sind mit Drahtseilen und sogar einer Leiter gut abgesichert. Weiter unten wird das Gelände flacher, und wir erreichen den Hirzelweg. Wir folgen diesem ein Stück nach Süden bis zu einer ersten Wegteilung. Hier gehen wir nach rechts abwärts bis zu einem weiteren Höhenweg. Auf diesem gehen wir nach links und folgen der Markierung Nr. 552 in südlicher Richtung bis zur **E Paolinahütte** an der Bergstation des Sesselliftes. Hier kehren wir noch einmal gemütlich ein. Anschließend fahren wir mit dem Sessellift zurück ins Tal.

KÖNIG LAURIN Der Rosengarten ist eng verknüpft mit der Sage von König Laurin. Seine Zwerge schürften in den Bergen nach Edelsteinen. Als es um die Vermählung der Königstochter Similde ging, wurde Laurin von ihrem Vater nicht eingeladen. Mit einer Tarnkappe schlich er sich trotzdem auf das Ritterturnier und verliebte sich sofort in Similde. Er entführte sie daraufhin mit seinem Pferd. Ihr Versprochener machte sich auf den Weg, seine Gefährtin zurückzuholen. Mithilfe seiner Tarnkappe und eines Zaubergürtels kämpfte er gegen die Ritter. Seine Rosen

↓ Am Hirzelweg
↘ Das Christomannos-Denkmal

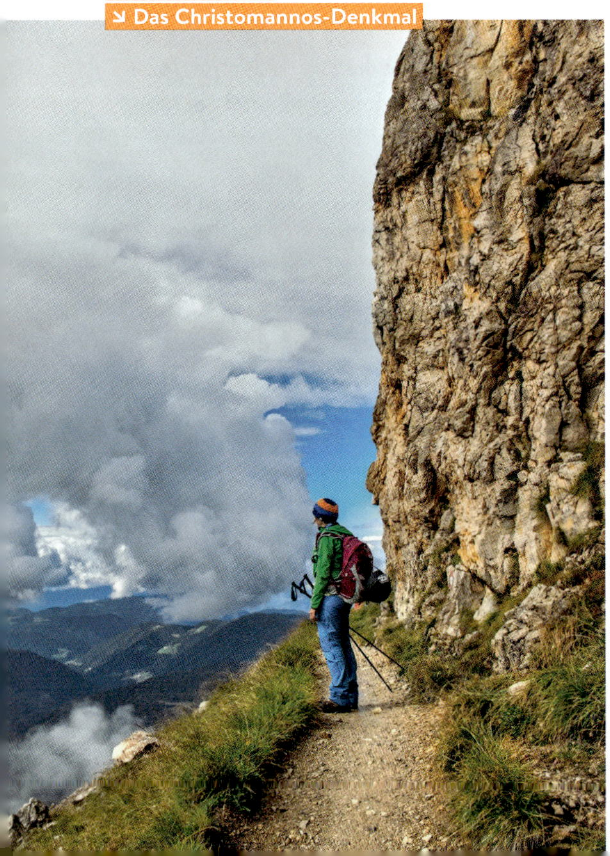

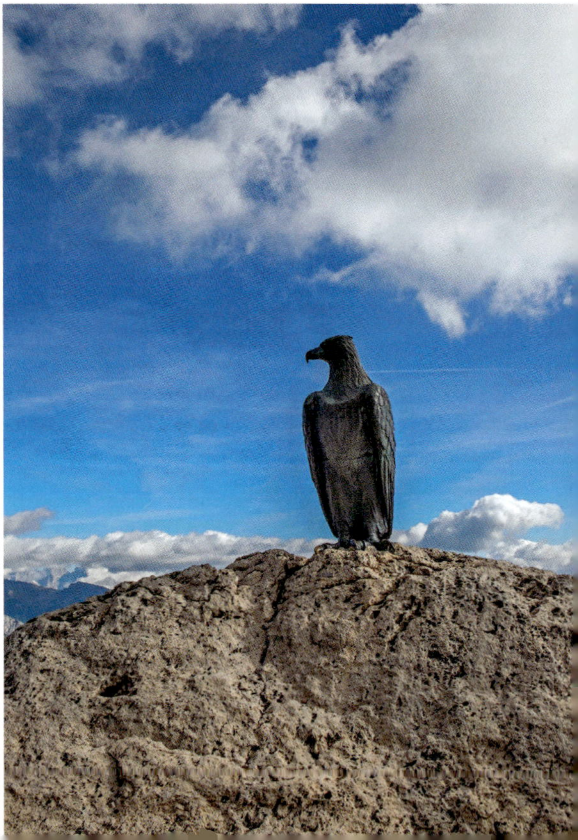

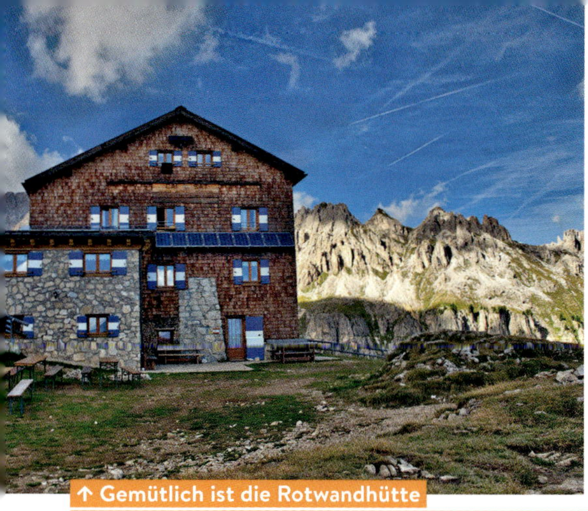

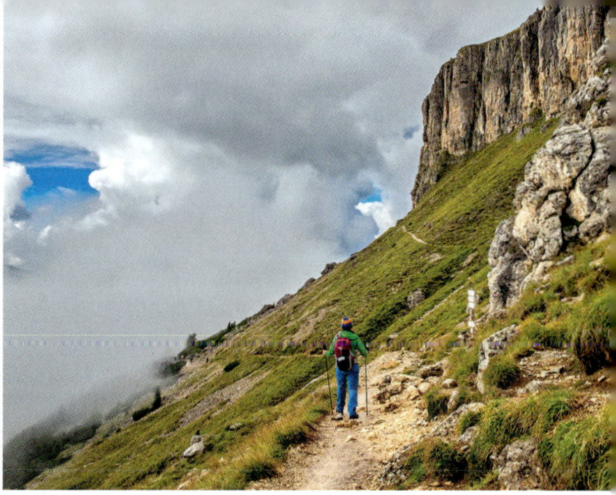

↑ Gemütlich ist die Rotwandhütte
↗ Toller Höhenweg auf der Westseite des Rosengartens

verrieten allerdings seine Motive. Daraufhin zerstörten die Ritter seinen Gürtel und nahmen ihn in Gewahrsam. Als sie ihn abführten, drehte sich der König um und belegte den Rosengarten mit einem Fluch. Niemand sollte ihn jemals bei Tag oder Nacht erblicken. Er vergaß nur die Dämmerung, weshalb der Rosengarten gerade um diese Zeit erblüht. Diese Wanderung führt durch den südlichen Teil des Gebirges. Das Gartl, der vermutete Standort des Gartens von Laurin, ist weiter im Norden zu finden.

INFO

AUSGANGS-/ENDPUNKT
Bergstation des Sesselliftes an der Paolinahütte

GPS
46.415666, 11.614643

TOURENCHARAKTER
Eindrucksvolle Wanderung, die teilweise durch felsiges Gelände führt. Seilsicherungen und eine Leiter. Trittsicherheit erforderlich

ANFAHRT
ÖPNV: Mit dem Zug nach Bozen und weiter mit dem Bus in Richtung Karerpass bis zur Talstation des Sesselliftes. Pkw: Nach Bozen und durch das Eggental in Richtung Karerpass zum Sessellift

EINKEHR
Rotwandhütte, Tel. +39 0462 76 44 50, www.rodadivael.it; Schlernhaus, Tel. +39 0471 61 20 08, www.paolina-huette.com

INFO
www.eggental.com

mittel | **4 Std.** | **7 km** | **530 hm**

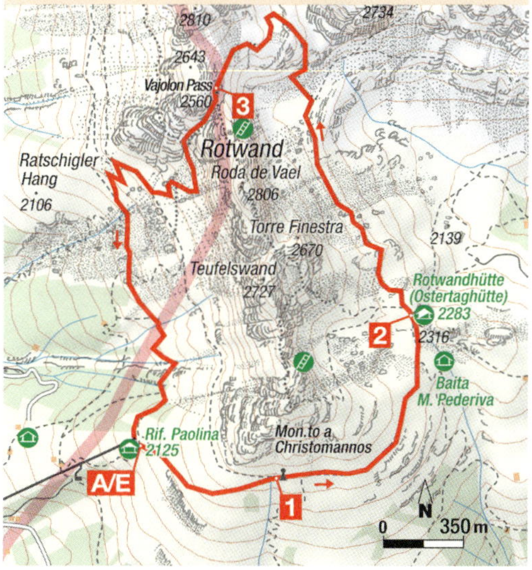

Zu den Latemarpuppen

Ruhiges, vielleicht auch geheimnisvolles Gebirge

Nach einer Sage sind die Felszacken des Latemargebirges versteinerte Puppen, die in der Sonne glänzen. Egal woher sie stammen, eindrucksvoll ist das kleine, eher unbekannte Gebirge auf alle Fälle. Zieht Nebel ein, ist einerseits Vorsicht geboten, gleichzeitig zeigt sich aber auch eine beeindruckende mystische Stimmung.

Toller Weitblick in der Latemargruppe

25

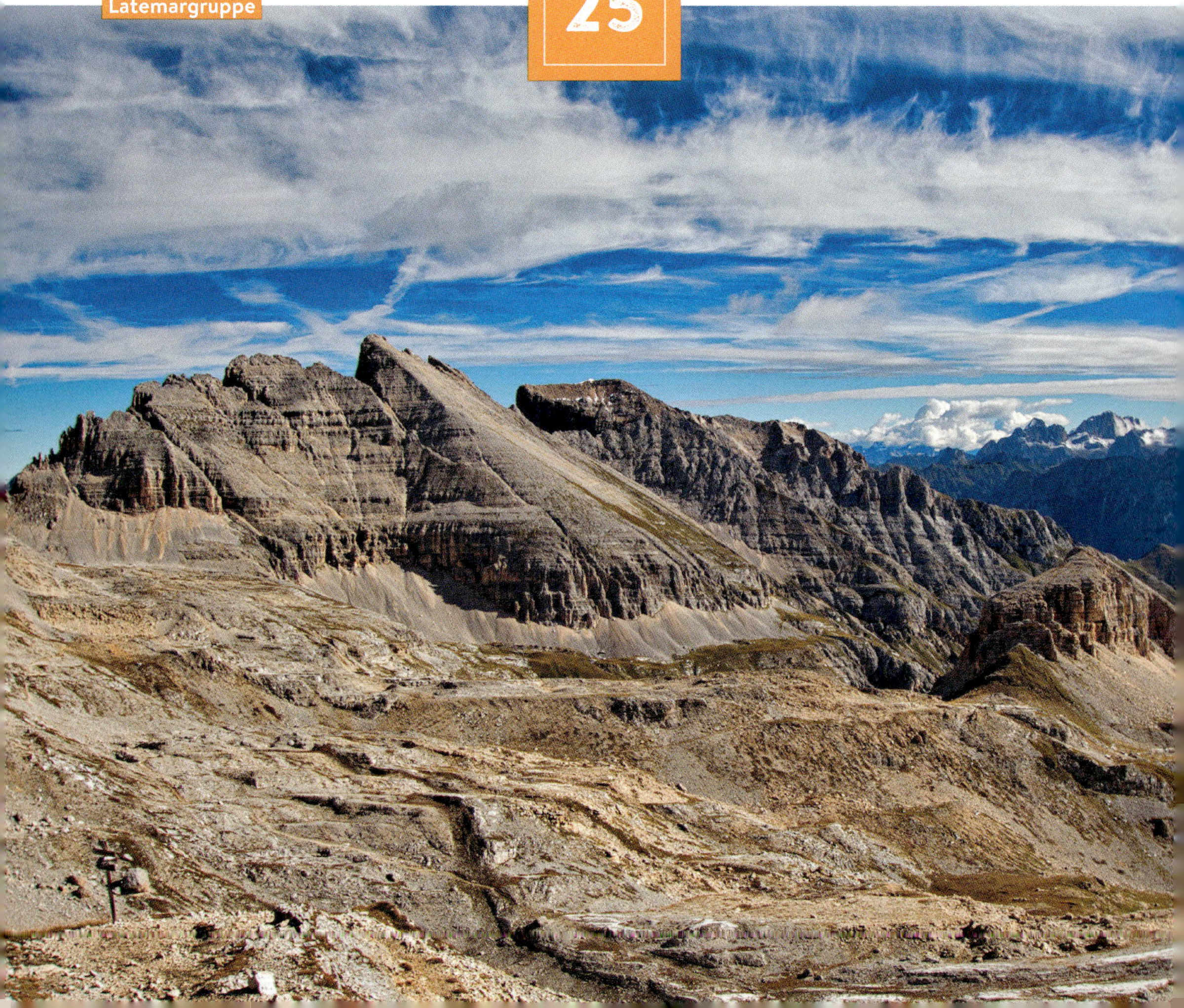

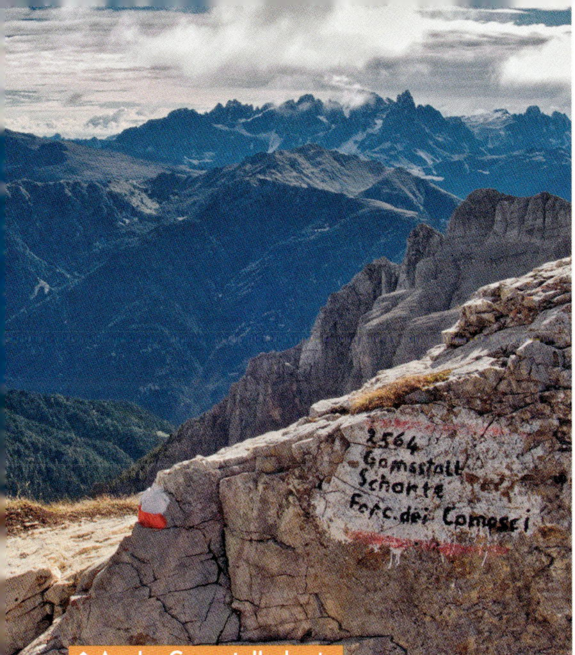

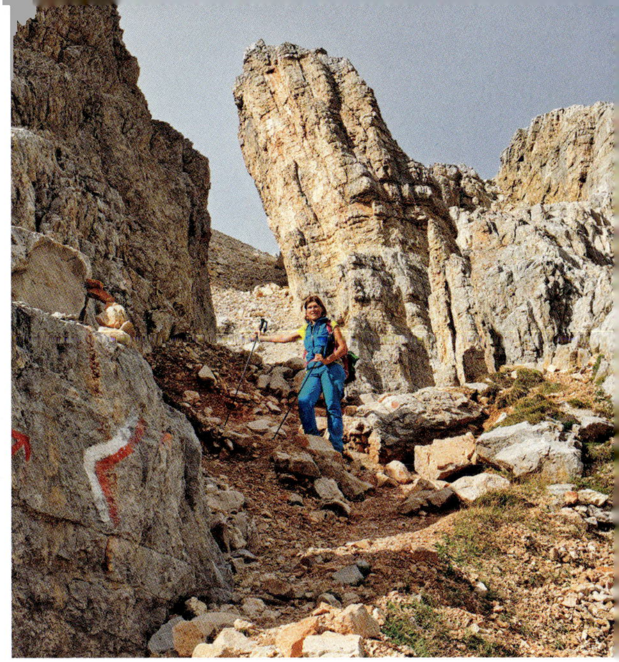

↑ An der Gamsstallscharte
↗ Durch die »Latemarpuppen«

ZUM RIFUGIO TORRE DI PISA Wir starten unsere Wanderung ins Latemargebirge in Obereggen, genauer gesagt an der **A** **Bergstation Oberholz** (2085 m). Mit dem Sessellift fahren wir hinauf zur Bergstation. Von hier gehen wir in wenigen Schritten zu einer Aussichtsplattform, die einen tollen Weitblick bis zu den Eisriesen der Ortlerberge bietet. Von der Plattform gehen wir auf dem Höhenweg (Nr. 23) bis zur bewirtschafteten **1** **Mayrl Alm** (2037 m). Für eine Einkehr ist es aber noch zu früh, diese heben wir uns für später auf. Nach der Alm biegen wir nach links ab und wandern auf dem Schotterweg steil bergauf zum Weg Nr. 22. Auch dieser Weg kommt direkt von der Bergstation herüber. Ab hier folgen wir nun einem schönen Höhenweg, der uns zu einer weiteren Wegteilung führt. Hier gehen wir nach links und steigen auf dem Weg Nr. 22A bergauf. Der Pfad bringt uns in vielen Serpentinen steil aufwärts bis zum aussichtsreich gelegenen **2** **Rifugio Torre di Pisa** (2871 m). Die gemütliche Hütte liegt auf einem tollen Aussichtsbalkon am Südrand des Latemargebirges. Im deutschsprachigen Raum wird die Hütte auch Latemarhütte genannt. Hier oben kann man sich von den Hüttenwirten mit allerlei Leckereien verwöhnen lassen. Die Hütte wurde 2017 komplett renoviert.

DURCHS WILDE LATEMAR Für den Abstieg zur Bergstation des Sesselliftes bietet sich eine Rundwanderung mit eindrucksvoller Szenerie an. Hierfür gehen wir von der Hütte

Tipp

FÜR DIE GANZE FAMILIE

Der Aufstieg zur Hütte und der Übergang in die Scharte ist für kleine Kinder zu mühsam. Im Bereich der Bergstation Oberholz gibt es mehrere Themenwege, die sich auch für eine Wanderung für die ganze Familie anbieten. Informationstafeln geben zum jeweiligen Thema Auskunft (Informationen unter www.latemarium.com).

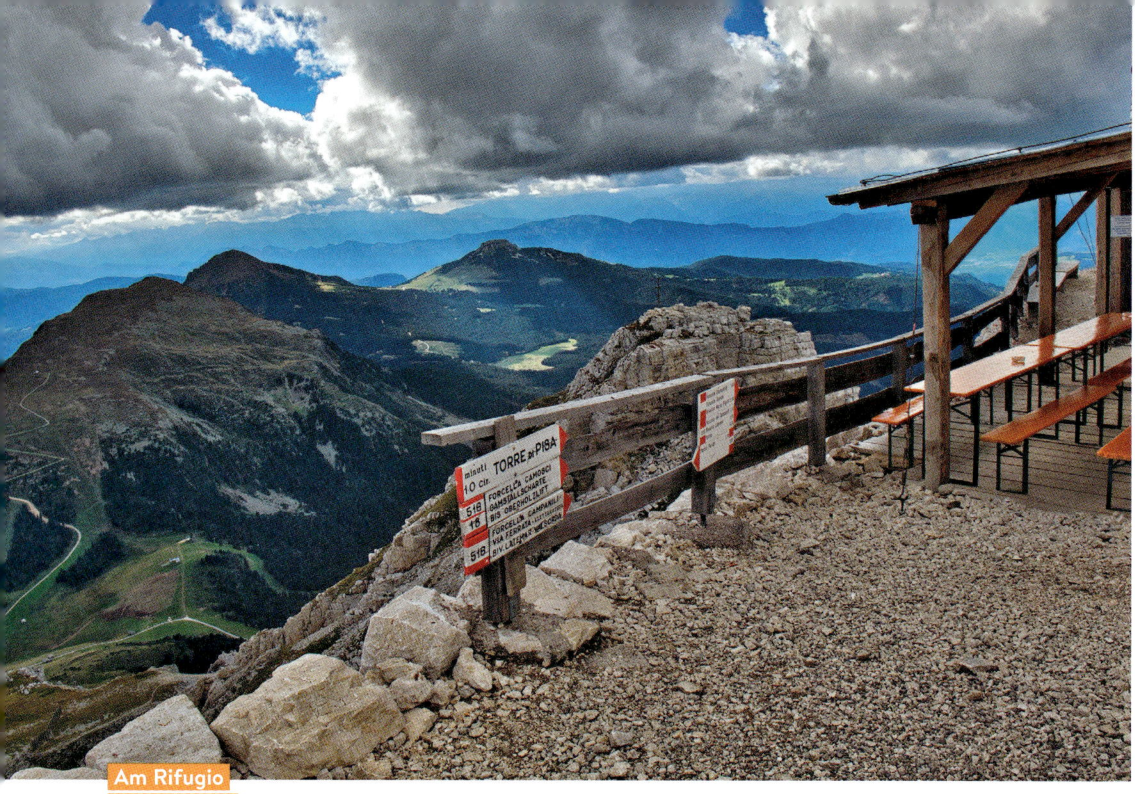

Am Rifugio Torre di Pisa

nach Norden. Die Landschaft ist wirklich eindrucksvoll. Geschickt windet sich der Steig zwischen den Felstürmen hindurch. Die Cima di Valsorda wird auf der östlichen Seite umgangen. Über weites Gelände erreichen wir die 3 **Gamsstallscharte**. Hier genießen Sie einen tollen Blick in Richtung Latemarspitze. Die vielen Felstürme des Latemars führen zur Sage der Latemarpuppen zurück. Kinder fanden auf dem Heimweg mit ihrem Vieh ein goldenes Messer, das sie einem alten Mann brachten. Er versprach der Finderin einen Wunsch zu erfüllen. Sie wünschte sich eine Puppe. Der alte Mann wohnte in der Latemarregion und war steinreich. Er versprach Minega, der ältesten der Geschwister, ihr ein paar Puppen vorzuführen. Eine alte Frau empfahl ihr aber, sich nicht mit den vorgeführten Puppen zufriedenzugeben, sondern folgenden Spruch aufzusagen: »Puppen von Stein mit seidenen Fetzen, bleibt dort und schaut euch den Latemar an!« Sie versprach, dass er dann auch seine wertvollsten Puppen zeigen wird. Nachdem die Kinder das Puppenschauspiel bewundert hatten, sagte Minega den Satz. Daraufhin wurden die Puppen zu Stein. Noch heute können wir sie im Latemargebirge bewundern, und in der Sonne glänzen ihre seidigen Kleider.

ABSTIEG NACH OBERHOLZ Nun machen wir uns an den Abstieg. Wir folgen dem Weg Nr. 18 kurz in westlicher Richtung. Bald schon dreht der Steig nach Nordwesten ab und führt in vielen Kehren steil bergab. Zwischendrin bleiben wir immer wieder stehen und genießen die wunderbare Aussicht. Der Steig führt unter dem Eggentaler Horn hindurch. Dabei verlieren wir schnell an Höhe und folgen den Wegmarkierungen bis zur Bergstation des Sesselliftes. Mit dem Lift fahren wir nach E **Obereggen** hinunter.

INFO

AUSGANGS-/ENDPUNKT
Bergstation des Sesselliftes Obereggen

GPS
46.37134, 11.543092

TOURENCHARAKTER
Gute, teilweise steinige und auch steile Wanderwege

ANFAHRT
ÖPNV: Mit dem Zug nach Bozen und weiter mit dem Bus nach Obereggen. Pkw: Nach Bozen und weiter ins Eggental bis nach Obereggen

EINKEHR
Rifugio Torre di Pisa, Tel. +39 348 364 53 79, www.rifugiotorredipisa.it; Mayrl Alm, Tel. +39 333 623 42 45, www.mayrl-alm.com

INFO
www.eggental.com

mittel	5 Std.	8 km	780 hm

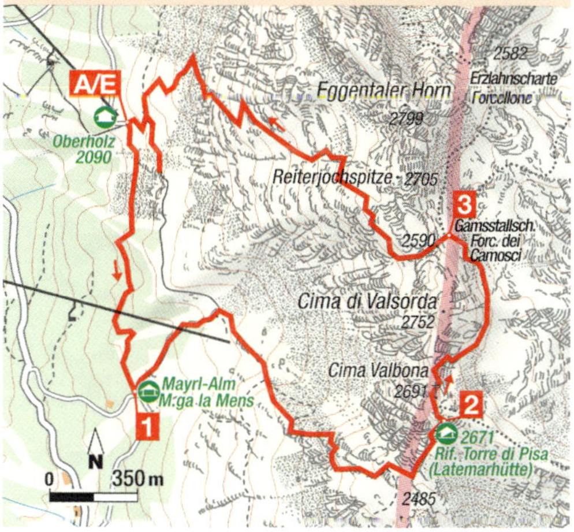

Blick zu Weißhorn und Schwarzhorn

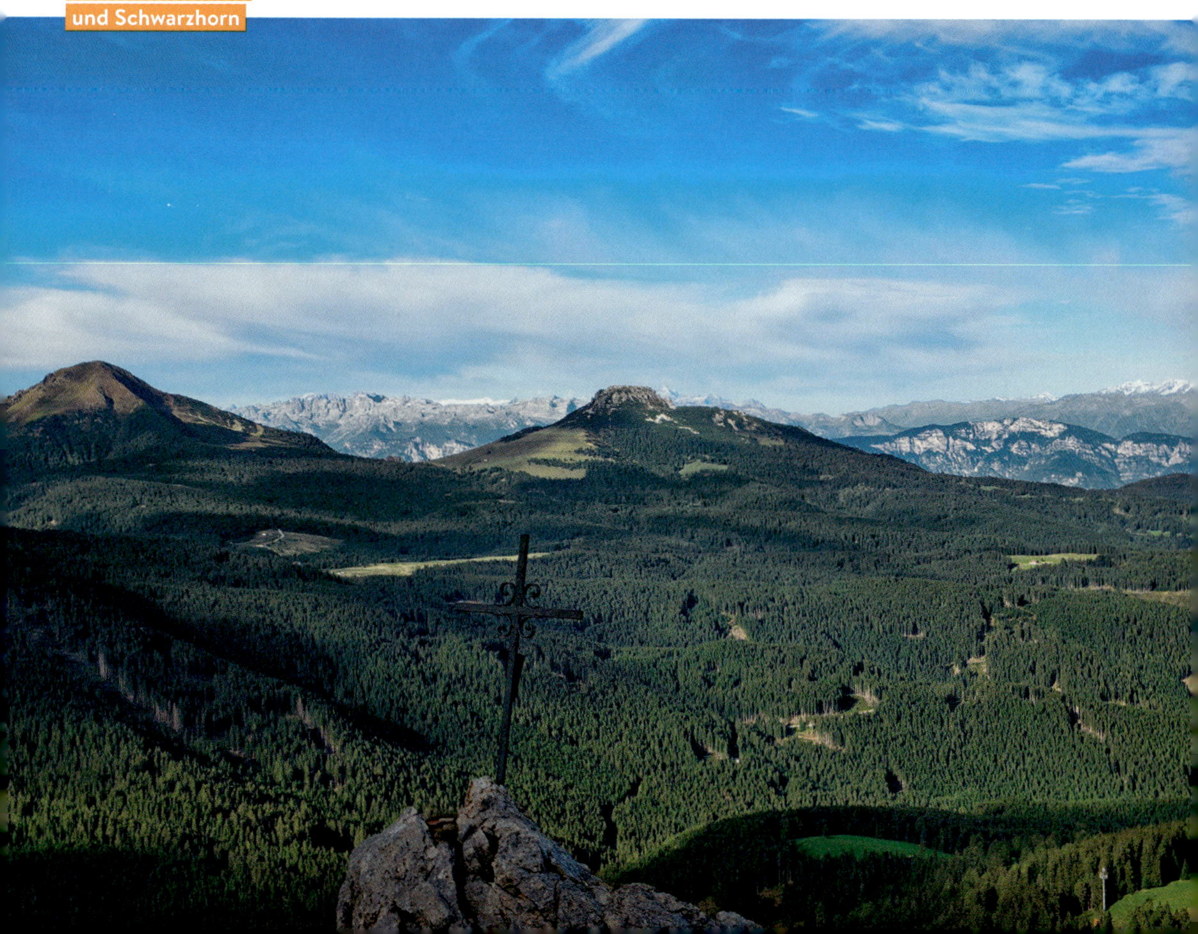

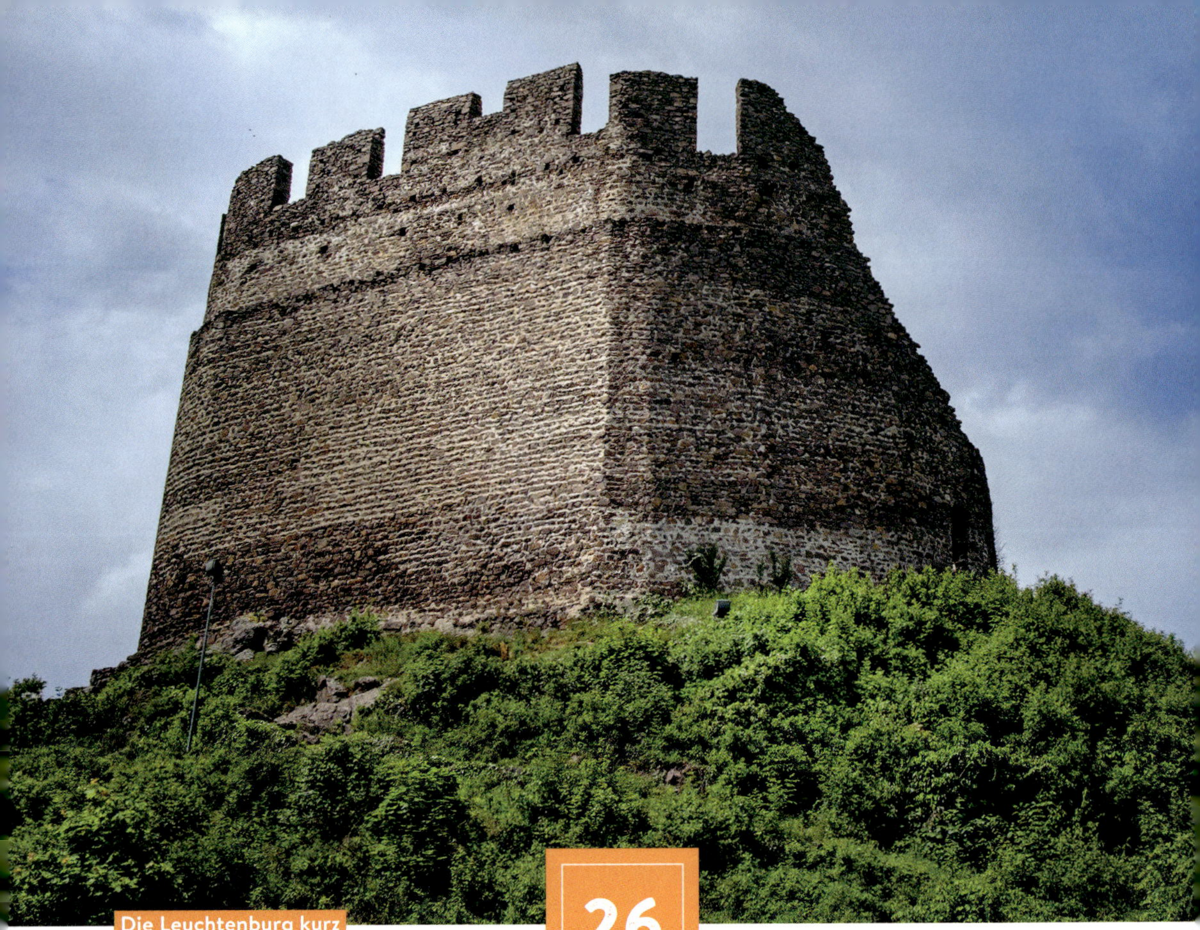

Die Leuchtenburg kurz vor dem Sommergewitter

26

Ruine Leuchtenburg und Rosszähne

Sagenumwobene Steine über dem See

Die Burgruine Leuchtenburg thront auf dem Mitterberg, der das Etschtal von der Hochebene des Kalterer Sees trennt. Neben der beeindruckenden Ruine treffen wir auf die Rosszähne, steil aufgerichtete Felsformationen aus rötlichem Porphyr, die wirklich einem Pferdegebiss ähneln. Noch nicht genug? Dann reicht die üppige Flora für wirklich mystische Wege.

ERBSEN EINER HEILIGEN Unterhalb der Leuchtenburg findet man, so wird jedenfalls erzählt, an lichten Stellen des Waldes wilde Erbsen, die zur Erntezeit ungewöhnlich süße Früchte hervorbringen. Der Legende nach stammen sie von der Heiligen Notburga, einer Magd, die bei den Herren von Rottenburg diente und aus dem Städtchen Rattenberg im Tiroler Inntal stammte. Es kann gut möglich sein, dass sie wirklich auch auf Leuchtenburg tätig war, denn die Rottenburgs waren zu diesem Zeitpunkt auch Hofmeister der Grafen von Tirol. Notburga soll sich über ihre Arbeit als Dienstmagd hinaus vor allem um Arme und Kranke gekümmert haben. Die Geschichte erzählt, dass sie, als sie wieder einmal Speisen für Bedürftige ins Tal bringen wollte, auf dem steilen Weg ausgerutscht und zu Boden gefallen sei. Dabei habe sie einige Erbsen verloren. Seither wachsen Erbsen am Burgberg. Sie gehen jedes Jahr neu auf und besitzen wundersame Heilkraft.

UFERSPAZIERGANG AM KALTERER SEE Startplatz ist der Eingang zum großen **A Freibad Lido am Kalterer See**. Mit Blick auf den See halten wir uns am Freibad links und wandern abwärts zum See. Kurz vor dem Ufer halten wir uns links und umrunden den See nun ein Stück. Direkt am Wasser können wir leider nicht wandern, denn die Uferbereiche sind in weiten Teilen in Privatbesitz. So schlängeln wir uns anfangs durch Apfelplantagen vorbei am Nordende des Sees. An der kleinen Straße halten wir uns rechts und passieren kurz darauf das große Seehotel Ambach. Zwischen Zäunen führt der Weg weiter, bis wir unweit des Parc Hotel erneut auf eine kleinere Straße stoßen.

ZUR BURGRUINE Hier beginnt etwas nach rechts versetzt am **1 Restaurant Leuchtenburg** der Aufstieg zur Burgruine Leuchtenburg. Der Weg ist mit der Nummer 18 be-

Tipp

LEUCHTENBURG

Die Leuchtenburg wurde im späten 12. Jahrhundert erbaut. Sie ist sehr früh an die Herren von Rottenburg gekommen und war Verwaltungszentrum für das Gebiet um den Kalterer See. Die Leuchtenburg besitzt keinen Bergfried. Was von Weitem danach aussieht, ist der Palas, das Haupthaus, dessen Mauerwerk eine respektable Stärke aufweist. Von Norden her kann man über eine Leiter einsteigen. Drei Räume haben sich zumindest im Grundriss erhalten, die Decken der oberen Geschosse sind eingestürzt. An der flachen Ost- und Südflanke der Burg standen zwei Vorburgen, die sich noch durch Mauern andeuten. Umgeben von einem gut instandgehaltenen Mauerring, genießt man von jeder Seite andere Aussichten.

Im Burgareal weht die Tiroler Fahne.

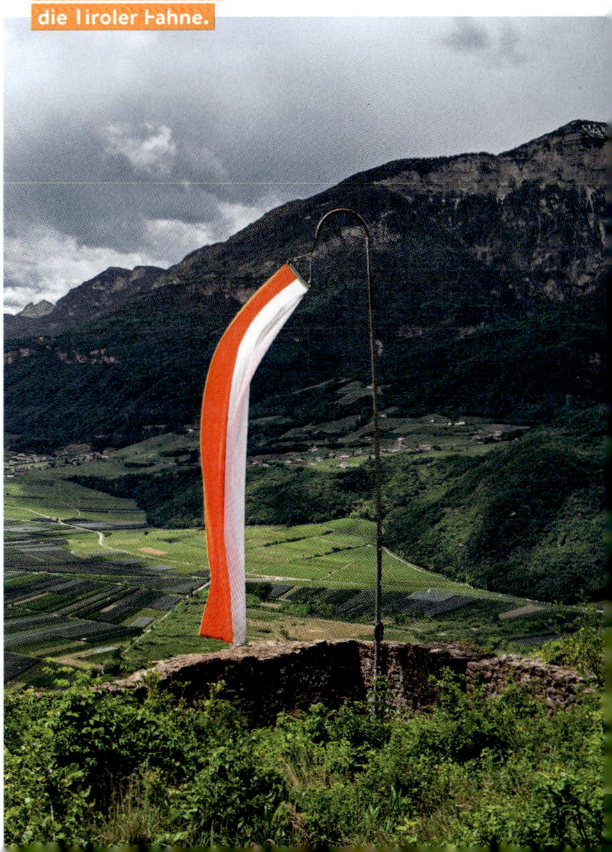

schildert und biegt hinter dem Restaurant nach rechts ab. Vorbei an einigen schönen Zypressen steigt der Weg gleich an und mit einem Panoramablick verabschieden wir uns vom See. Das anfangs noch breitere Sträßchen endet an einem Privathaus. Links des Tores beginnt ein Pfad, der in den Wald führt. Bald treffen wir wieder auf einen breiteren Weg, dem wir nach rechts weiter bergauf folgen. Über unseren Köpfen sehen wir bereits die Mauern der Burg, aber es ist noch ein gutes Stück bis dorthin. Wieder im Wald,

Am Kalterer See wandern wir durch die Weinberge.

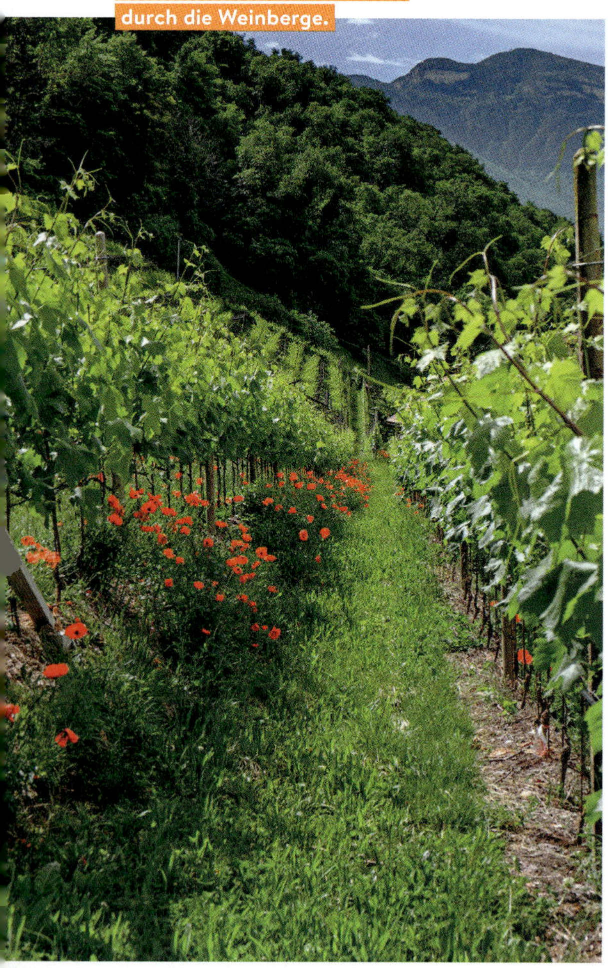

queren wir eine Forststraße etwas nach rechts und gewinnen rasch an Höhe. Zum Glück ist es angenehm schattig, trotzdem ist die Luft schwül-warm. Ideal für den Pflanzenwuchs – und so sorgt hier das milde Klima für das Gedeihen einiger ungewöhnlicher Baumarten. Neben Stein- und Flaumeichen, Akazien- und Maronenbäumen wachsen Blauglockenbäume, aber auch jede Menge Wacholderbüsche, Ginster, und Kletterpflanzen. Die mit Efeu umrankten Bäume gleichen einem Dschungel, einem mystischen grünen Naturwunder. Schließlich weist uns das Schild Leuchtenburg nach links, anfangs noch auf einem breiteren Weg, dann erneut links auf einem **2 schmaleren Weg**. An dieser Stelle stößt von rechts ein weiterer Weg zu unserem, diesen werden wir später für den Rückweg nutzen. Das letzte Stück geht es nochmals steiler aufwärts, und dann betreten wir das große, von einer Schildmauer geschützte Areal der einst so stolzen **3 Burg**. Rund um die Burg finden wir ein paar schöne Rastplätze und sogar Sitzbänke. Die Westseite erlaubt einen Tiefblick auf den grünen Kalterer See und wer möchte, findet auf der Nordseite am Burgturm sogar eine kleine Leiter, die uns in das Innere der Burg blicken lässt.

WARME LÖCHER UND WILDE ROSSZÄHNE Weiter wandern wir jetzt ein Stück auf dem Hinweg und bleiben dann an der Abzweigung geradeaus. So kommen wir bergab wieder auf den Forstweg, dem wir weiter nach links folgen. Nun sind wir auf dem Wanderweg Nr. 13 unterwegs, der zu den Rosszähnen ausgeschildert ist. Der Weg steigt wieder etwas an und nähert sich der Abbruchkante hinunter ins Etschtal. Der Waldboden ist nur noch mit einer kargen Humusschicht bedeckt, überall tritt der Porphyrfelsen an die Oberfläche. Vom Hauptweg zweigen Trampelpfade nach links ab.

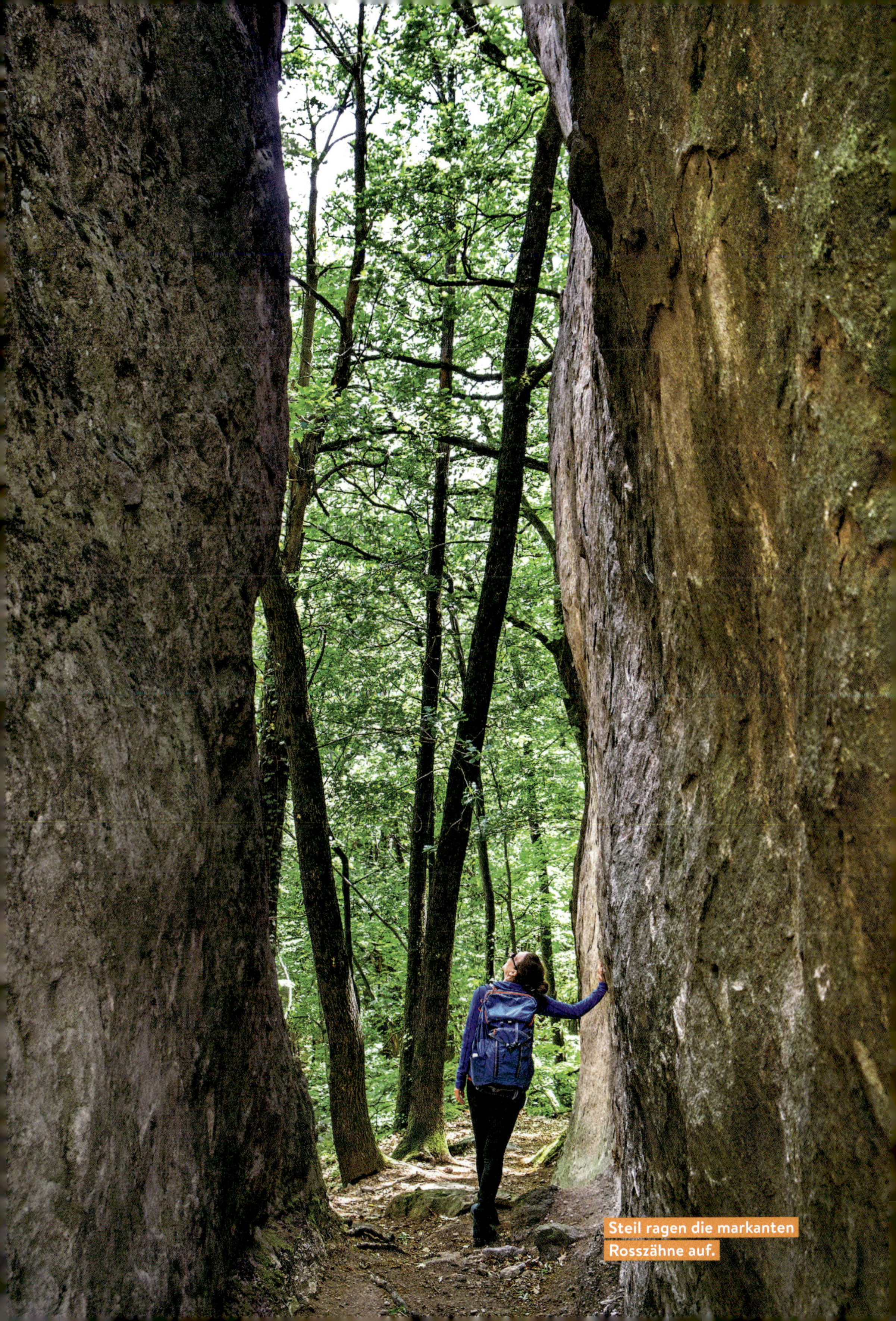

Steil ragen die markanten Rosszähne auf.

Dort finden wir überragende Aussichtspunkte mit einem Panorama über das ganze Tal. Aber Achtung, diese Stellen sind nicht gesichert und die Felskuppen fallen senkrecht ab. Ansonsten wendet sich der kleine Wanderweg sehr geschickt immer etwas unterhalb der Kante durch den lichten Wald, und wir erreichen die 4 **Rosszähne**, die man gar nicht verpassen kann. Hier ragen die bizarren Felsformationen, die mit etwas Fantasie an Pferdezähne erinnern, fast senkrecht in die Höhe. Gleich einer Lücke zwischen den Schneidezähnen kann man sogar zwischen zwei »Zähnen« hindurchgehen, aber viel Platz hat man dafür nicht. Kurz vor den »Zähnen« liegen die »Warmluftlöcher«, die jedoch nicht ausgeschildert sind. Es ist ein geophysikalisches Naturphänomen, das Luft im Inneren des Bergs aufsteigen lässt und oben deutlich wärmer aus den Felsspalten entlässt. Man findet sie etwas hinter dem Naturdenkmalschild, wobei man dazu sagen muss, dass sich der Effekt nur an kalten Tagen zeigt. Etwas Vergleichbares gibt es im nahen Eppan, die sogenannten Eislöcher, die warme Luft auf dem Weg nach unten abkühlen lassen.

KLIMAWUNDER UND URWALD An den Rosszähnen bleiben wir auf der ursprünglichen Bergseite, und langsam senkt sich unser Weg. Beim Abstieg passieren wir noch eine große, spärlich bewachsene Steinplatte samt Rastplatz. Ideal für schöne Aussichten nach Süden und überdies entpuppt sie sich die Felskuppe als Schatzkästchen für seltene

Die Vegetation ist artenreich.

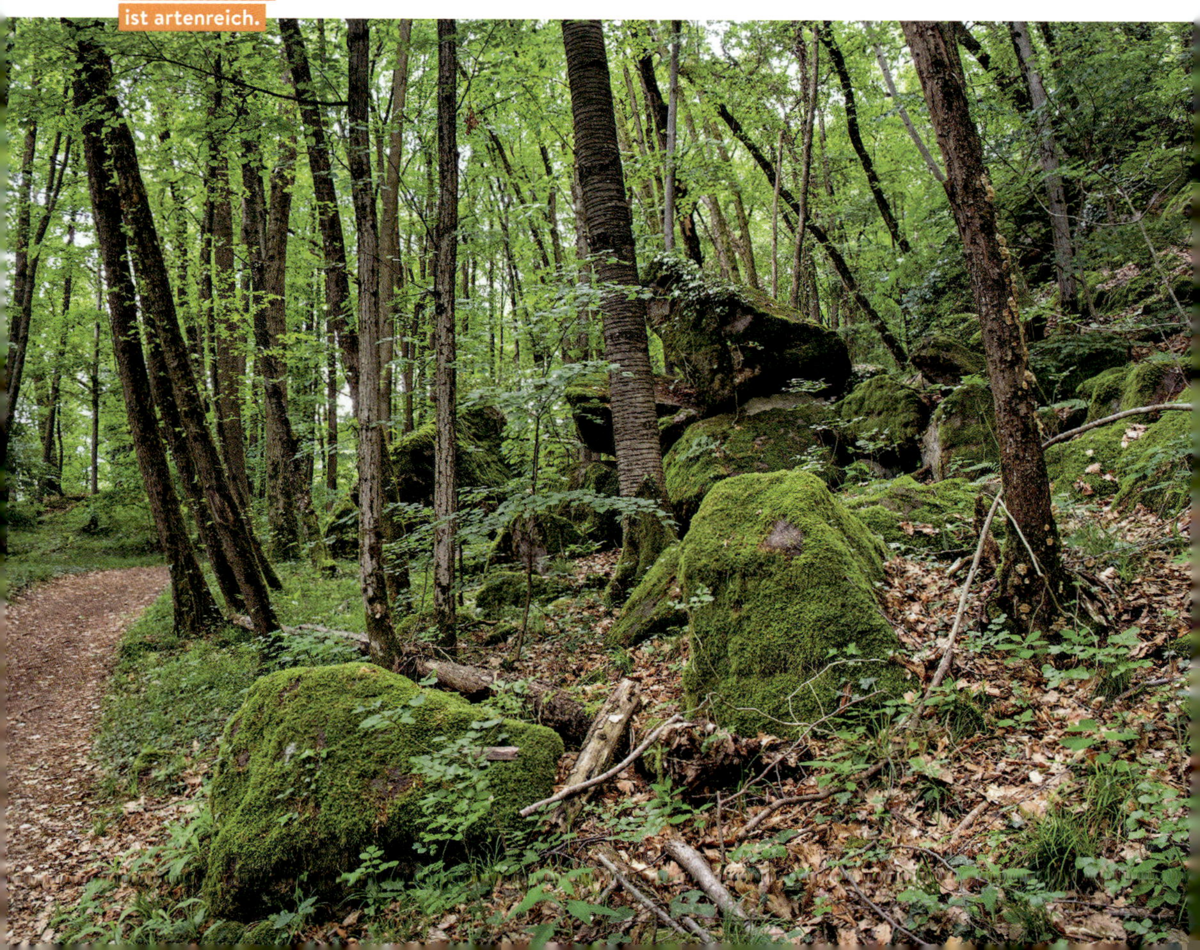

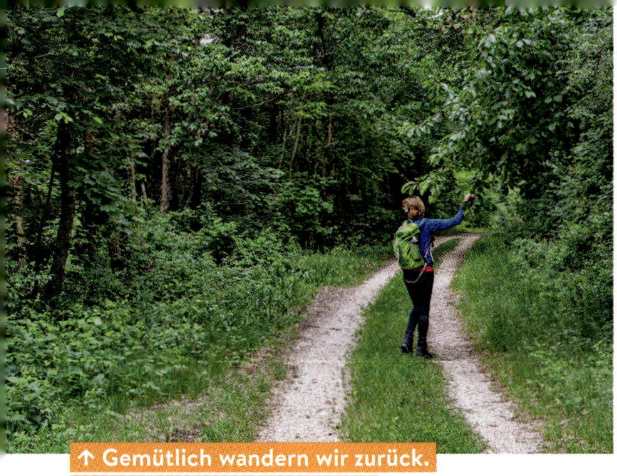

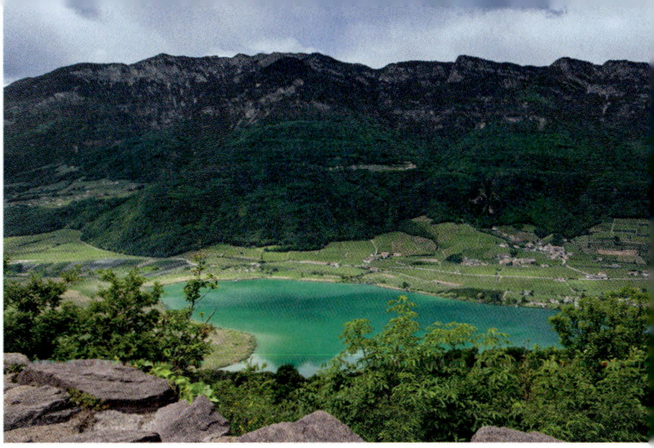

↑ Gemütlich wandern wir zurück.
↗ Kalterer See von der Burg

Pflanzen. So finden wir hier kleinwüchsige Opuntien, die man normalerweise nur im Mittelmeerraum antrifft. Danach geht es weiter bergab, der Wald wird wieder dichter und schließlich wird unser Weg zu einem **5 Forstweg**. Jetzt können wir uns nicht mehr verlaufen. Wir folgen ihm, er umrundet den Hügel, bis wir schließlich nach einer ganzen Weile wieder an die Stelle stoßen, die wir vom Hinweg bereits kennen. Der restliche Weg verläuft auf dem **E Hinweg** und ist nicht mehr zu verfehlen.

INFO

AUSGANGS-/ENDPUNKT

Freibad Kalterer See

GPS

46.385035, 11.256958

TOURENCHARAKTER

Eine Wanderung teilweise über feuchte Pfade, Stege, Treppen und Brücken. Mitunter etwas steiler, trittsicher sollte man sein, aber alle kritischen Stellen sind gut gesichert. Viele Variationen möglich. Im Sommer Badesachen für den Sprung in den Kalterer See nicht vergessen.

ANFAHRT

ÖPNV: Nach Bozen mit dem Zug, weiter mit dem Bus über Kaltern zum Kalterer See. Pkw: Der Kalterer See liegt südlich von Kaltern an der Weinstraße. Große gebührenpflichte Parkplätze am Nordende des Sees

EINKEHR

Unterwegs keine. Wer den Abstecher nach Altenburg unternimmt, findet dort den Altenburger Hof (Di Ruhetag). Am Ende der Tour mehrere Möglichkeiten direkt am Kalterer See

INFO

www.kaltern.com

mittel	4 Std.	12 km	500 hm

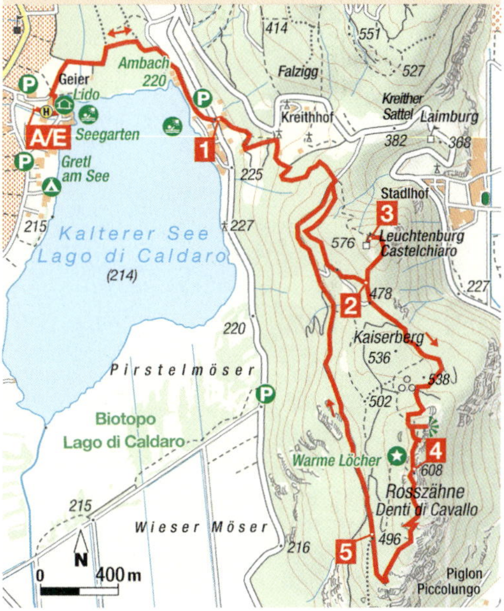

Durch die wilde Rastenbachklamm

Dschungel, Schalensteine und eine Kirchenruine

Die Rastenbachklamm ist ein steiler Taleinschnitt zwischen dem Kalterer See und dem Weiler Altenburg. Ein spektakulär angelegter Weg führt über Treppen und Stege vorbei an Wasserfällen und herrlichen Aussichtspunkten. Kreuz und quer liegen efeubewachsene Baumstämme, und dschungelartige Farne erobern die Berghänge.

27

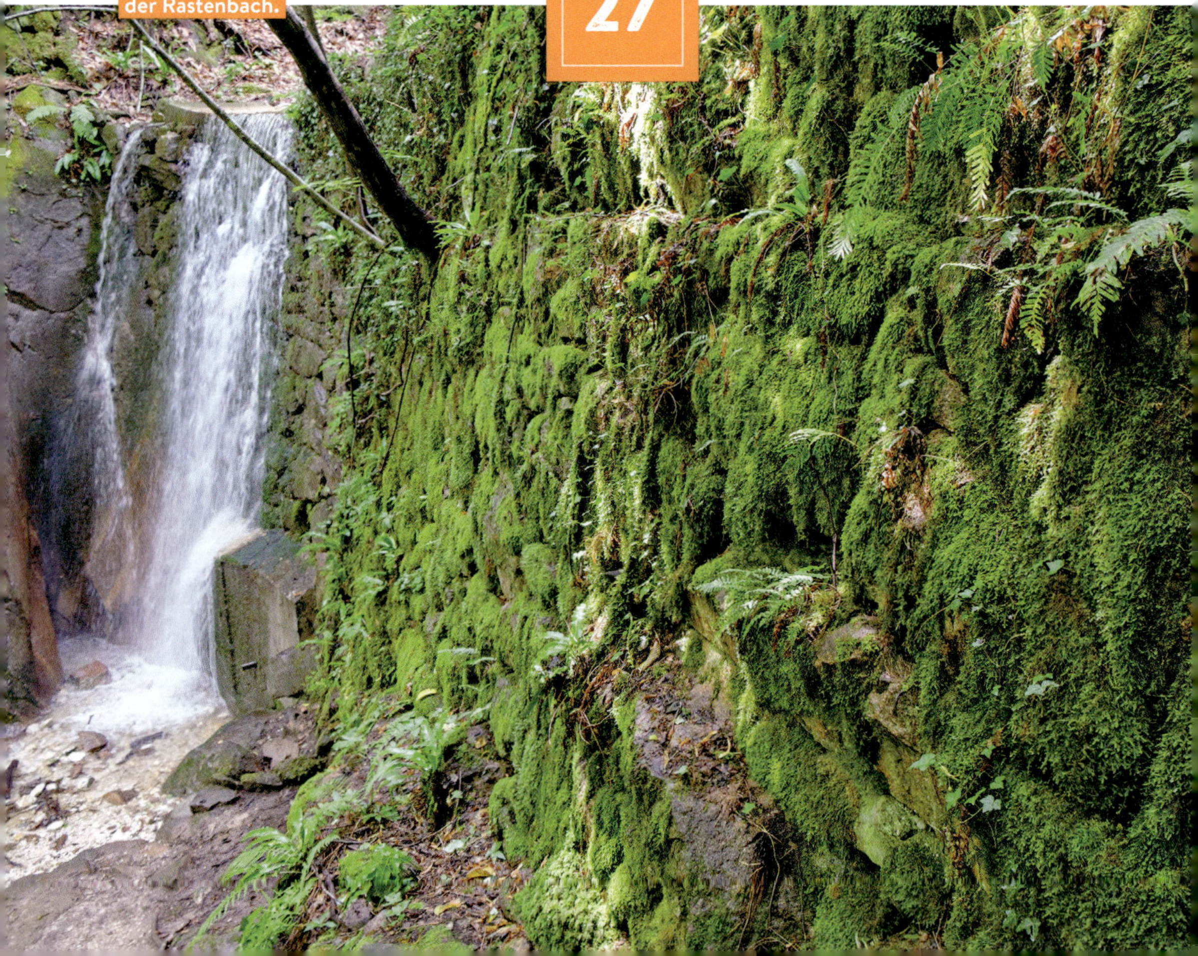

Über Kaskaden rauscht der Rastenbach.

Tipp

SCHALENSTEINE

Schalensteine sind Felsblöcke oder Felsplatten, auf deren Oberfläche man mehr oder weniger tiefe kreisförmige Vertiefungen entdecken kann. Sie sind meist rund und haben einen Durchmesser von einem bis zehn Zentimeter. Man findet sie ausschließlich im Bereich des Urgesteins, in den Kalkalpen hat die Erosion sie längst ausradiert. Der allergrößte Teil dieser Vertiefungen ist durch Erosion entstanden. Aber einige sind durch Menschenhand angelegt worden. Das wird bei ausgeprägten Vertiefungen oder durch deren klare geometrische Anordnung in einer Linie, einem Quadrat oder Rechteck besonders deutlich. Viele Sagen und Legenden ranken sich um solche Steine, angefangen bei prähistorischen Opferaltären, oder vom Teufel, der diese Löcher in einem Wutanfall geschlagen hat bis hin zu Christus, der auf seinem Weg durch die Welt ein Gefäß brauchte, um einem Durstigen zu trinken zu geben.

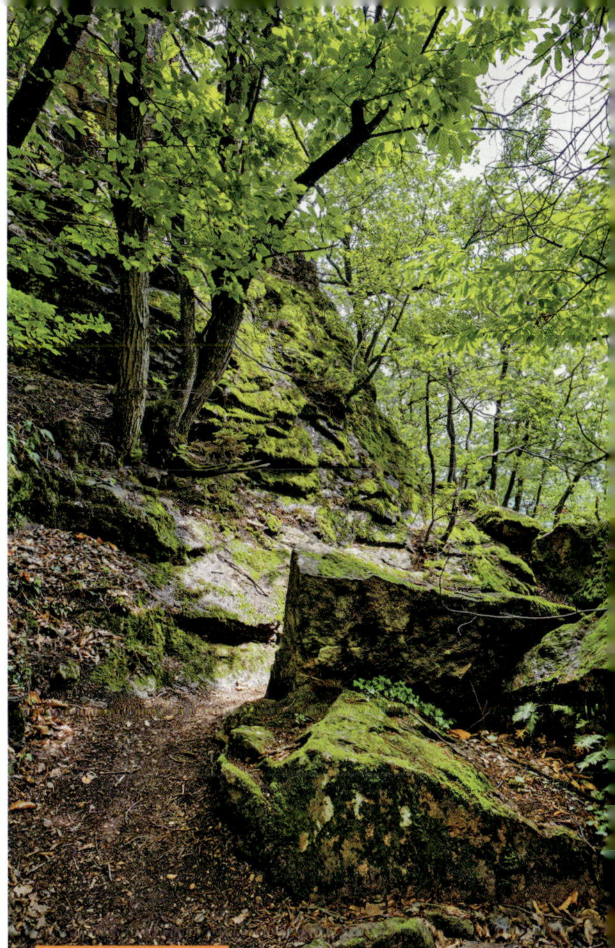

Felsblöcke müssen umwandert werden.

KULT UND CHRISTEN Am höchsten Punkt der Wanderung treffen wir auf die uralte Kirchenruine St. Peter, von der nur noch Bruchstücke der Außenwände und die Apsis erhalten sind. Umgeben von Stein- und Flaumeichen sowie Kastanienbäumen ein wirklich magischer Platz, der wohl schon weit vor der Christianisierung Südtirols als Kultplatz benutzt wurde. In unmittelbarer Nähe zur Kirche finden wir Schalensteine, heute fast im Boden versunken, aber immer noch deutlich zu sehen.

KALTERER SEE UND WEINSTRASSE Startplatz ist der große **A Parkplatz am Kalterer See**, wobei alle, die mit den öffentlichen Verkehrsmitteln anreisen, direkt an der Bushaltestelle beginnen und nicht zuerst zum See hinunterlaufen. Wir wenden dem Kalterer See den Rücken zu und gehen die wenigen Schritte zur Zufahrtsstraße. Genau an der Straßengabelung treffen wir das erste Mal auf den Rastenbach, der hier wenige hundert Meter später in den Kalterer See fließt. Links vom Bach und vom großen Hotel Thalerhof beginnt unsere Tour durch die Weinfelder von Kaltern. In wenigen Minuten sind wir an der großen Bundesstraße, dort ist auch die Bushaltestelle, wo alle nicht motorisierten Wanderer starten. Mithilfe des Zebrastreifens queren wir etwas nach rechts die Straße, wenden uns dann aber nach links auf

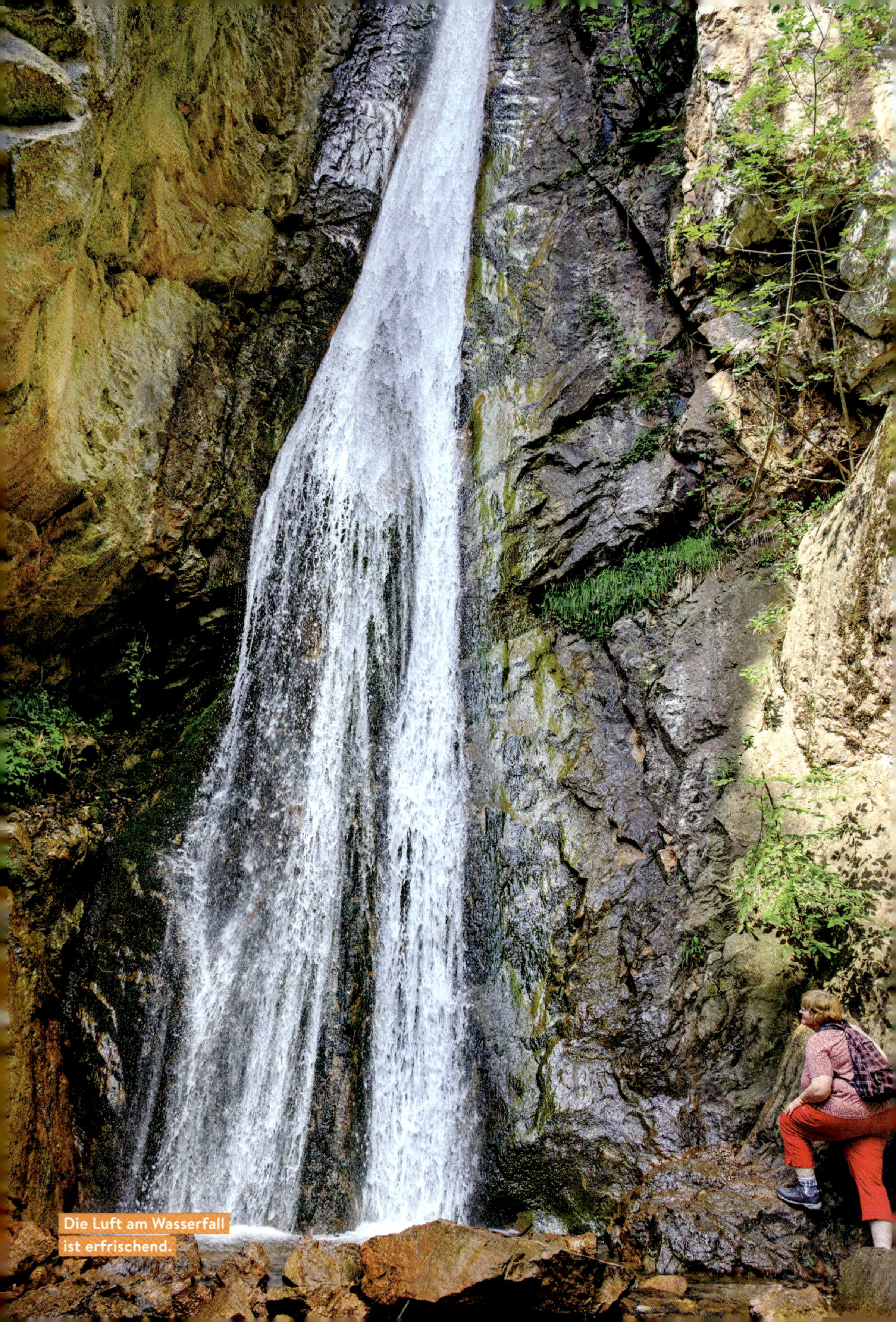

Die Luft am Wasserfall ist erfrischend.

den Fußweg, dem wir für knappe 200 Meter entlang der Weinstraße folgen. Aber schon am Sonnleitenhof biegen wir rechts ab in die kleine Straße. Jetzt geht es zwar ohne Fußweg, aber doch ruhiger durch die Weinberge. Am Vogelmaierhof teilt sich die Straße, von links werden wir später zurückkommen, für den Aufstieg halten wir uns rechts.

AB INS GRÜNE Während wir die letzten Häuser passieren, steigt der Weg steiler an, und wir kommen an den kleinen **1 Wanderparkplatz »Rastenbachklamm«**. An seinem Ende geht es jetzt ab ins Grüne, die Rastenbachklamm ist ausgeschildert und führt uns nach wenigen Metern scharf nach links auf einen deutlich kleineren Weg. Wir sind von einem jungen Mischwald umgeben und steigen nun bergauf. Der Weg windet sich geschickt um erste Felsen und führt im Zickzack durch den grünen Wald.

ZUM WASSERFALL Dann steigen wir minimal bergab und erreichen eine kleine Wegegabelung. Links können wir in fünf Minuten für einen Abstecher abwärts zum großen Wasserfall steigen. Gerade im Frühjahr ist er imposant, aber auch den Rest des Jahres ist die Luft dort sauber, klar und erfrischend. Zurück auf dem Hauptweg wird es jetzt spannend. Stege und Treppen leiten uns weiter aufwärts. Waghalsig und fast schwindelerregend wurden die Metallkonstruktionen im Felsen verankert. Ein bisschen Nervenkitzel gehört in einer Klamm dazu. Weiter oben genießen wir Aussichtslogen hinunter auf den Wasserfall oder ins Tal. Dann erreichen wir den Rastenbach oberhalb des **2 Wasserfalls**.

DSCHUNGELFEELING Hier hat sich die Natur wirklich ausgetobt, wir stecken in einem richtigen Urwald. Weite Bereiche sind von dicken Moosschichten überzogen, jeder freie Fleck dient buschigen Farnwedeln als Lebensraum, Schlingpflanzen erobern Baumstämme, Wurzeln umklammern fingergleich dicke Felsen und zu alldem gesellt sich das Plätschern des Bergbaches und die erfrischende Kühle des Waldes. Ein herrliches Naturdenkmal, in dem auch einige besondere und seltene Pflanzen wie die Hirschzunge unter Schutz gestellt sind.

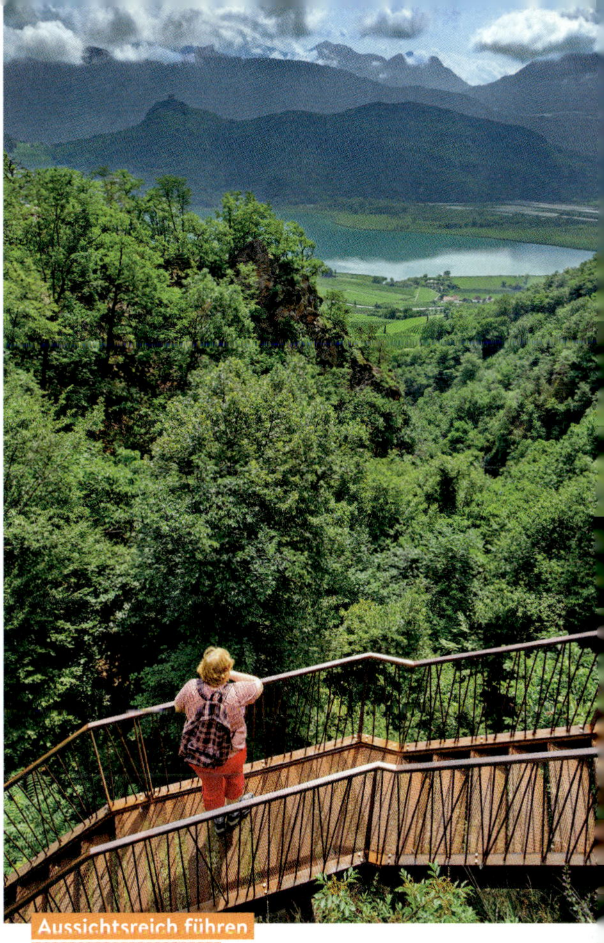

Aussichtsreich führen Stege in die Höhe.

ST. PETER UND DIE SCHALENSTEINE Wir folgen dem Bachlauf noch ein Stück und dann teilt sich der Weg. Egal wie wir gehen, wir visieren die Hängebrücke an, die wir für den Übergang zur **3 Kirchenruine St. Peter** benutzen. Diese ist schon nach we-

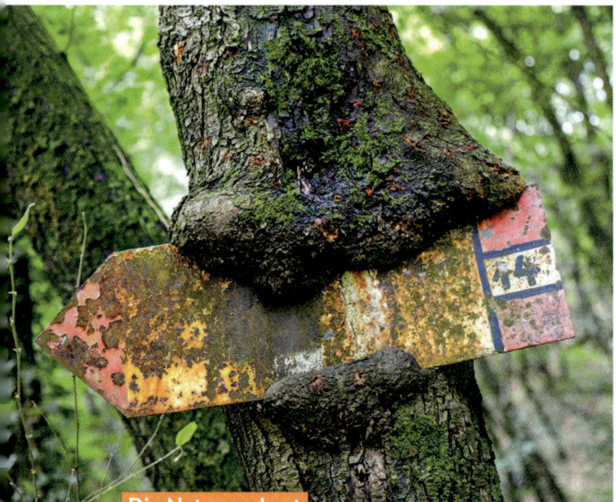

Die Natur erobert sich alles zurück.

Schalensteine bei St. Peter

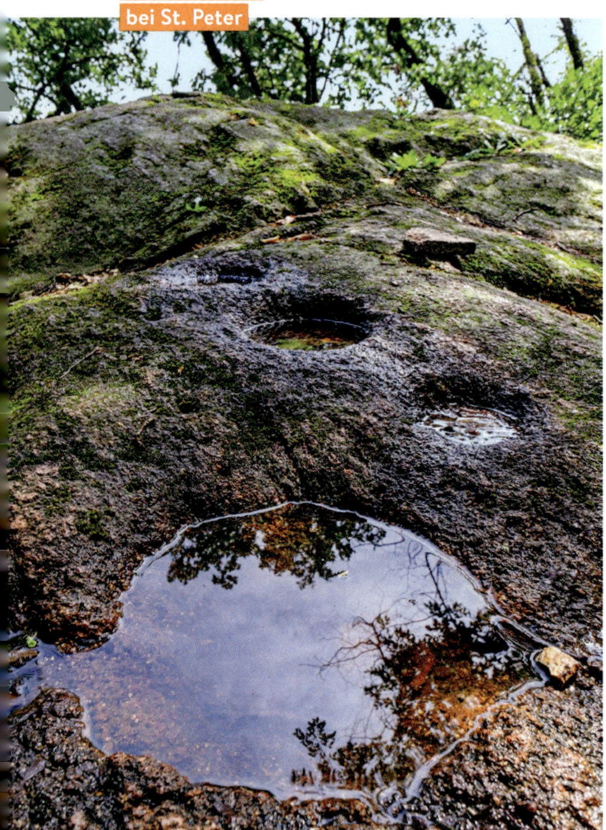

nigen Minuten erreicht. Bis auf die Apsis, in der sich sogar noch Freskenreste befinden, sind nur noch die Grundmauern erhalten. Deutlich ist jedoch der ursprünglich dreischiffige Raumkörper erkennbar. Urkundlich erwähnt wurde St. Peter zum ersten Mal 1191, aber die Architektur lässt auf ein deutlich älteres Datum schließen. Man geht davon aus, dass die Kirche zwischen dem 4. und 6. Jahrhundert nach Christi gebaut wurde, und da sie dem Heiligen Petrus geweiht ist, war sie mit Sicherheit eine der ersten Urkirchen in Südtirol. Der Heilige Petrus gilt, neben dem Heiligen Paulus, als direkter Nachfolger Christi und ist somit ein Begründer der ersten Kirchen im Zuge der Christia-

Tipp

ALTERNATIVE WEGE

Wer die Tour abkürzen möchte und mit dem Pkw anreist, kann natürlich direkt den oberen Parkplatz anvisieren (GPS 46.384599, 11.245347). Er ist jedoch nicht sehr groß und damit schnell besetzt. Zum Abschluss der Wanderung müssen wir dann zu ihm aufsteigen, deshalb haben wir als Ausgangspunkt den Parkplatz am Kalterer See angegeben. Etwas Orientierungssinn braucht man auch im oberen Bereich der Rastenbachklamm. Dort verzweigen sich die Wege mannigfaltig. Aber es lohnt sich, auch die Alternativen zu besuchen. So ist der Aufstieg nach Altenburg zur spätgotischen Kirche St. Vigillius und zur Einkehr in den Altenburger Hof zu empfehlen. Die meisten Wanderer wählen von dort den Abstieg durch das Bärental. Das beschert uns zwar einen weiteren gigantischen Aussichtspunkt, dafür ist dort deutlich mehr los als bei unserem Abstiegsweg.

INFO

AUSGANGS-/ENDPUNKT
Parkplatz Kalterer See

GPS
46.385035, 11.256958

TOURENCHARAKTER
Eine Wanderung teilweise über feuchte Pfade, Stege, Treppen und Brücken. Mitunter etwas steiler; trittsicher sollte man sein, aber alle kritischen Stellen sind gut gesichert. Viele Variationen möglich. Im Sommer Badesachen für den Sprung in den Kalterer See nicht vergessen

ANFAHRT
ÖPNV: Nach Bozen mit dem Zug, weiter mit dem Bus über Kaltern zum Kalterer See. Pkw: Der Kalterer See liegt südlich von Kaltern an der Weinstraße. Große gebührenpflichtige Parkplätze am Nordende des Sees

EINKEHR
Unterwegs keine. Wer den Abstecher nach Altenburg unternimmt, findet dort den Altenburger Hof (Di Ruhetag). Am Ende der Tour mehrere Möglichkeiten direkt am Kalterer See

mittel	2.30 Std.	5 km	300 hm

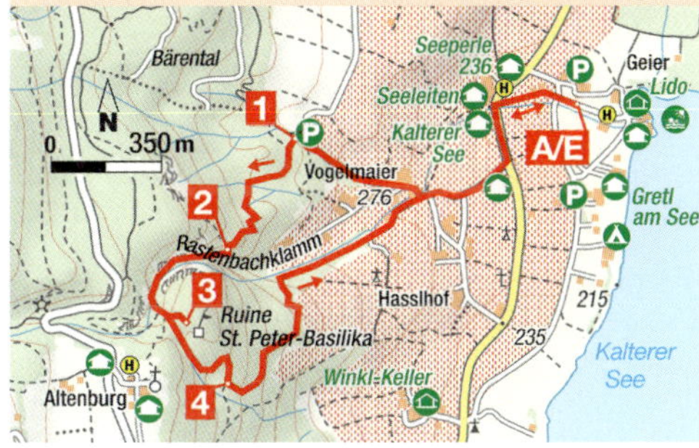

INFO
www.kaltern.com

nisierung. Ab dem Mittelalter lag St. Peter auf einem Kreuzweg, der vom Kalterer See durch die Rastenbachklamm hinauf nach Altenburg zur Kuratienkirche St. Vigillius führte. 1782 wurde St. Peter geschlossen, und langsam wandelte sich die Kirche zu einer Ruine. Zumindest heute ist der weitere Verfall gestoppt, denn viele Besucher kommen jedes Jahr durch die Klamm hier hinauf. St. Peter gilt immer noch als bedeutender Platz, und deshalb ist er auch Station auf dem Friedensweg, der vor einigen Jahren errichtet wurde. Etwas außerhalb der Kirche, genaugenommen auf der rechten Seite hinter der Apsis, fast an der Hangkante, finden sich dagegen wieder Schalensteine, die zeigen, dass dieser Platz schon immer ein mystischer Kultplatz gewesen ist.

ABSTIEG ÜBER STILLE WEGE Wer möchte, folgt noch vor dem eigentlichen Abstieg dem Pfad, der uns hinter dem Schalenstein zu einem schönen Aussichtspunkt bringt. Dann gehen wir zurück zur Ruine und wählen dort den Abstieg, der zum Kalterer See über das Nussental beschildert ist. Jetzt verlieren wir gleich einmal rasch an Höhe, der Weg windet sich unterhalb von beeindruckenden Felsformationen abwärts und trifft dann im weiteren Verlauf auf einen breiteren **4 Forstweg**. Diesem folgen wir nach links durch einen herrlichen lichten Wald, der von Akazienbäumen, Stein- und Flaumeichen sowie Buchen durchsetzt ist. Im Gegensatz zum Abstiegsweg über das Bärental sind wir hier zum Abschluss unserer Wanderung fast alleine unterwegs. Ein echter Genuss! Zum Finale treffen wir etwas oberhalb der ersten Häuser wieder auf den Rastenbach, der uns zu unserer linken Seite das letzte Stück bergab begleitet. Dann treffen wir wieder auf eine geteerte Straße, nach links sind wir schnell an der Abzweigung beim Vogelweiderhof. Nun kennen wir den Rückweg, denn er verläuft über den Hinweg zum **E Parkplatz am Kalterer See.**

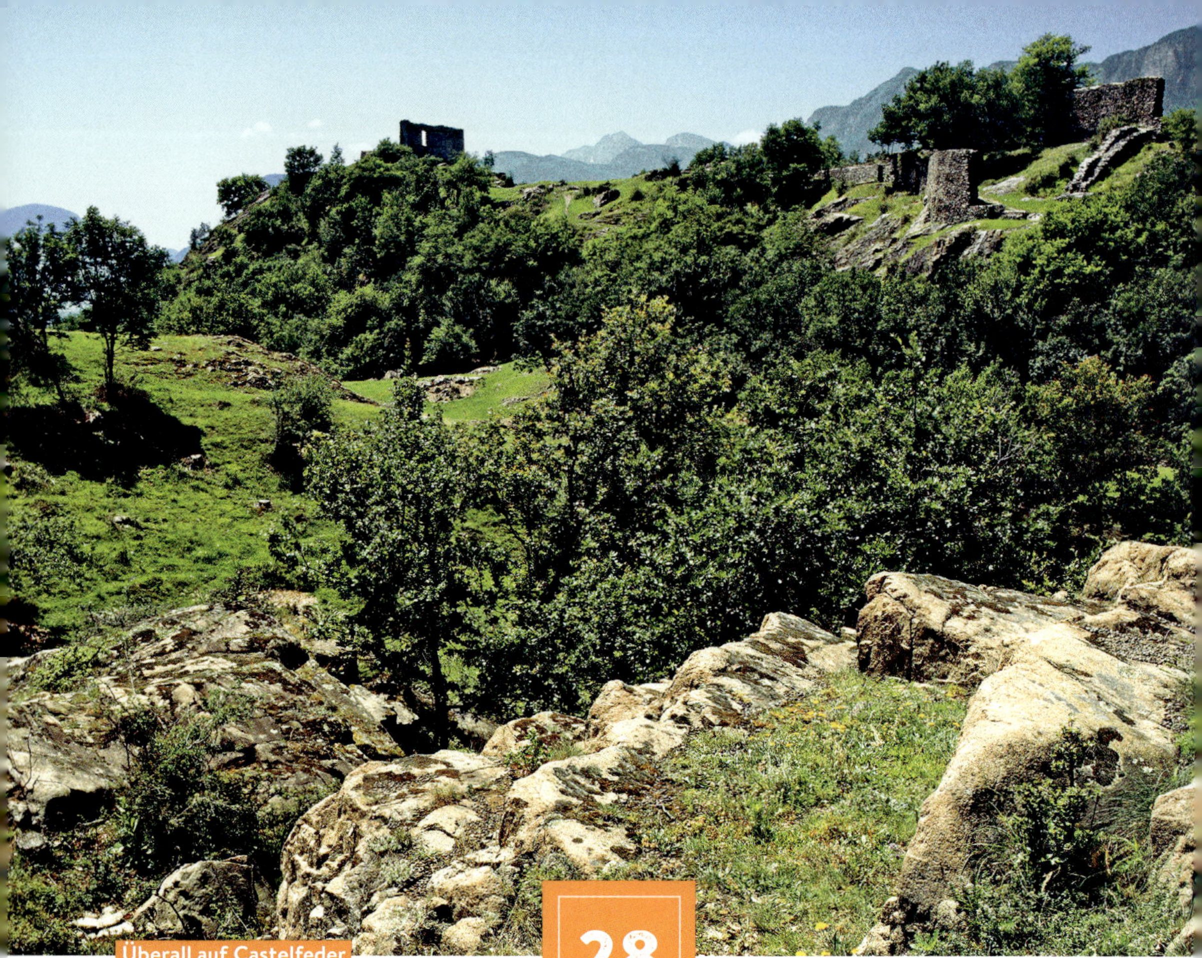

Überall auf Castelfeder sind Mauerreste zu finden.

28

Auf Castelfeder

Badewanne, Jungfernrutsche und ein Wunder

Das Laub der Korkeichen aus dem letzten Jahr raschelt unter unseren Füßen, es ist ein milder Frühlingstag und wir erkunden den sagenumwobenen und geschichtsträchtigen Felsen Castelfeder, der über dem Dorf Auer aufragt. Der Porphyrfelsen verbirgt nicht nur manche Geheimnisse, er ist ein geschütztes Biotop mit einem ganz eigenen Mikroklima.

DURCH ALLE ZEITEN HINWEG Castelfeder war bereits in der frühen Eisenzeit, etwa 2000 Jahre v. Chr. besiedelt. Das ist nicht verwunderlich, denn dieser ins Etschtal vorgeschobene Porphyrhügel erlaubt eine weite Sicht, anrückende Feinde ließen sich frühzeitig entdecken. Von allen Volksstämmen, die während der Völkerwanderung das Etschtal als Durchzugsland benutzten, sind an der Castelfeder Befestigungen nachzuweisen. Archäologen konnten eine römische Burg »Castellum vetus« sowie frühmittelalterliche Siedlungsreste finden, die hinter schützenden Mauern lagen. Reste der großen Ringmauer sind heute noch gut erkennbar. Der jüngste und letzte Bau war die romanische Burg Alt-Enn, die schon Ende des 12. Jahrhunderts wieder verlassen wurde. Auf der Erkundungstour stößt man unweigerlich auf mehr oder weniger deutliche Spuren menschlicher Besiedlung, eine geheimnisvolle Tür in die Vergangenheit.

Tipp

JUNGFERNRUTSCHE

Gerne wurden glatte Felsen an bedeutenden Punkten als Fruchtbarkeitsfördernd betrachtet. Wenn eine Frau über diesen Felsen rutschte, hoffte sie schwanger zu werden. Offensichtlich hat sich der Brauch bis weit in die christliche Zeit hinein erhalten, denn später meißelte man ein Kreuz an der Jungfernrutsche von Castelfeder ein. So versuchte man den heidnischen Zauber zu bannen.

MIKROKLIMA Vom **A Parkplatz Schwarzenbach** in Auer wandern wir über die Holzbrücke, wenden uns nach links und folgen gleich wieder rechts den Wanderwegschildern »Castelfeder 5«. Zunächst passieren wir die Tennisplätze, unterqueren im Tunnel die Schnellstraße und sehen dann linkerhand, bereits bergauf, einen **1 Wanderparkplatz**. Hier wendet sich unser Weg nach rechts. Bald teilt er sich, beide Wege führen ans

Die »Kuchelen«, Reste der Ringmauer

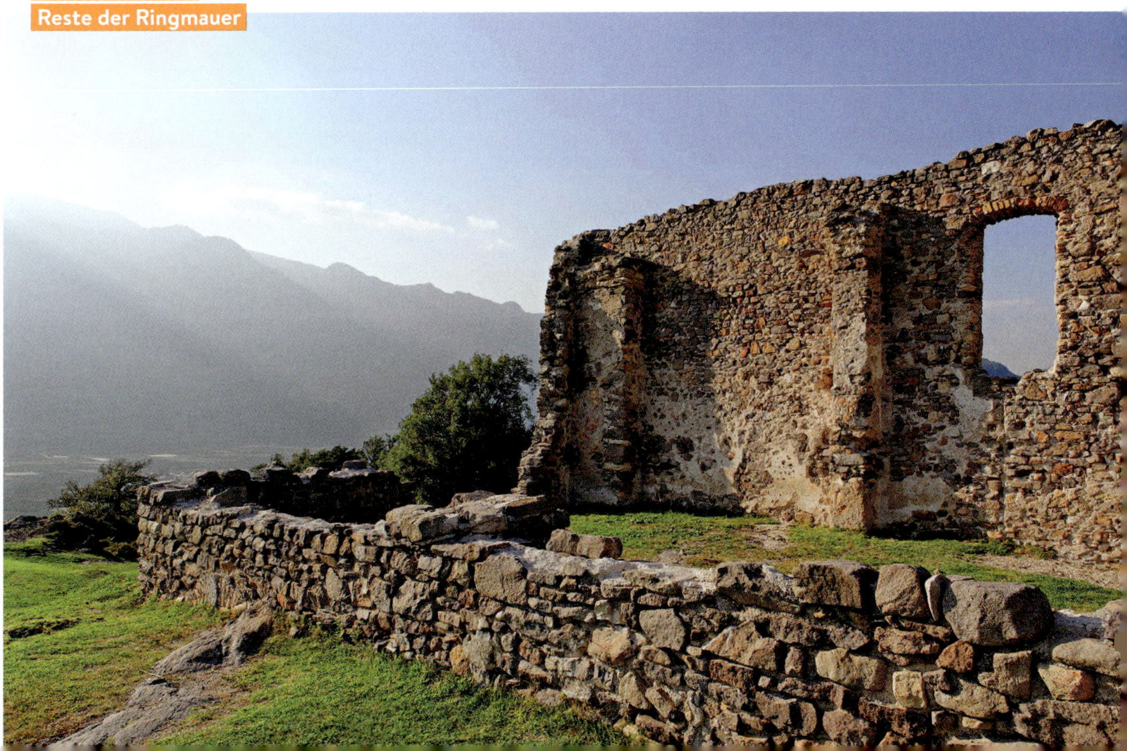

Ziel. Wir wählen den rechten und treffen bald auf einen ersten schönen Aussichtspunkt, der uns nach Norden über den Ort Auer bis Bozen blicken lässt. Weiter steigen wir durch einen alten Flaumeichenwald bergan. Es sind wahre Baumgreise darunter, die ihre uralten knorrigen Stämme in den Himmel strecken. Sanft wehen laue Winde aus dem Tal nach oben und die Wärme staut sich schnell auf dem felsigen Plateau. Bald schon wandern wir an den ersten Mauerresten einer mittelalterlichen Burg vorbei. Hinweistafeln erklären nicht nur die geschichtlichen Hintergründe, sondern auch die einzigartige Flora und Fauna dieses Naturbiotops.

CASTELFEDER Bis zum höchsten Punkt ist es nicht weit. Er ist durch die Reste der romanischen Barbarakapelle markiert, die einst zur Burg Alt-Enn gehörte. Von der Burg selbst findet man nur mehr wenige Grundmauerreste. Wendet man sich von der Kapelle aus nach Westen, so kommt man an der Hangkante zu einer Mauer mit drei Durchbrüchen. Sie werden **2 Kuchelen** genannt und sind die Reste der früher so bedeutenden Ringmauer der römischen Befestigung. Daneben stehen ein paar Porphyrsteine schräg aus dem Boden. Einer dieser Felsen ist oben auffällig blank geschliffen. Das war die Stelle eines vorchristlichen Fruchtbarkeitskultes.

AUSSICHT Das beste von allen ist jedoch die Aussicht. Hier finden sich jede Menge lauschige Plätzchen für eine mitgebrachte Brotzeit. Unter uns zieht sich das glitzernde Band der Etsch Richtung Süden. Die Grenze zum Trentino an der Salurner Klause ist schnell ausgemacht. Im Osten sehen wir Montan mit seiner Burg und das nette Kirchlein St. Daniel. Im Westen steigen steil die Felswände des Schwarzerkopfs und des Paterkopfs oberhalb von Tramin empor. Richtung Norden glänzt der von Weinbergen umgebene Kalterer See. Der Mitterberg mit der Burgruine Laimburg teilt das Etschtal.

Castelfeder wird von ein paar Tieren bewohnt

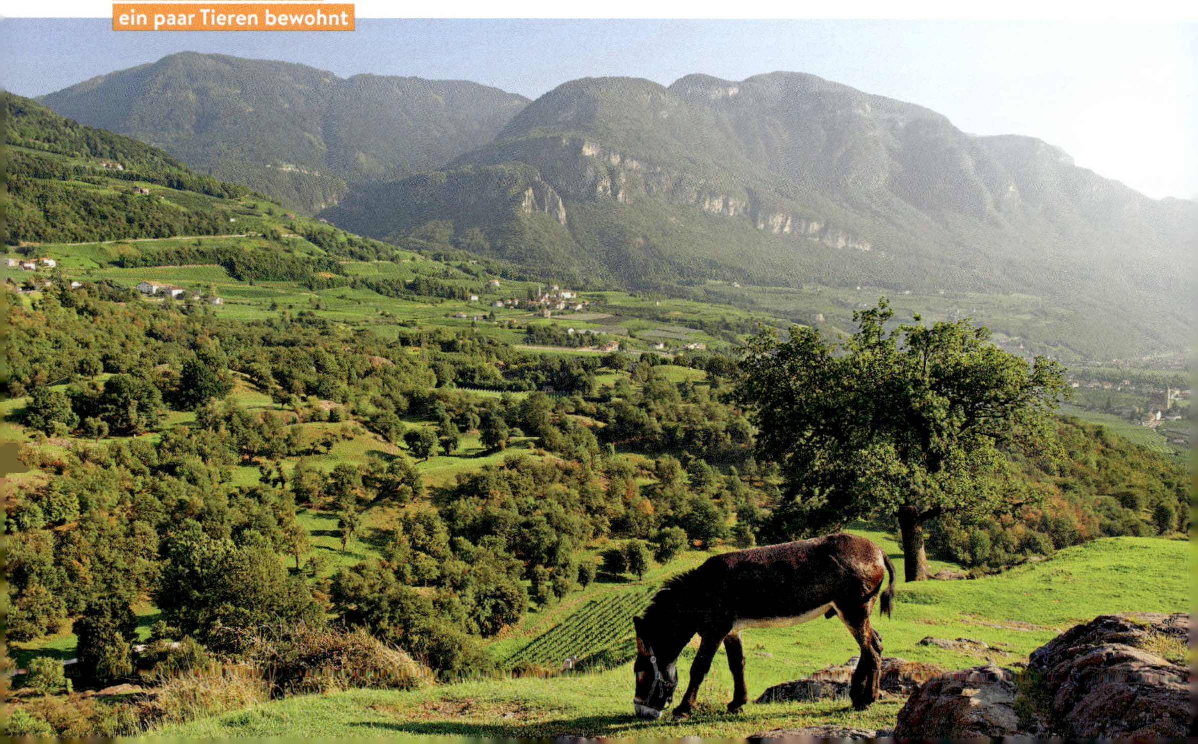

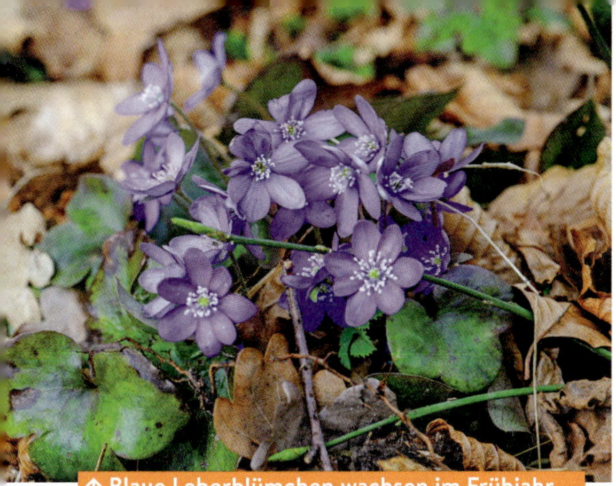

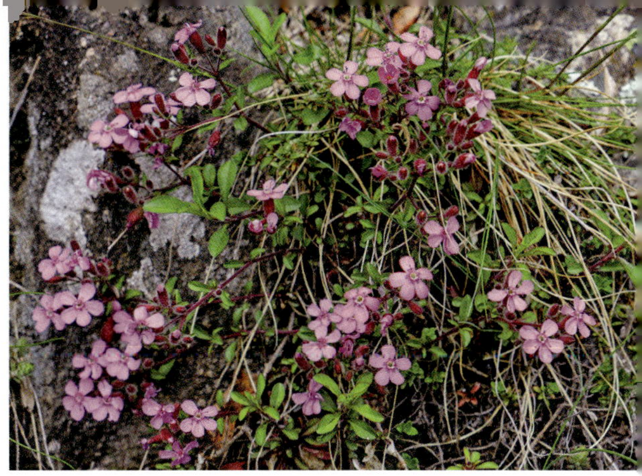

↑ Blaue Leberblümchen wachsen im Frühjahr …
↗ … ebenso das rosafarbene Leimkraut.

RÜCKWEG Der schnellste Weg führt über den Hinweg zurück. Aber wir können die Runde noch etwas ausdehnen. Dafür steigen wir hinter der Kirchenruine die felsigen Stufen abwarts. Am Brunnen biegen wir rechts ein und nehmen nach Süden den malerischen alten Römerweg mit seinem Steinpflaster. Unten treffen wir auf einen größeren **3 Feldweg**, in den wir links einbiegen, um auf dem Naturlehrpfad Castelfeder das Feuchtgebiet Langsee zu passieren. Wir umrunden nun die Ostseite von Castelfeder und kommen auf dem Steig Nr. 5A zurück an die Stelle in der Nähe der Umgehungsstraße, die wir vom Hinweg bereits kennen. Jetzt geht es auf gleichem Weg zurück zum **E Ausgangspunkt**.

INFO

AUSGANGS-/ ENDPUNKT

Auer, Parkplatz Schwarzenbach

GPS-DATEN

46.547721, 11.876547

TOURENCHARAKTER

Eine kurze sonnige Wanderung, überwiegend auf Pfaden und kleinen Wanderwegen. Besonders schön Anfang Frühling, die Wege im unteren Südtirol sind schnell schneefrei.

ANFAHRT

ÖPNV: Mit dem Zug nach Bozen, weiter mit dem Bus nach Auer. Pkw: Von der A22, der Brennerautobahn, Ausfahrt Neumarkt-Auer, weiter auf der SS12 nach Auer. Das Freizeitgelände ist ausgeschildert und liegt in Richtung Fleimstal. Parkplätze vorhanden

leicht	1.30 Std.	3,5 km	180 hm

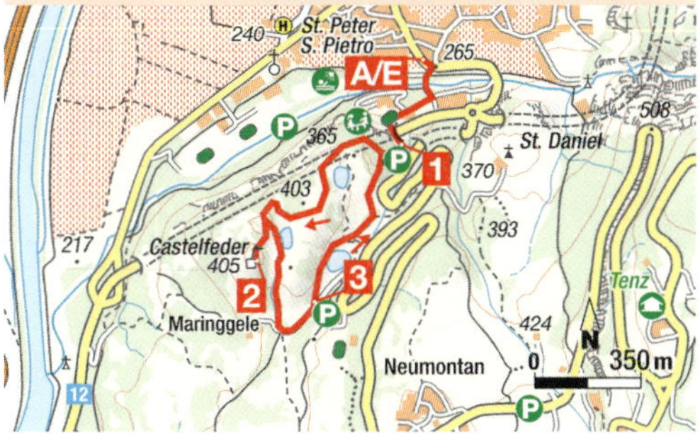

EINKEHR

Unterwegs keine, am besten eigene Brotzeit mitbringen, es gibt einen wunderbaren Aussichtsplatz

INFO

www.castelfeder.info

Auf die Haderburg bei Salurn

Mit Grimms Märchen zur Burgschenke

Als möchte sie sich tarnen, scheinen die grauen Mauersteine der Haderburg mit den dahinterliegenden Felsen zu verschmelzen. Kurz bevor Südtirol ins Trentino übergeht und damit wirklich italienisch wird, bewacht die Burg die Salurner Klause. Aus dem Tal scheint sie unerreichbar zu sein, und man kann kaum glauben, dass sich in der Ruine ein nettes Weinlokal befindet.

29

Wie ein großer grauer Felsen mutet die Haderburg an.

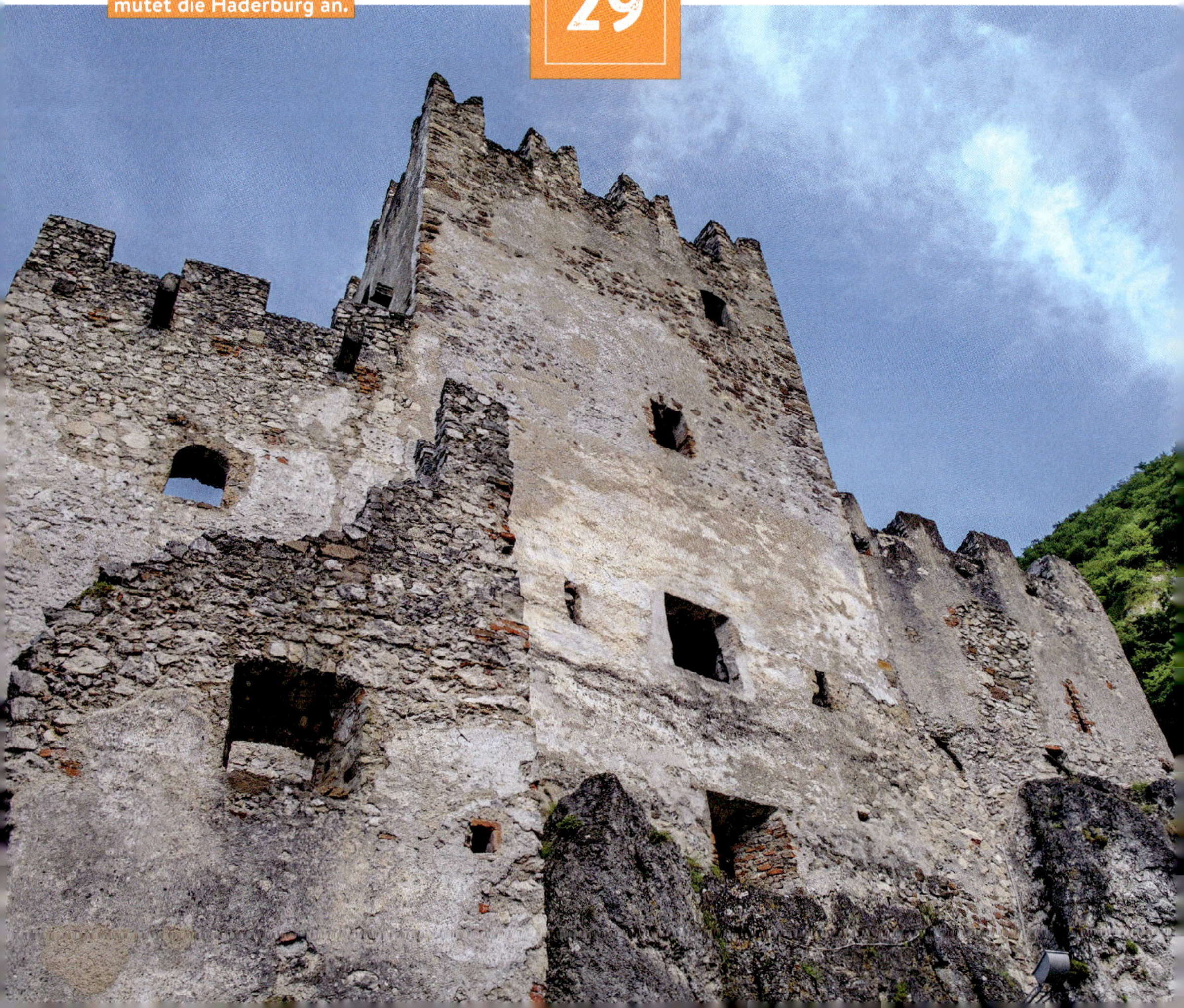

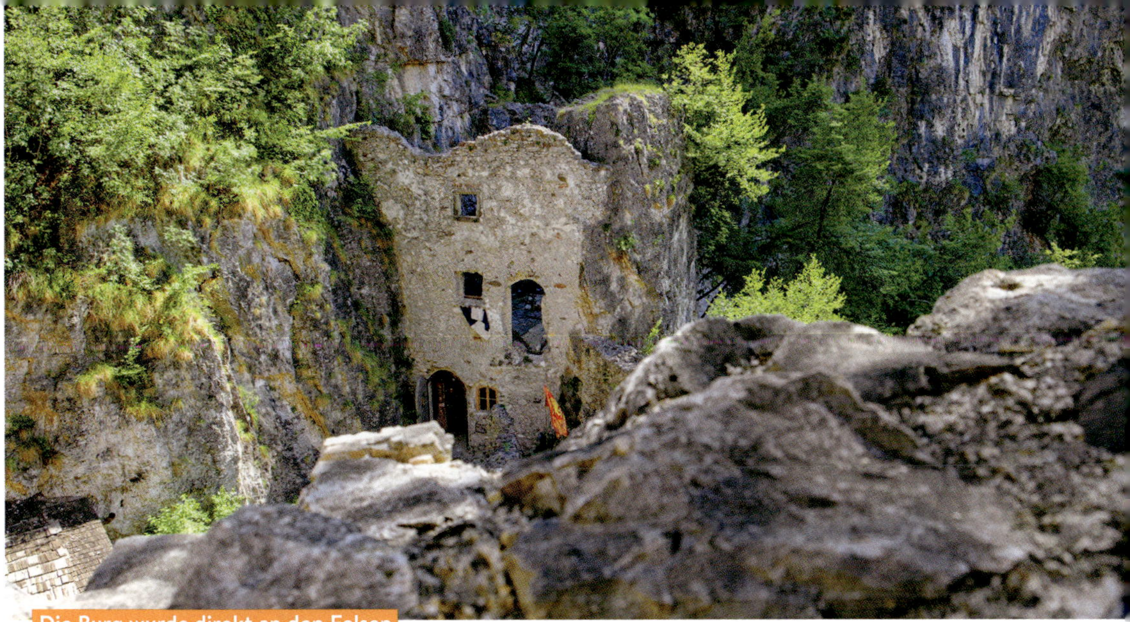

Die Burg wurde direkt an den Felsen der Bergflanke gebaut.

18 FÄSSER IN GRIMMS MÄRCHENWELT Diese nennt sich heute Burgschenke »Zum 18. Fass« ganz in Anlehnung an die Sage »Der alte Weinkeller bei Salurn«, die bereits die Gebrüder Grimm notiert hatten. Man erzählt sich, dass Christoph Patzeber auf einer Fahrt nach Salurn die Ruine der Haderburg besuchte. Er fand eine unterirdische Treppe, die ihn in einen gut gefüllten Weinkeller mit 18 Eichenfässern brachte. Als er vorwitzig den Wein probierte, fand er ihn so köstlich, wie er noch nie einen Wein zuvor bekommen hatte. Da entdeckte er auf einmal drei unheimliche Männer an einem Tisch mit einer Kreidetafel, die ihm jedoch versprachen, er dürfe so oft kommen, wie er wolle und sich einen Wein holen. Das ließ sich Patzeder nicht zweimal sagen und er bediente sich das nächste Jahr des Öfteren kostenlos im Weinkeller. Auch seinen Nachbarn setzte er den Wein vor, die ihn gleich verklagten, denn sie waren sich sicher, dass Patzeder nicht auf rechten Wegen zu so einem köstlichen Wein kommen konnte. Unter Eid beschwor Patzeder seine Geschichte und wollte noch einmal den Weinkeller für Beweise aufsuchen. Aber er fand den Keller nicht mehr wieder, stattdessen schlug ihn eine unsichtbare Hand nieder und betäubte ihn. Im Dämmerungszustand sah er die drei Männer, die wohl seine Rechnung beschlossen hatten und am Ende nur ein großes Kreuz auf ihre Kreidetafel malten. Christoph Patzeder schleppte sich zurück nach Salurn, bezahlte die Weinzeche aber innerhalb von wenigen Tagen mit seinem Leben und der Weinkeller blieb für immer verschwunden.

DURCH SALURN Wir starten am Rathausplatz mit dem hübschen kleinen **A Delfinbrunnen**. Wir drehen dem Rathaus und der Kirche den Rücken zu und folgen der

Tipp

ZEIT ZUM FEIERN

Auf der Haderburg gibt es den ganzen Sommer viele Konzerte, Veranstaltungen und einige mittelalterliche Feste.

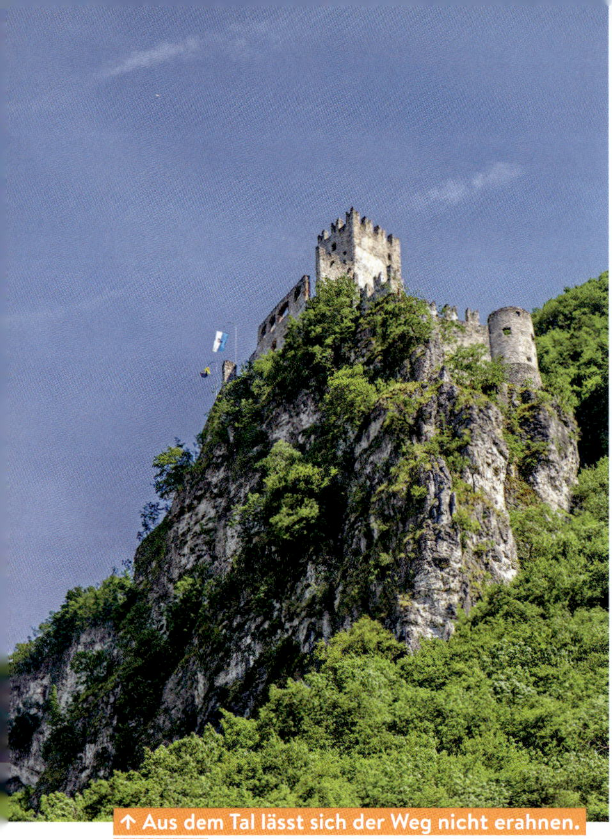

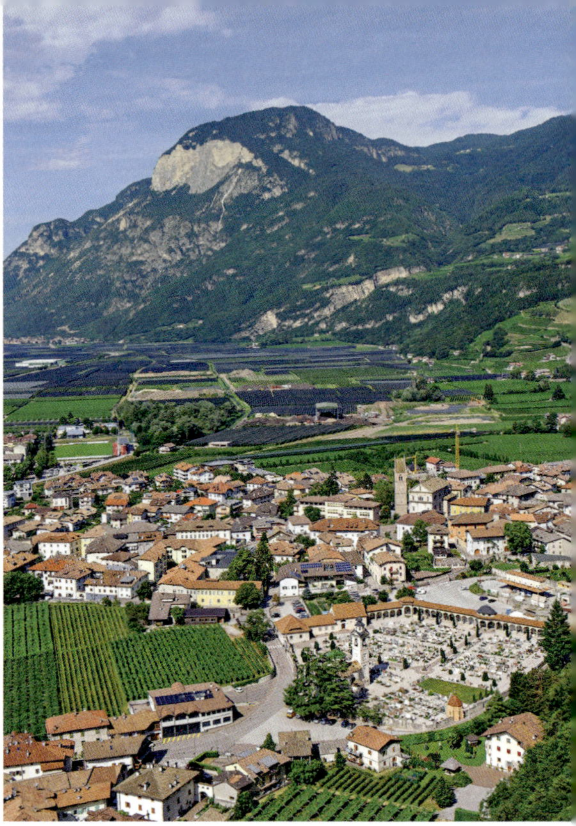

↑ Aus dem Tal lässt sich der Weg nicht erahnen.
↗ Salurn

Hauptstraße ein kurzes Stück, nur um gleich links in die Mozartstraße einzubiegen. Die Gasse bringt uns zum Friedhof, den wir in Wanderrichtung passieren. Am anderen Ende wandern wir schräg gegenüber in die Kurzgasse, die uns zur Trientstraße bringt. Dieser folgen wir nur noch ein kurzes Stück nach links und dann beginnt links der ausgeschilderte Aufstieg zur **1 Burg**.

KURZ, STEIL UND SAFTIG Wir wandern auf der relativ breiten Burgstraße, Weg der Visionen genannt, nach oben. Es geht gleich relativ steil aufwärts, dafür ist der Weg dann aber auch nicht lang. Vorbei an einer übergroßen Armbrust, taucht zwischen den grünen Blättern langsam die Ritterburg auf. Einige Infotafeln weisen auf die Geschichte der Burg hin und sind vor allem für Familien mit Kindern kurzweilig gestaltet.

Schließlich erreichen wir den **2 Eingang der Burg**.

HADERBURG Zunächst geht es ein paar Stufen hinauf, sodass wir das Burgareal betreten können. Nach dem Tor erleichtern uns zur weiteren Burgbesichtigung Treppen und Stege den Aufstieg bis zum höchsten Punkt. Das sollte man sich auf keinen Fall entgehen lassen. Die alten Mauern sind wirklich wildromantisch. Erst oben erkennt man die wirklich geniale Lage, die einem Adlerhorst auf einem Felssporn gleicht. Auf drei Seiten fällt der Fels steil ab und machte die Burg uneinnehmbar. Zinnen, Kerker, Zisterne oder Burgfried sind zumindest teilweise erhalten. Außerdem ergeben sich wunderbare Aussichten über das untere Südtiroler Etschtal bis ins Trentino hinein. Für den gemütlichen Teil der Tour steigen

INFO

AUSGANGS-/ENDPUNKT
Salurn Rathaus

GPS
46.239101, 11.212279

TOURENCHARAKTER
Eine kurze Wanderung, fast ein Spaziergang, der jedoch steil auf den Berg hinaufführt. Der Hinweg führt über den Rückweg

ANFAHRT
ÖPNV: Salurn ist mit dem Bus oder Zug erreichbar. Die Bahnstation liegt auf der anderen Seite der Etsch. Von dort führt ein Fußweg in gut 15 Minuten über die Autobahn und die Etsch in die Ortsmitte. Oder mit dem Bus zur Haltestelle Rathaus. Pkw: Salurn ist das südlichste Dorf Südtirols, es liegt östlich der Etsch. Das Rathaus befindet sich in der Dr.-Josef-Noldin-Straße in der Ortsmitte am Platz mit dem kleinen Delfinbrunnen. Parkplätze gibt es rund um das Dorf: z. B. am Friedhof oder am südlichen Dorfende der Haderburgparkplatz, mit direktem Zustieg zur Haderburg

leicht	1.15 Std.	3,5 km	150 hm

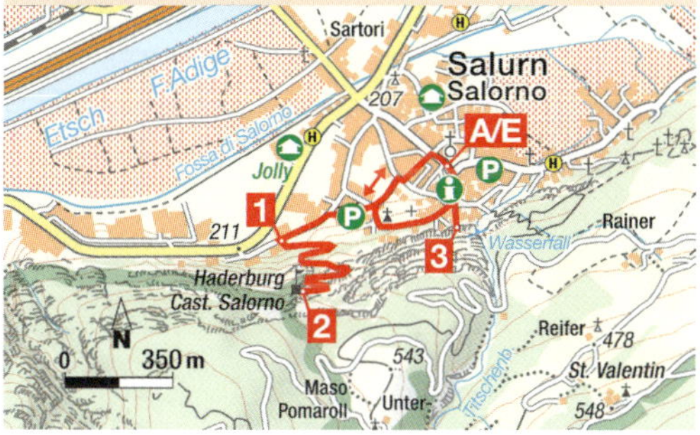

EINKEHR
Die Burgschenke »Zum 18. Fass« liegt in der Haderburg. Sie hat Mai–Ende Okt. geöffnet. Im Sommer Mo und Di Ruhetag, im Herbst und im Frühjahr nur Fr–So geöffnet. www.zum18tenfass.it

INFO
www.castelfeder.info

wir dann zur Burgschenke abwärts in den Innenhof. Verteilt zwischen Mauern und Vorsprüngen gibt es mehrere lauschige Sitzgelegenheiten neben einem plätschernden Brunnen. Jetzt ist Zeit für ein erfrischendes Bier oder eine kleine Brotzeit.

ABSTIEG Für den Abstieg steigen wir auf dem Hinweg hinunter ins Tal. Wer mit einem kleinen Umweg noch einen netten Wasserfall besuchen möchte, biegt vor dem Friedhof rechts in den Schloßweg ein und folgt diesem bis zum Platz mit dem kleinen Parkplatz, an dem sich mehrere Straßen kreuzen. Noch ein kleines Stück weiter in Wanderrichtung, dann weist uns ein **3 Schild** den Weg zum 50 Meter hohen Naturdenkmal, dem Titschen-Wasserfall. Zurück an der Abzweigung, führt dann die Wasserfallstraße zurück zum **E Rathaus**.

Die Schwalbenschwanz-Zinnen sind gut erhalten.

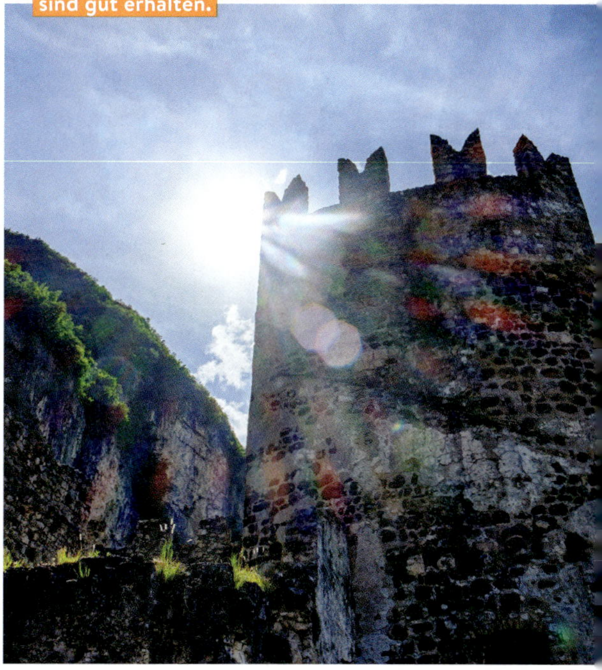

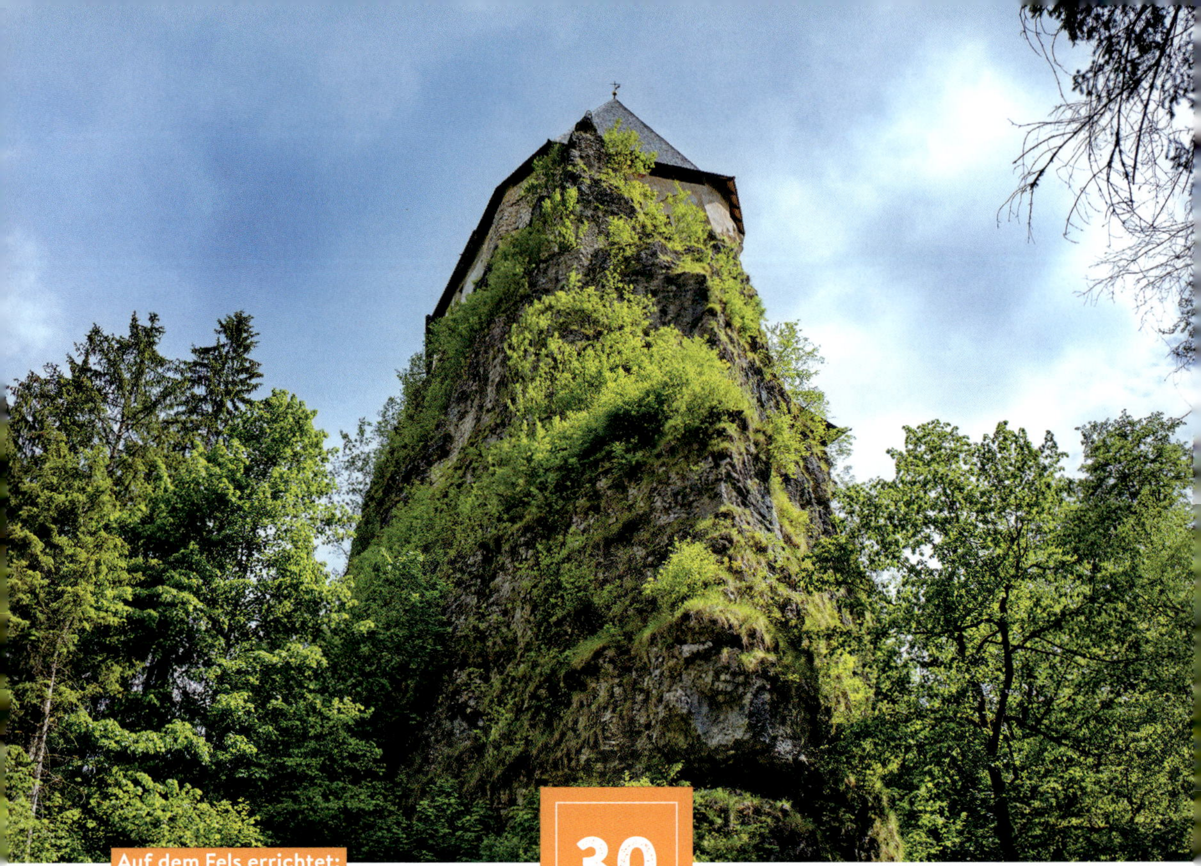

Auf dem Fels errichtet: die Wallfahrtskirche

30

Zur Wallfahrtskirche des Heiligen Romedius

Ein Lez, ein Felsband und ein mystischer Platz

Genaugenommen liegen das Val di Non und die Romedius-Wallfahrtskirche im Trentino und nicht in Südtirol. Aber das Gotteshaus liegt so nahe der Grenze und ist zudem ein wunderbar mystischer Ort, da lohnt sich ein Besuch. Noch dazu führt ein spektakulärer Weg dorthin, den man sich nicht entgehen lassen sollte.

LEZ DI SAN ROMEDIO Wir starten am **A Museum Retico in Sanzeno**. Genau gegenüber, auf der anderen Straßenseite, beginnt der Wanderweg zum Wallfahrtsheiligtum. Zunächst folgen wir dem abgetrennten Fußweg parallel zur Landstraße. Nach wenigen Minuten queren wir eine kleine Straße geradeaus und wandern nun durch die Apfelhaine von Sanzeno. Bald gehen wir durch einen Wald, bis wir die Felsen der Romedius-Schlucht erreichen. Wir sind nun am historischen Bewässerungskanal, dem Lez, angelangt. Lez ist der trentinische Name für Waal, wie die Südtiroler zu den ausgeklügelten künstlichen Wasserläufen sagen würden. Heute ist vom Lez di San Romedio nicht mehr viel übrig, stattdessen hat man einen **1 spektakulären Wanderweg** an gleicher Stelle angelegt.

Tipp

ROMEDIUS – EIN VOLKSHEILIGER IN GANZ TIROL

In Thaur bei Innsbruck beginnt ein Pilgerweg, der in zwölf Tagesetappen und über 9600 Höhenmeter zum Wallfahrtsort San Romedio im Trentino führt. San Romedio, der Heilige Romedius, soll hier zusammen mit zwei Gefährten in einer Klause als Einsiedler gelebt haben. Wann das war, ist im Dunkel der Geschichte versunken. Legenden erzählen vom 4. Jahrhundert hinein bis ins 11. Jahrhundert. Bewiesene Aufzeichnungen über sein Leben gibt es keine. Entscheidend ist jedoch, dass er über die Jahrhunderte hinweg von allen Tirolern hoch verehrt wurde. Er wird gern reitend auf einem Bären abgebildet. Die Legende erzählt, der Bär habe sein Pferd gerissen, dann aber den Heiligen als Reittier bis nach Trient getragen.

↓ Viele Stufen führen hinauf in das Heiligtum.
↘ Der Weg ist gut gesichert.

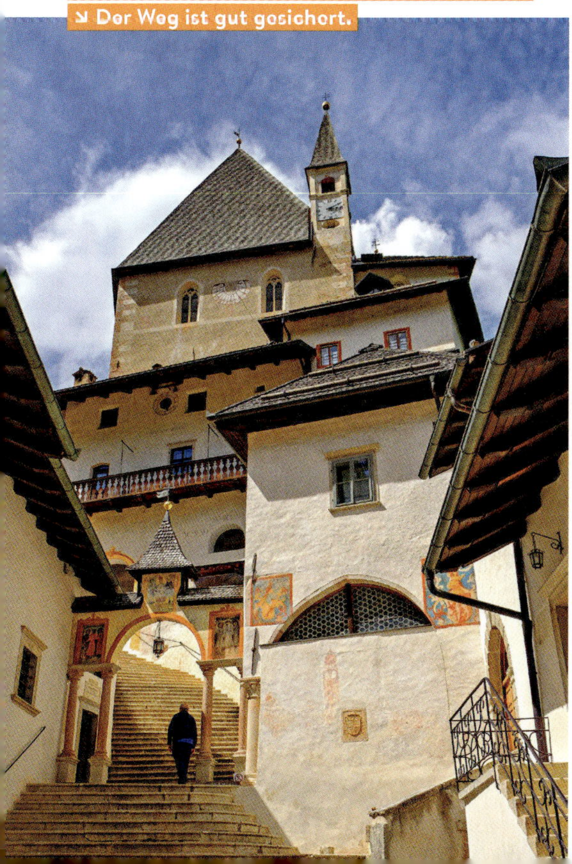

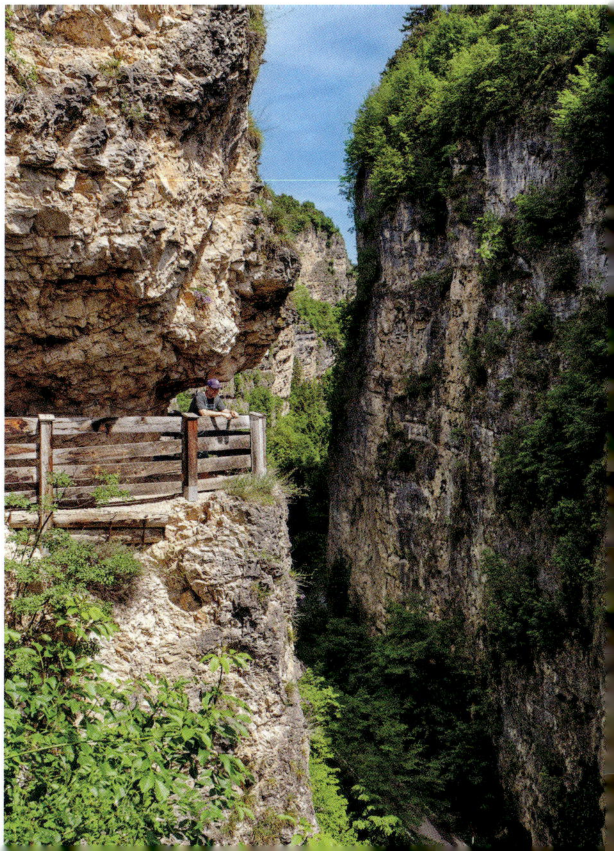

DAS FELSBAND Fast eben wandern wir auf dem schmalen Felsband hoch über der Schlucht. Der Weg ist perfekt mit einem Geländer gesichert, nur den Kopf müssen wir öfters einziehen, denn die Felsvorsprünge sind niedrig. Viel zu schnell ist die spannende Wegstrecke zu Ende, und wir steigen Richtung Straße ab. Wir können jedoch auf einem Wanderweg parallel zu ihr bleiben und so geht es für uns weiterhin verkehrsberuhigt tiefer in die Schlucht hinein.

WALLFAHRTSKIRCHE Auf einmal taucht vor uns die Wallfahrtskirche auf. Auch sie steht an Dramatik nicht hintenan, ragt sie doch auf der anderen Flussseite auf einem steilen Felssporn hoch über der Schlucht. An einem Parkplatz beginnt der Aufstieg. Viele Treppenstufen führen zur **2 Pforte**. Dahinter geht es durch die Innenhöfe weiter bergauf. Viele Stufen und Stiegen müssen wir schaffen, bis wir schließlich die eigentliche Kirche mit dem Schrein des Heiligen erreichen. Auf der Rückseite gibt es dann noch eine eindrucksvolle Aussichtskanzel hoch über der Schlucht.

BRAUNBÄR Dann machen wir uns an den Abstieg und können eventuell noch am Bärengehege vorbeischauen. Auf der Südseite der Anlage hat ein Braunbär, in Anlehnung an die Legende des Heiligen Romedius, seine Heimat gefunden. Der Bär wurde bereits in Gefangenschaft geboren und unter widrigen Umständen lange Jahre nicht artgerecht gehalten. Unter diesen Umständen ist eine Wiederauswilderung nicht möglich und so hat er hier einen doch zumindest grünen Platz als Lebensraum erhalten.

Nervenkitzel über der Schlucht

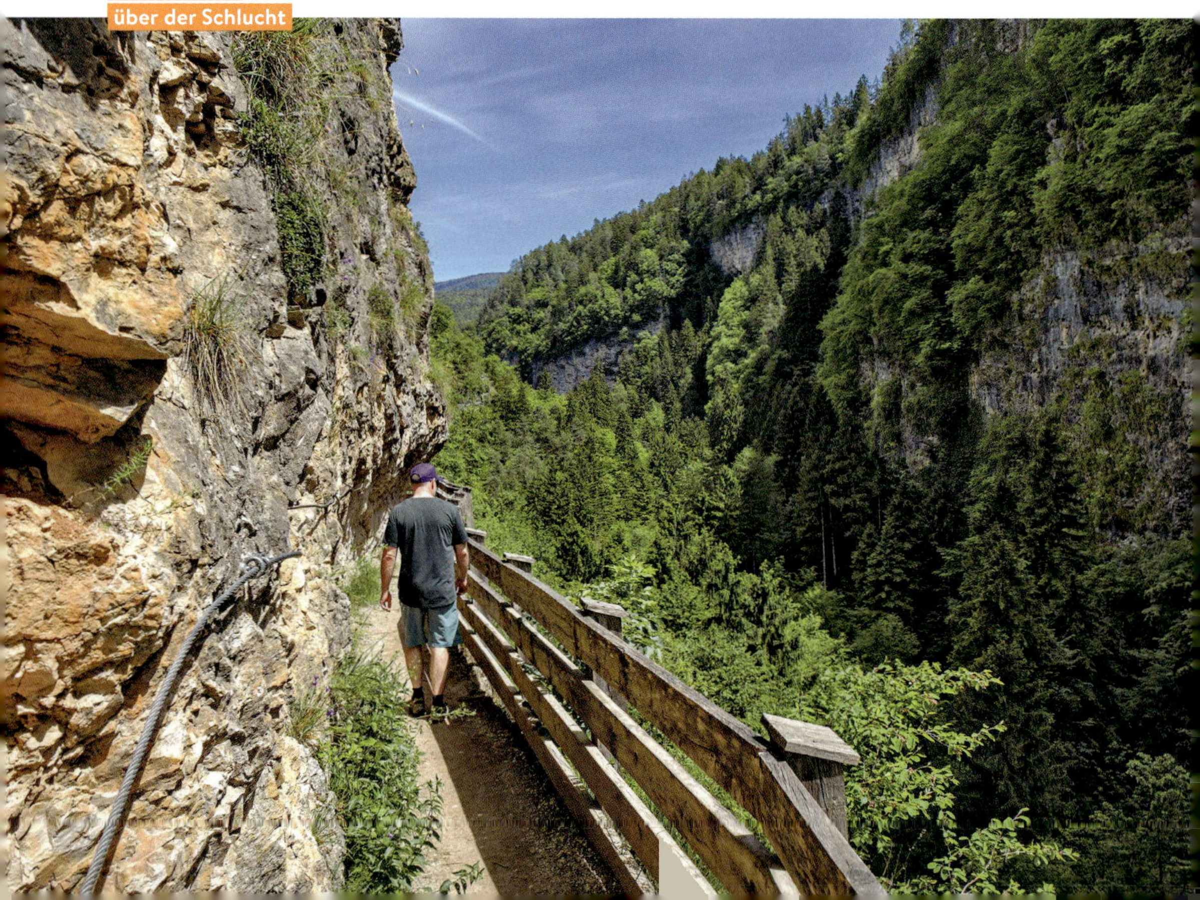

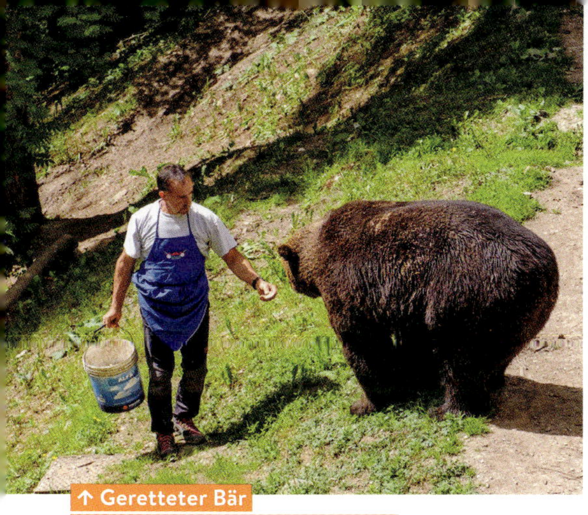

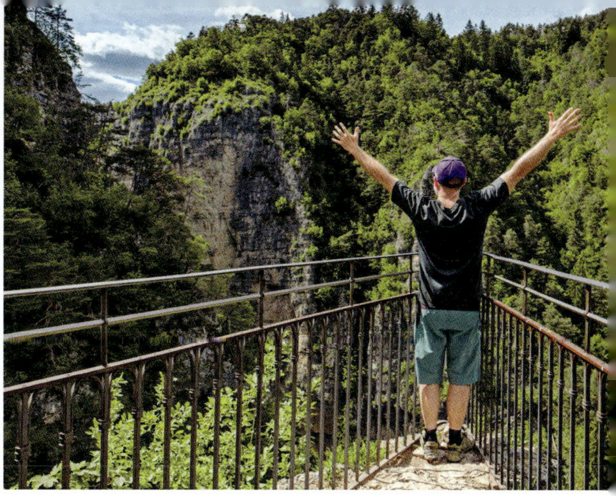

↑ Geretteter Bär
↗ Am Aussichtpunkt der Kirche

RÜCKWEG Für den Rückweg können wir entweder wieder den Hinweg wählen, oder wir bleiben unten auf der kleinen Straße, die entlang des Baches zur Wallfahrtskirche führt. Sie lässt uns das Tal aus einer anderen Perspektive erleben und ist gleichzeitig der Kreuzweg zur Kirche. Aber auf dieser Straße dürfen auch Autos fahren, und so ist sie gerade am Wochenende nicht zu empfehlen, denn es gibt keinen ausgewiesenen Fußweg daneben. Wenn wir die Schlucht verlassen haben, können wir kurz vor dem ehemaligen **3 Restaurant Il Mulino** rechts zum **E Museum** zurück aufsteigen.

INFO

AUSGANGS-/ ENDPUNKT
Sanzeno Museo Retico

GPS-DATEN
46.370043, 11.080873

TOURENCHARAKTER
Eine Wanderung auf einer kleinen Straße, Wanderwegen und Bergpfaden. Trittsicherheit und etwas Schwindelfreiheit sind notwendig, auch wenn der ganze Weg hervorragend mit einem Geländer gesichert ist.

ANFAHRT
ÖPNV: Mit dem Zug über Mezzocorona nach Cles, weiter mit dem Bus nach Sanzeno, Haltestelle Museum. Pkw: Über den Mendelpass oder den Gampenpass ins Val di Non. Richtung Süden über Romeno nach Sanzeno. Parkplatz am Museum vorhanden

mittel | 2.30 Std. | 6 km | 300 hm

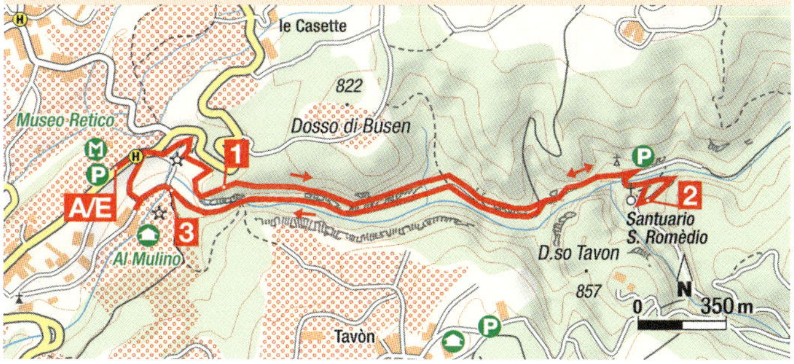

EINKEHR
Unterwegs keine, Getränke und Brotzeit mitbringen

INFO
www.visitvaldinon.it

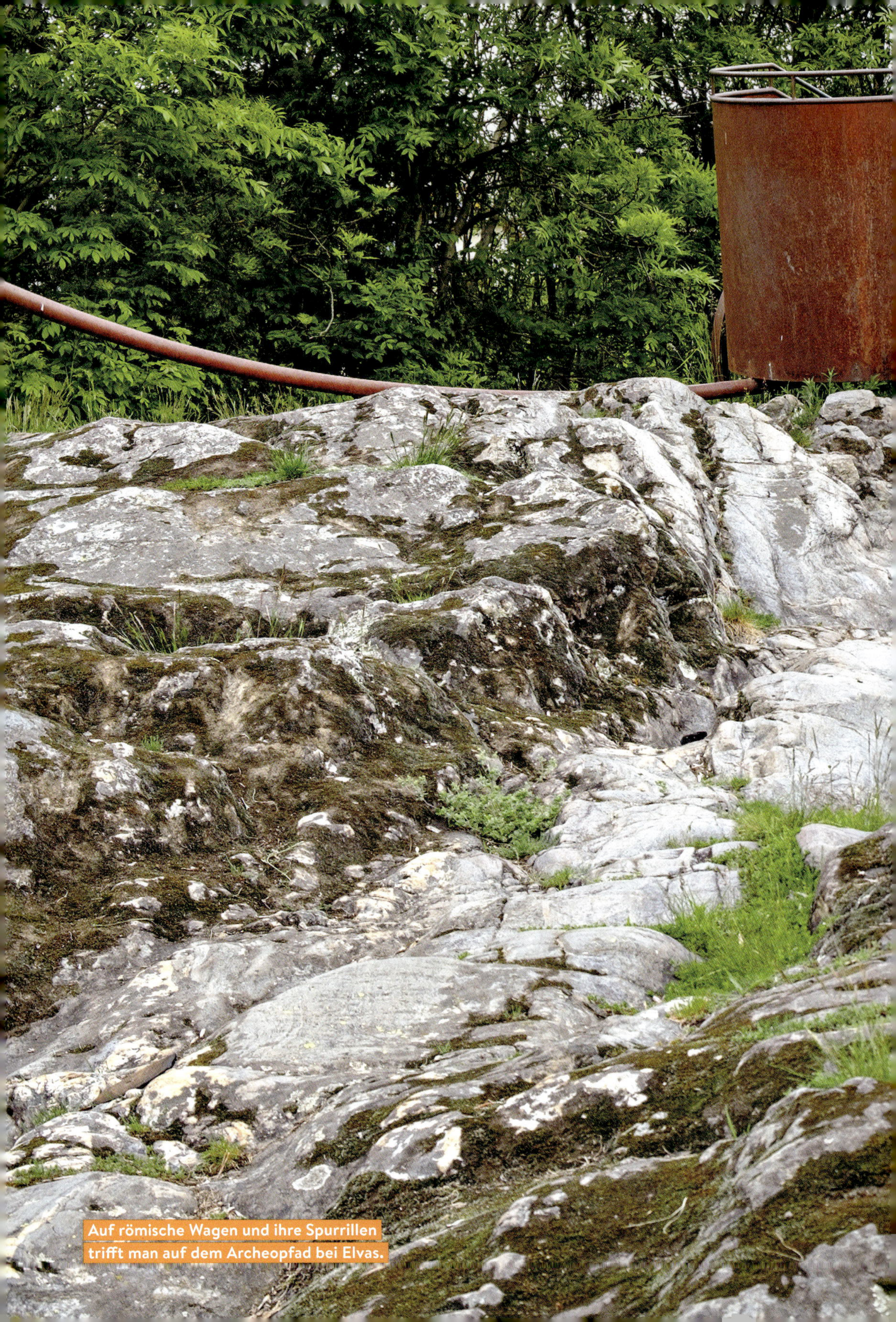

Auf römische Wagen und ihre Spurrillen trifft man auf dem Archeopfad bei Elvas.

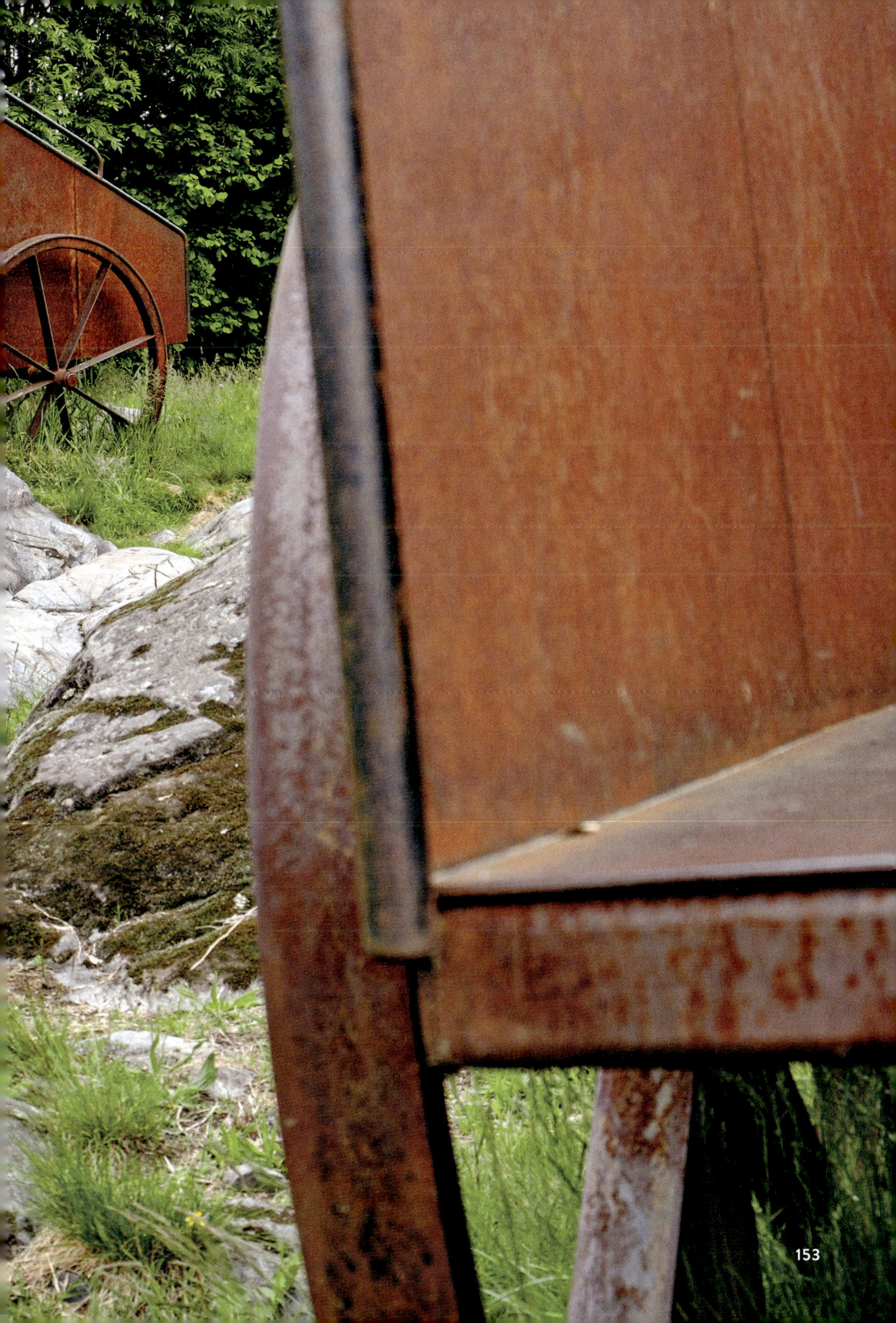

PS: DA FÄLLT MIR NOCH WAS EIN!

AUF 30 MEHR ODER WENIGER MYSTISCHEN PFADEN konnten wir zusammen einiges entdecken.

ZUM TISENSJOCH Weit ist der Weg hinauf, zur Fundstelle des Ötzi, der ältesten natürlichen menschlichen Mumie. Grandios ist er auch. Die vielen Vegetationsstufen, die grandiose Landschaft sowie die wunderbare Aussicht rechtfertigen alle Mühen. Die gemütliche Similaunhütte bietet zudem die Möglichkeit einer Aufteilung auf zwei Tage.

ROSENGARTEN UND SCHLERN Der Rosengarten ist ein sagenumwobenes Gebirge, das Reich des Zwergenkönigs Laurin. Unsere Tour führt auf einer eindrucksvollen Runde über den Vajolonpass und beeindruckt durch eine grandiose Felslandschaft. Seine ganze Schönheit erleben wir bei einem Sonnenaufgang auf dem Schlern, wo man knapp unterhalb des Gipfels übernachten kann.

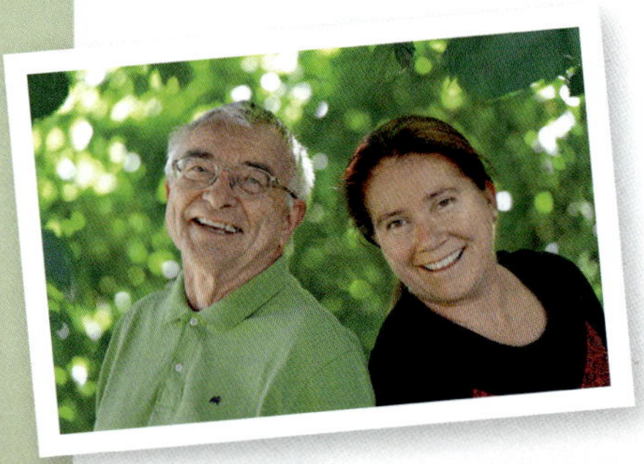

LATZFONSER KREUZ Auf diesem Gipfel in den Sarntaler Alpen steht seit langer Zeit eine Schutzhütte, die früher Pilgern als Unterkunft diente. Knapp unterhalb steht eine bekannte Wallfahrtskirche. Von hier oben erleben wir einen großartigen Blick auf die umliegenden Berge. Besonders begeistert uns aber der Weitblick in die Felszacken der Dolomiten.

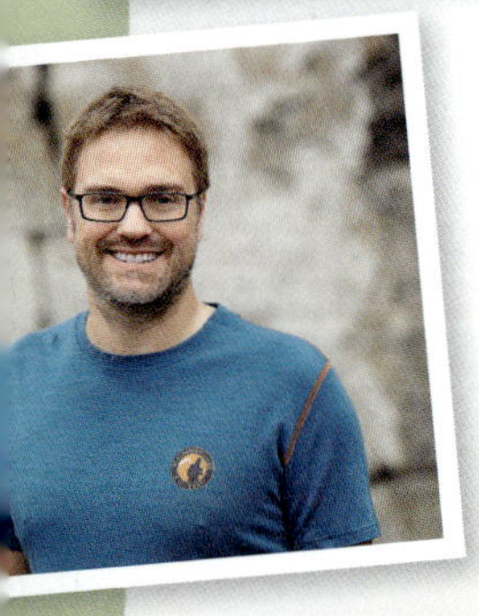

STOANERNE MANDLN Mehrere hundert Steinmänner auf einem Gipfel in den Sarntaler Alpen. Noch dazu eine großartige Aussicht. Aber was hat es mit den Steinmännern auf sich? Der Sage nach trafen sich hier oben Hexen und buhlten um die Gunst des Teufels. Was auch immer an dieser Geschichte dran ist, ein wichtiger Kraftort befindet sich auf alle Fälle hier oben.

Lisa Bahnmüller   M. K

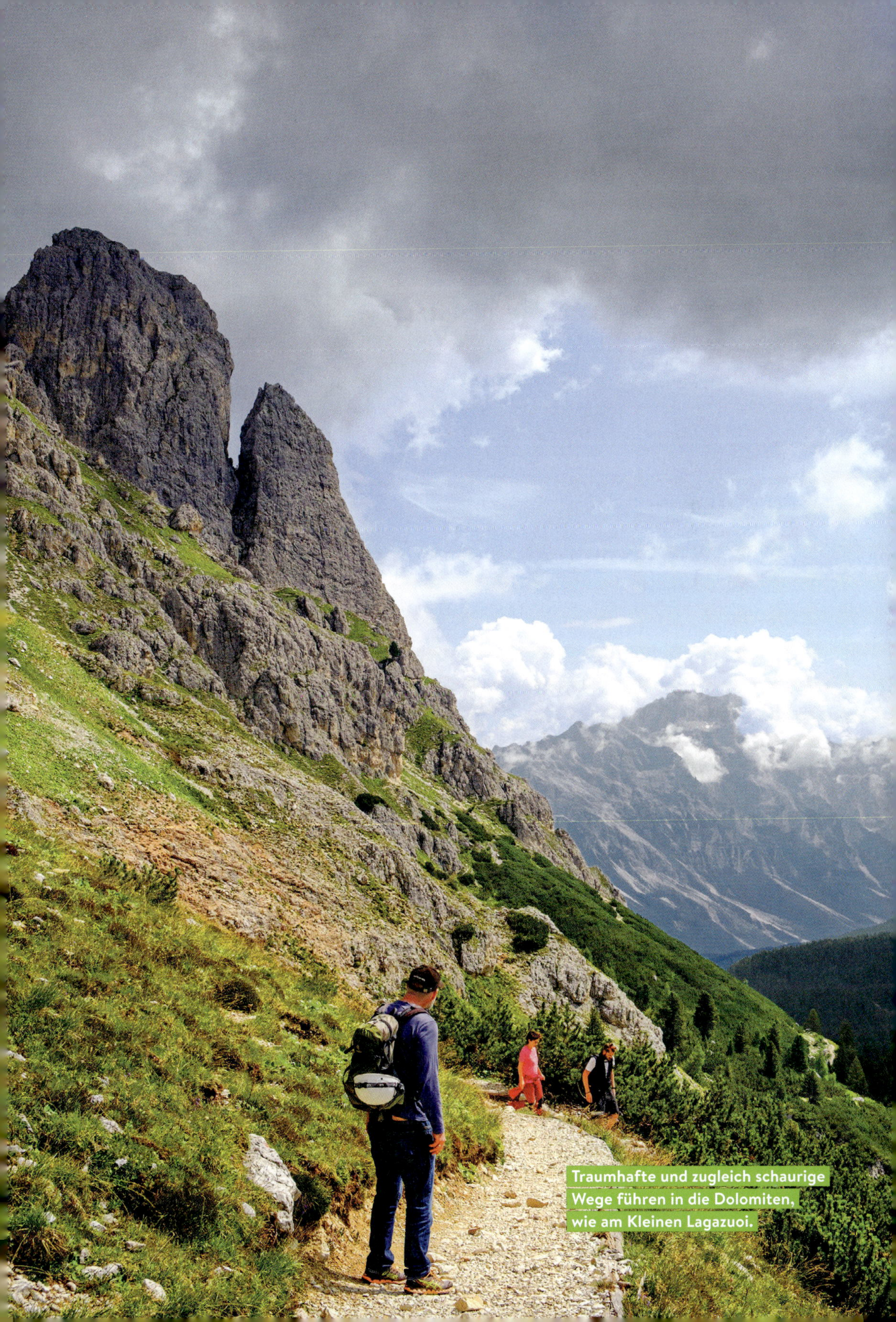

Traumhafte und zugleich schaurige Wege führen in die Dolomiten, wie am Kleinen Lagazuoi.

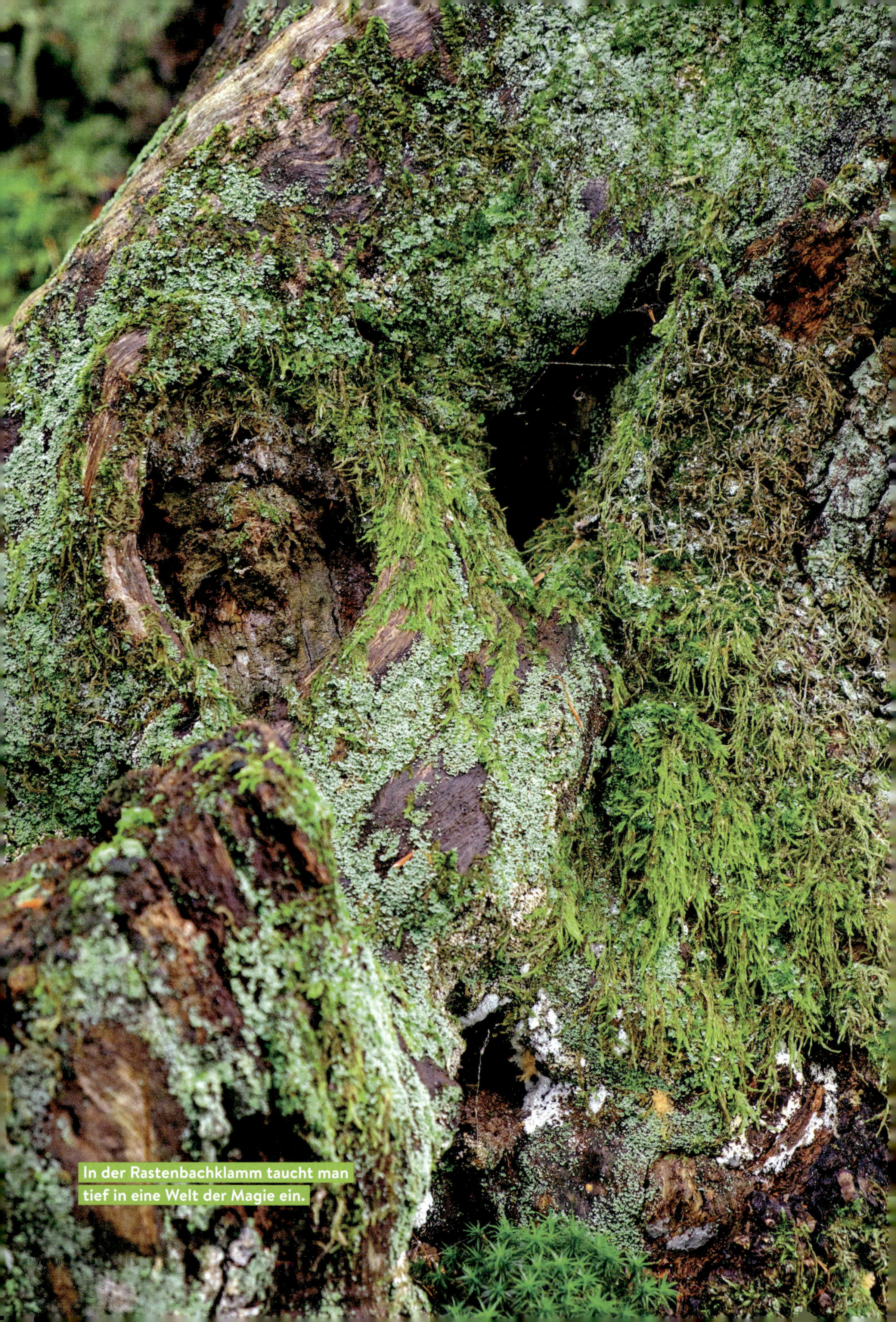

In der Rastenbachklamm taucht man tief in eine Welt der Magie ein.

REGISTER

IMPRESSUM

Verantwortlich: Stefanie Krüger
Redaktion und Lektorat: Franka Virteburch
Satz: BUCHFLINK Rüdiger Wagner, Nördlingen
Korrektorat: Ralf J. Klumb | The Wordworms
Layout- und Reihengestaltung: Mathias Frisch
Covergestaltung: Rudi Stix
Repro: P.R.O. MEDIEN PRODUKTION GmbH
Kartografie: Bruckmann Verlag GmbH, Heidi Schmalfuß
Herstellung: Alexander Knoll
Printed in Slovenia by Flojancic

Exklusiv für Sie als Leser:

MIT GPS-DATEN ZUM DOWNLOAD

unter: gps.bruckmann.de

★★★★★

Sind Sie mit diesem Titel zufrieden? Dann würden wir uns über Ihre Weiterempfehlung freuen.
Erzählen Sie es im Freundeskreis, berichten Sie Ihrem Buchhändler, oder bewerten Sie bei Onlinekauf. Und wenn Sie Kritik, Korrekturen, Aktualisierungen haben, freuen wir uns über Ihre Nachricht an Bruckmann Verlag, Postfach 40 02 09, D-80702 München oder per E-Mail an lektorat@verlagshaus.de.

Unser komplettes Programm finden Sie unter www.bruckmann.de

Alle Angaben dieses Werkes wurden von den Autoren sorgfältig recherchiert und auf den neuesten Stand gebracht sowie vom Verlag geprüft. Für die Richtigkeit der Angaben kann jedoch keine Haftung übernommen werden, weshalb die Nutzung auf eigene Gefahr erfolgt. Insbesondere bei GPS-Daten können Abweichungen nicht ausgeschlossen werden. Sollte dieses Werk Links auf Webseiten Dritter enthalten, so machen wir uns die Inhalte nicht zu eigen und übernehmen für die Inhalte keine Haftung.
In diesem Buch wird aus Gründen der besseren Lesbarkeit das generische Maskulinum verwendet. Weibliche und anderweitige Geschlechteridentitäten werden dabei ausdrücklich mitgemeint, soweit es für die Aussage erforderlich ist.

Empfehlung der Redaktion Sie sind auf der Suche nach weiterführender Literatur? Dann empfehlen wir Ihnen den Titel »Wochenend und Wanderschuh – Kleine Wander-Auszeiten in Südtirol« von Lisa und Wilfried Bahnmüller und Markus Meier. Oder Sie werfen einen Blick in die Zeitschrift BERGSTEIGER. Hier werden Sie bestimmt fündig.

Tourenverzeichnis: Lisa und Wilfried Bahnmüller: 1, 2, 8, 10, 15–18, 22, 24, 26–30
Markus Meier: 3–7, 9, 11–14, 19–21, 23, 25

Bildnachweis: Alle Bilder im Innenteil und auf dem Umschlag stammen von den Autoren, mit Ausnahme von: S. 10 (Karte): Schwabenblitz/shutterstock.com: S. 11: Mitte li.: ActiveLines/shutterstock.com, Mitte re.: anitapol/stock.adobe.com, u.: 210484kate/stock.adobe.com
Umschlagvorderseite: Im Reschengebiet im oberen Vinschgau
Umschlagrückseite: Am Gipfel bei den Stoanernen Mandln, Tour 13

Die Deutsche Nationalbibliothek verzeichnet diese Publikation in der Deutschen Nationalbibliografie; detaillierte bibliografische Daten sind im Internet über http://dnb.d-nb.de abrufbar.

ISBN: 978-3-7343-2062-0